史蒂夫·柯爾
如刺客般沉著，
如禪師般睿智
史考特．霍華－庫珀——著
楊正磊——譯
Scott Howard–Cooper
STEVE
KERR
A Life

| 目錄 |

序／5
第一章　貝魯特／9
第二章　彈殼天空／29
第三章　一切結束了／51
第四章　榕樹下／77
第五章　史蒂——夫·柯爾——！／95
第六章　這傢伙不行／119
第七章　OKP／151
第八章　我會準備好／181
第九章　民事訴訟〇一——一九九四／203
第十章　演說與爭吵／237
第十一章　需求／269
第十二章　溝通的力量／289
第十三章　極度痛苦／309
第十四章　耐心者的憤怒／329
第十五章　強大的精神力／361

序

在最奇怪的時間加上最奇怪的地點，史蒂夫・柯爾（Steve Kerr）和鮑伯・邁爾斯（Bob Myers）在對手開始慶祝奪得NBA總冠軍時，在球場上向團隊表達了由衷的感謝之意，而金州勇士在二〇一八到二〇一九賽季結束後幾分鐘就知道，他們不但挑戰三連霸失利，二〇二〇年季後賽基本上也報銷了，灣區大軍完全地、徹底地被摧毀了。

短短一個晚上，衛冕冠軍不只在主場被多倫多暴龍擊敗，還折損了明星射手克雷・湯普森（Klay Thompson），左膝前十字韌帶撕裂（ACL）的傷，表示下個球季，就算不是整季，湯普森也會缺席大部份的時間，加上前一場比賽，明星前鋒凱文・杜蘭特（Kevin Durant）的阿基里斯腱斷裂，如果他以自由球員的身份回歸勇士，這個嚴重的傷勢會讓他二〇一九到二〇二〇賽季完全無法出賽。

這支球隊在總冠軍系列賽中分崩離析、殘破不堪，以至於第三戰，暴龍後衛凱爾・羅瑞

（Kyle Lowry）飛撲到邊線救球時，竟然有勇士小股東出手推擠球員的意外發生。

二〇一九年的六月十三日，在連續五年的季後賽馬拉松之後，身為總教練的柯爾情緒終於得以放鬆，相較起來，這場被詛咒的總冠軍賽失利反而是一種解脫，如果可以，他甚至想馬上到主場休息室拜訪聯盟主席亞當·肖佛（Adam Silver），並且詢問下個賽季，勇士隊是否可以選擇跳過，然後他想飛去義大利騎自行車和品嚐紅酒，好好享受幾個月。

但首先，在勇士板凳區附近，柯爾先停了下來跟總經理邁爾斯互相擁抱，他們願意以正面的角度去看待這段旅途的一切成果，不要因為主力球員受傷和即將面對的手術而痛苦地互相安慰，雖然，他們可能在短短的通話中，意識到湯普森送醫檢查後，膝蓋傷勢的嚴重性而流下眼淚，不過這對親密戰友似乎也共同經歷了一段光輝的時光，他們也知道，這份感動即將告一段落，畫下句點了。

柯爾這麼多年來豐富的NBA奪冠經驗，大部分時間都是在失敗和逆境中辛苦出來的：父親意外遭槍殺後的第一場比賽，他展現出超人的鎮定；一九八六年，可能結束職業生涯的膝傷；以及剛進NBA聯盟初期的載浮載沉；甚至作為球員那些偉大的經典時刻——一九九七年在芝加哥的關鍵跳投，二〇〇三年在聖安東尼奧，難以想像的連續三分球救援，都是柯爾在球場上最低谷時期的一些回應。

輸給暴龍隊後的那幾分鐘也不例外。

幾個月以來，柯爾不斷提醒勇士團隊和球迷們，仔細珍惜這五個神奇的賽季，不要等到為時已晚，只留下模糊的記憶。柯爾召集了助理教練和影像分析團隊到他的辦公室，要求大家聚在一起，好好珍惜球季結束的最後一刻，接下來就是休賽期，而且每個人都知道，二〇一九到二〇二〇賽季的準備作業會完全不同。

「柯爾分發給大家他最喜歡的莫德羅啤酒，然後在房間裡走來走去，和我們的員工一一聊天，表達他對每個人的感激與謝意，這是之前從來沒有發生過的，」助理教練兼好友布魯斯·佛雷澤（Bruce Fraser）印象深刻地說，「這不是想讓我們好過一些，而是想讓我們知道他在乎。」

柯爾向勇士球員們傳達了同樣的訊息，總冠軍戰結束後，他試著跳過失望低潮的那部份，如同後來自己所說的，滿滿都是感激，「我無法告訴你們我有多感謝，我被安排在這個位置，跟這個團隊一起成長，想辦法指導球員，並幫助所有人。」柯爾表示。

這位總教練一直發自內心去強調「務實」的重要性，這種特質早在十幾歲時就已形成。他是第一個明確不做作地說自己不配獲得亞利桑那大學獎學金的人，那是一份天上掉下來的禮物；一九八八年選秀會前，他也很務實地認為，自己幾乎沒有可能在聯盟中待超過一到兩個賽季。

然而，在圖森市（Tucson），一個偉大夢想的起點，柯爾的ＮＢＡ職業球員生涯長達十五個賽季，獲得五個冠軍頭銜*，並有機會向偉大的菲爾·傑克森（Phil Jackson）和格雷格·波波維奇（Gregg Popovich）學習執教的技術，這一切在他眼中，都不是理所當然的。

柯爾在辦公室裡開了瓶啤酒，他的二〇一九年六月十三日是在失敗和感激中度過的，這感受很接近從亞利桑那畢業的版本，他心裡一直認為：「我是這世界上最幸運的人之一。」因為八六年的膝傷，他學會了毅力與堅持，「父親的去世幫助我從真實的角度來看待一切事物。」

柯爾知道，隨後的二〇一九到二〇二〇年賽季比預期的還要糟糕。同時，他也知道，對一支將在二〇二一年重組的球隊而言，這是一次暫停，也是最能反映出柯爾個人歷史軌跡的球季。

他是一名不被期待的大學新兵，選秀會上的順位也是末段班，然後好多個賽季，他都是一位可以被取代的二線球員，場上能做出的貢獻微乎其微。他習慣被大家遺忘，然後把握住機會一一做出回應，勇士整個團隊可能會覺得奇怪，但這感覺對他來說，就像發現自己在陡峭的岩壁上攀登一樣，還是那麼熟悉。

柯爾又再次來到對的地方了。

---

* 芝加哥公牛時期三冠（一九九六到一九九八）、聖安東尼奧馬刺時期兩冠（一九九九、二〇〇三）。

第一章 貝魯特

他們確信有兩艘日本潛水艇，準備在一九四一年十二月七日攻擊南加州，就算沒有發動攻勢，也至少會在陸地上進行間諜行動；自主偵察的第二天，有四艘重型的敵機在太平洋水域上活動著。七歲的安・茲維克（Ann Zwicker）和其他鄰居孩子，一同前往位於聖塔莫尼卡，帕利塞德公園的斷崖，為這場戰爭貢獻一份微小的力量。

茲維克一家之主，安的父親，是防空隊員，他的厚羊毛衣、帽子、長鍊哨子和臂章放在臥室櫃子上，以便在輪班需要時快速換裝。至於安，她和幾個朋友都認為，踐踏生長在斷崖和後院的日本丁香是他們的愛國義務與表現。

不過，大部份的時間，安是在粉紅泡泡中長大的。

聖塔莫尼卡是一個寧靜的小世界，街道的兩邊綠樹成蔭，約翰・茲維克（John Zwicker）和蘇珊・茲維克（Susan Zwicker）兩位相當有愛的父母親組織了一個家庭，爸爸約翰同一份工作做了四十年，而安與她的妹妹潔（Jane Zwicker）感情很好。

女孩們的玩伴大都是附近鄰居，雖然潛在的敵軍攻擊，讓日子有些可怕而不安穩，但也不至於完全被影響，她們常在附近未開發的空地上玩耍；有時候，大家會一起收聽廣播裡由湯姆・米克斯（Tom Mix）主持的《獨行俠》（The Lone Ranger），然後開始天馬行空地想像未來；而《神秘客》（I Love a Mystery）和《這是你的聯邦調查局》（This Is Your FBI）等節目則讓女孩們感到恐懼，所以往東距離只有二十五公里的新興城市洛杉磯，她們也很少去。

一九四四年，房東將房租提高到約翰和蘇珊無法接受的程度而必須搬家，安把這樣的危機和不愉快經驗，巧妙地轉變成田園詩般的記憶：只不過需要移動幾個街區的距離，媽媽為新家縫製了漂亮的窗簾和床罩，爸爸負責將女孩兒共用的房間貼上紅色壁紙，以及那張為兩個小學生訂購的長桌，這些細節，讓安跟潔整個兒時故事變得完整。

後來，聖塔莫尼卡的高中生活變得非常有趣，讓安幾乎不想在一九五二年畢業，她選擇了西方文理大學（Occidental College），離家大約四十公里，在洛杉磯的另外一邊，以安的標準來說，一切是未知而充滿風險的。

然而，一位剛從希臘讀完大學三年級回來的鄰居，分享了許多國外生活的點點滴滴，這不但引發了安的好奇心，更改變了安的人生，從那時候開始，她就一邊努力攻讀教育學位，一邊留心注意全世界各地任何可能唸書進修的機會。

印度，是安一開始設定的國家，但她爸媽不同意，因為太未知而危險了，他們希望勇敢的安可以選擇歐洲的國家，但歐洲並不吸引安，她想找一個與眾不同的地方，而當地教堂的牧師剛好從中東回來，形容黎巴嫩首都貝魯特的美麗，地中海波浪幾乎拍打著一所大學的校園，而且那所大學的學術標準高到令人讚不絕口，這似乎是完美的時機與選擇，因為教會長老在那裡開了一個交換學生的課程：在貝魯特的美國大學讀完大三。

一九五四年的八月，二十歲的安登上一架了螺旋槳飛機，從洛杉磯飛往波士頓，拜訪了她的外公；然後，她繼續飛到紐約，和其他六位交換學生會面，一起搭上開往黎巴嫩首都貝魯特的荷蘭貨輪：板特姆號。

十七天後，一九五四年十月五日的早晨，貨輪在高溫和潮濕的天氣下駛入港口，一輛AUB（貝魯特美國大學）的校車前來接送，將女性乘客們載到距離校園只有幾條街道的三樓公寓，過去只和妹妹共用一間房的安，這次和其他四個同學，在同一個房間一起整理行李，然後再去餐廳吃午飯。

安的身高大約一百七十公分，金色頭髮、眼睛碧綠、皮膚白皙，這樣的外型跟來自賽普勒斯、伊拉克、約旦、黎巴嫩，還有其他當地的許多學生，形成一個非常強烈而鮮明的對比；然而，當地學生們的熱情好客，馬上讓新同學感到賓至如歸，同時，隨著學期的正式開始，安想要了解更多有關課程和校園活動的消息，她走路去學校見了學生顧問，艾莎・柯爾（Elsa Kerr）在辦公桌後起身迎接她。

安・茲維克和艾莎・柯爾有很多相似的地方，首先，在父母親對女兒強調家庭重要性的年代，她們兩個都是遠離家鄉的美國女性；再來，和安一樣，艾莎身高將近六呎，兩人都是人高手長；同時，她們也都對教育充滿了熱情，安更計劃畢業之後專職教育相關的工作，而艾莎不只在大學擔任行政職，還嫁給一位生物化學系主任，當然，安跟艾莎一樣，擁有冒險犯難的精神。

當初艾莎離開了美國俄亥俄州，飛到伊斯坦堡學習土耳其語，在那裡，她遇到了史丹利・柯爾（Stanley Kerr），一九二一年兩人結婚完成終生大事，然後夫妻一起努力幫助亞美尼亞兒童，把他們送到黎巴嫩的貝魯特，並在一九二〇那幾年，為亞美尼亞男孩蓋了一家孤兒院，後來史丹利才去貝魯特美國大學上班，艾莎也才到女子大學任職。

對安來說，才到黎巴嫩不久，就這麼快找到了一個位居要職的朋友，已經非常幸運了，而對她的未來生涯更重要的是，艾莎告訴了兒子梅爾康・柯爾（Malcolm Kerr），認為他應該跟這位來自美國加州的年輕女士碰個面。

當時的安認為，雖然並非刻意，但她很有可能跟不是美國人的男性結婚，畢竟，她在貝魯特一開始的前幾週，約會的對象都不是美國人：兩個黎巴嫩人，一名巴勒斯坦人，還有一名希臘人，這些都是在課堂上或是不斷擴大的國際朋友圈中認識的。

梅爾康這個人很特別，和其他人感覺上有所不同，不管他是不是美國人，都跟安在家鄉遇到的任何人都不一樣。當安第一次在熱門夜店區一家酒吧的包廂看到他時，注意到了他淺棕色的頭髮、乾淨的五官、高挑而苗條的身材，還帶有一些孩子氣，同時，安也注意到，梅爾康身上那件代表常春藤學校聯盟的藍色條紋夾克。

他會出現在那完全是個意外——原本梅爾康要去英國牛津唸研究所，但後來讓人難以忍受的早發性關節炎復發，這個一輩子都必須面對的問題疾病，迫使他留在黎巴嫩和父母親以及三個兄弟姐妹待在一起。

酒吧的初次見面沒過多久，他們兩人剛剛好在一個星期天下午的社交活動再次巧遇，梅爾康接近了安，一邊跳舞，一邊自我介紹，接下來的幾個禮拜，安對梅爾康了解的越多，也就越為他著迷。

梅爾康是普林斯頓畢業的，所以那件夾克沒有騙人，他的確是常春藤盟校的學生，目前正在貝魯特美國大學唸碩士班，主修中東研究，而且能說一口流利的阿拉伯語；他很聰明，為人正直，有時候的幽默感會讓人尷尬，但最重要的是，他喜歡安就像安喜歡他一樣。

一九五五年三月十七日，距離他們初次見面只有四個月，梅爾康求婚了，當時離學期結束還有安回美國，大約還有四個月，他們計畫在隔年的夏天舉辦婚禮，那時安將從西方文理大學畢業，梅爾康也將完成碩士學位，然後在約翰霍普金斯大學的華盛頓校區攻讀博士，他們仍然會有三個時區的時差，但至少，兩人在同一個國家。

一九五六年八月十八日，伴隨著新郎挑選的巴哈和莫扎特樂曲，安跟梅爾康在聖塔莫尼卡長老會教堂舉行了婚禮，接著在茲維克家的花園，辦了一場雞尾酒餞別會，之後這對新婚夫妻搬到了麻薩諸塞州，梅爾康在哈佛大學完成了論文，一九五八年六月他順利畢業，並準備到貝魯特美國大學的政治學系任教。

不過這一次，安已經做好長久待在黎巴嫩的準備，懷孕的她跟著丈夫再度啟程，和四年前沒有差別，安一樣熱愛冒險，而且他們夫妻倆都認為，貝魯特美國大學所提供的三年合約是梅爾康就業的第一選擇。

一九五八年十一月十三日，來自聖塔莫尼卡粉紅泡泡的少女必須變得成熟，因為她多了一個身份，女兒蘇珊（Susan Kerr）跟老公梅爾康出生在同一家貝魯特校園醫院。「沒關係，下次你會生男孩。」蘇珊出生後第一次來剪頭髮時，理髮師用阿拉伯話跟新手爸爸這樣說。

一九六一年五月二十一日，老二約翰・梅爾康・柯爾（John Malcolm Kerr）的出生，讓這位無禮男人沒辦法再進一步羞辱。

三年結束，他們一家四口在八月夏天搭上了飛機，前往英國牛津的聖安東尼大學，開始下一次的冒險，這是梅爾康博士研究後的工作，他準備簽約加入加州大學洛杉磯分校政治學系，安跟梅爾康這對父母親都同意，是時候重返美國打地基了。

一直到一九六四年的秋天，梅爾康才離開前往下一站，主要原因是他獲得了一筆補助資金，可以在開羅花一年時間寫一本書，他很快地決定把握這個機會，從加州大學洛杉磯分校請假兩年，因為他們打算去貝魯特待上十二個月。

在埃及，安和梅爾康不但發現第三個寶寶即將來臨，而且他們還趕在安的預產期前，抵達了黎巴嫩，這表示著，第三個孩子將和爸爸、哥哥以及姐姐在同一家醫院出生。

一九六五年九月二十七日，一頭金髮伴著宏亮的哭聲，史蒂夫・道格拉斯・柯爾（Stephen Douglas Kerr）來到了貝魯特美國大學的醫護中心。

這個小寶寶出生後的前幾個小時是在煙霧中度過的，有數十個訪客帶著巧克力和鮮花，一邊抽著菸，一邊去雙人病房探望另外一位新手媽媽，不幸中的大幸是，嬰兒一般會放置在一個獨立的照護房裡；但安和梅爾康就辛苦了，他們只能躲在窗簾後面一個小角落，盡可能地尋求不被打擾，可是窗簾根本不能隔絕此起彼落的談話聲，更糟糕的是，那令人快要抓狂的惡臭煙味。

晚上十點，嬰兒被帶到媽媽的病房準備哺乳時，他們才可以鬆一口氣，因為所有訪客都必須離開，留下的是煙霧瀰漫的骯髒空氣。

接下來幾個月的下午，當安推著嬰兒車帶小柯爾出門，在艾因米瑞賽區（Ain Mreisseh）散散步時，她必須繞過他們家附近轉彎處的成堆垃圾，即使那一區擁有許多優雅的商店，他們還是得調整一下散步的路線，因為有時候氣味太臭太難聞，安必須一邊推著娃娃車，一邊摀住鼻子才行。

整體來說，柯爾出生在一個繁華的城市，這裡有許多國際性的品牌、教育機構，以及色彩繽紛的設計性花園，從建築物陽台上，像瀑布一樣流瀉下來。

貝魯特美國大學一共有三千兩百四十六位學生，他們來自五十九個不同的國家，和二十四種不同的宗教信仰，這象徵著這片土地對美國人的友好和完美多樣性，尤其是那些把貝魯特當作家的人，他們不只是來旅遊參觀的，而是對這座海港之都充滿了情感。

摧毀黎巴嫩並改變其後來發展的南北戰爭發生前十年，安依然對貝魯特十分著迷，原因就是大三那年，國外大學的神奇體驗改變了她的想法跟生活。畢竟，她不只是一個順從的妻子，毫無想法而跟著老公回來的，她很高興能回到美國，也知道住在聖塔莫尼卡附近，生活上可以避免掉一些麻煩與挑戰，不過貝魯特有舖著白色桌布的餐廳，提供英文、阿拉伯文和法文的報紙，以及來自世界各地的美味食物。

柯爾出生不到一年，夫婦倆就回到南加州，梅爾康也回到加州大學洛杉磯分校繼續工作；一九六八年七月，家庭最後成員安德魯抵達，跟媽媽安在同一家聖塔莫尼卡醫院出生，柯爾家變成了一個需要更多空間的六口之家。

安在帕利塞德區（Pacific Palisades）的一座山頂上，找到了夢想中的房子，西面可以看到太平洋，東面可以看到城市街景，房子有三面被峽谷包圍著，下山只要五分鐘車程，就可以到達威爾羅傑斯州立海灘。

雖然，這可能是他們永遠的家，也是象徵在美國紮根的重要決定，但愉快的柯爾家世界中，還是存在許多其他可能實現的預期計畫，因為全家人都想著黎巴嫩。在靠著峽谷的石製庭院上打開木門，讓梅爾康想起了他父母親在貝魯特以南二十四公里處，還有另一個在山村裡的家，那裡可以看到市景，以及跟地中海海岸線相似的風景，而安也因為如此高的相似度感到驚訝，想起記憶中那個城市街景和大海風景。

柯爾三歲半時，搬進了他在美國唯一認識的家，這裡提供了內心上的安定感，雖然大學之前，他們還是繼續臨時性的跨國搬家，像是一九七〇到七一年，柯爾是在法國南部普羅旺斯地區，一個叫做艾克斯的城市唸幼稚園。儘管如此，幾十年後，當柯爾成年後，甚至五十多歲時，太平洋帕利塞德區山頂上，那間雜亂無章的白色住宅，以及連接在一起的房間，還是像老家一樣。

從法國回來後的五年，以及隨後在突尼西亞度過的夏天，是安過得最開心的時刻，這是一段黃金時光，她可以帶著狗在附近的山丘散步、在石磚陽台上燒肉、常常到戶外玩耍，以及在特別的日子舉辦聚會，就連她在峽谷中種植的松樹和尤加利樹，樹苗都開心地一直往天空成長。

柯爾家的二兒子感到很高興，因為他終於能留在同一個地方，好好展現對運動日益增長的熱愛，特別是籃球和棒球。過去到處流浪的柯爾，可以透過年輕男孩喜歡的典型活動來結交朋友，和一些同年齡的美國男生一起比賽，展現他的好勝企圖心，雖然爸爸媽媽所設定的家族運動是網球和衝浪，但柯爾還是被團隊運動吸引，這樣的想法在籃球運動員和教練身上常常出現，相較於個人或是一對一競賽，他們比較喜歡團隊合作。

「只要我們在洛杉磯，爸爸就會帶我去看道奇隊的比賽，還有加州大學洛杉磯分校的籃球比賽，」柯爾說，「他幾乎和我一樣喜歡這些賽事。」事實上，他們未來幾十年後回憶起這段往事時都記得，柯爾家這位書呆子老爸，常常在道奇球場的觀眾席上看《紐約客》雜誌，而孩子們則在準備接球員打擊練習的全壘打球。

六歲時，柯爾變成家裡車道上籃框的日常使用者，很明顯地，他對籃球情有獨鍾。

雖然，最小的弟弟安德魯認為，每次對上大哥約翰，兄弟之間打球的方式就變成一種霸凌。（爸爸梅爾康有一天終於受夠了，把約翰狠狠按在地上，讓他感受一下那是什麼樣的滋味）至於其他時候，父親會在回家幫忙做晚飯前，去看看兄弟們參加的一般比賽。柯爾自己創造了獨特招式，把球送進籃框，和哥哥約翰硬上身體的方式，形成明顯的對比。

「看到他投籃那一幕，你會覺得不可思議，」安回憶著，臉上洋溢著母親的自豪笑容，「他背對籃板站著，用兩隻手把球舉到膝蓋的高度，然後用力起跳，向後把球扔過頭頂，一顆籃球，對這樣一個小男孩來說太大了，看起來幾乎好像那顆球載著他一樣。」

柯爾的決心是非常明顯的，同時，過於投入比賽而產生激動情緒也是大家都看得出來的，這讓一位愉快的男孩，變成了一位脾氣暴躁的年輕人。

當他輸了，或是打得不好，尤其是擔任棒球比賽的投手的時候，他會強烈地破口大罵，跟節奏明快、幾乎沒有間斷的籃球相比，棒球常常出現不斷的停頓，讓他有太多的時間在投手丘上思考。

早在柯爾塑造出抗壓力強、冷靜面對一切挑戰的形象之前，這個十幾歲男孩常常在表現不佳的情況下大發脾氣，以至於媽媽安都說，學會控制脾氣，是兒子柯爾這輩子最偉大的成就之一，最終他將籃球列為首選運動項目時，父母親都鬆了一口氣。

柯爾一家人在一九七六年搬到了埃及，梅爾康在那裡擔任開羅美國大學的傑出客座教授，安提前告訴孩子們，他們不會喜歡這個國家。

「那裡食物很難吃，連續好幾個月的天氣會又濕又熱，每樣東西上面都有灰塵，電視節目都是說阿拉伯話，」但她也告訴孩子們，「我們會學到很多東西，這會是一次偉大而有趣的冒險。」

柯爾對著鎖在家中車庫牆上，那個位於太平洋帕利塞德區的籃框不斷地投籃，用這樣的方式宣洩自己對於必須搬家的失望，因為這意味著，他要遠離籃球了。

開羅機場充滿了人群，在夏天尾聲就像一個悶熱的大鍋子，柯爾家兩個大人與四個年齡介於八到十七歲之間的小孩，從紐約起飛，搭乘AUC（開羅美國大學）的包機抵達，身上的物品包括衝浪板、網球拍、塞滿東西的行李箱，當然，還有一顆籃球。

大學接待人員安排了一輛小型巴士，載著一家人從混亂中往南開，沿著尼羅河濱海大道，到達寧靜的馬迪郊區，這間公寓就在校園附近，面積大約是南加州那個永遠老家的四分之一，所有人要共用一間浴室，時不時會看到一群山羊在塵土飛揚的街道上慢慢走著，後面跟著幾位身穿黑色長袍的婦女。

雖然很不想去開羅，柯爾還是滿懷熱情地升上了六年級，他永遠無法跟上從事教育工作的祖父母，或是都做教育相關的父母親，又或是另外三個兄弟姐妹的學術熱情，這些家人肯定都會獲得碩士學位；不過，柯爾也不會忽略學業的重要性，雖然媽媽在出發前說的大部分事情都是真的，而且這些不便與麻煩，很容易讓許多十一歲的孩子投降放棄，但是他積極好勝的個性，變成前進的最佳動力，這麼多年來始終維持著。

同時，越來越多的教學機會，讓安充滿了活力與幹勁，而梅爾康的能力也馬上發揮影響力，開羅美國大學的校長計劃在一年內退休，並且明確表達，希望傑出的客座教授梅爾康，考慮離開加州大學洛杉磯分校，永久搬到埃及來接任職位。

留在該地區，晉升為關鍵角色的機率慢慢增加，安其實很享受在課堂上的教學，但在跟老公進一步討論了家庭的方向和目標，最終還是選擇按照原本計劃：返回洛杉磯。梅爾康跟安同時也達成共識，如果未來，柯爾一家要離開帕利塞德區，他們會毫無疑問地選擇雙方都認為的最佳目的地，與貝魯特美國大學的熟悉窗口聯繫。

一九七七年的秋天，他們回到了南加州，每個人的心裡不禁想著，如果待在貝魯特，生活會長什麼樣子，尤其是安，她想念阿拉伯世界，想像著當老師和當大學校長的妻子，會過著什麼樣的生活。當他們在電視上看到，埃及總統安瓦爾薩達前往耶路撒冷，進行歷史性參訪，並成為第一位造訪以色列的阿拉伯領導人時，想像空間變得更大。

儘管只能空想，但至少，當校長任命梅爾康擔任該區顧問時，他對於自己職業的成就感達到了全新的高度，這算是傳統學術界的創舉，他後來還當上了白宮和美國國家安全委員會的顧問。

不過，隨著梅爾康的聲望提升，有一些惡劣的攻擊也跟著出現。

一九七八年九月的一個晚上，他的車子在兒子約翰臥室外的車道上爆炸了，一位聲稱代表猶太反武裝組織的報案者，向洛杉磯警察局表示會對此事負責，但沒有人被逮捕。

「他們為什麼這麼做？」朋友們得知消息後都有一樣的疑問，有些朋友還是從國際媒體報導而知道的，「你文章裡的批判，對阿拉伯人和對以色列人應該一樣多啊！」

這是一種可悲、無法忽視的諷刺，柯爾一家之前在一個動盪不安的國家，待了好一陣子都沒事，反而在太平洋帕利塞德區遭到攻擊。

安和梅爾康開始想念埃及，也意識到一個可怕的現實：他們在自己的國家變成攻擊的目標；但同時，回到洛杉磯讓柯爾找到了運動相關的工作，就是在加州大學洛杉磯分校當球童，這對一個十三歲的男孩來說，實在太令人興奮了，對他而言，任何在著名籃球隊的職務都是難能可貴，更何況是在棕熊隊的球場上工作，根本就像做夢一樣。

在洛杉磯，美國職棒大聯盟（ＭＬＢ）的道奇隊和籃球的加州大學洛杉磯分校棕熊隊，都是柯爾的最愛：一九七四年，當棕熊隊創歷史紀錄的八十八連勝被終結的時候，因為太喜愛這支球隊，他哇哇大哭了出來；一九七八年，柯爾更獲得了像中頭獎般的工作，在賽前熱身和中場練投時幫球員撿籃板球，以及比賽進行時，坐在籃下準備隨時擦拭硬木地板上的汗水。

柯爾當初的動機很簡單，趴板衝浪、一般衝浪、籃球、棒球，他都是單純喜歡而去接觸，他國中時期甚至短暫地踢過足球，但手掌和肩膀的骨折傷勢，讓他必須退出比賽。而如今，多年的累積最終得到了回報。

柯爾對於籃球的堅持，讓他遇到了赫伯・芬斯（Herb Furth）。赫伯在帕利塞德區組了一個青年聯盟，並且在加州大學洛杉磯分校的主場比賽中，負責比賽計時器，同時也負責球童的面試，柯爾工作上必備的藍色條紋夾克和白色網球衫，讓他成為觀眾席上無數男孩羨慕的對象。

棕熊隊教練蓋瑞・康寧漢（Gary Cunningham）很少和球童們接觸，更別說有機會跟他聊籃球以外的話題，但明星前鋒奇奇・范德威格（Kiki VanDeWeghe）卻注意到了柯爾。

這位大學球員欣賞年輕有潛力的學生，所以無論如何柯爾都會被注意到，而且，這位一九七六年帕利塞德高中畢業生也知道，芬斯提早告訴大家，柯爾和夥伴們要來幫忙撿籃板和擦地板，是有其用意的，他不知不覺地在密切觀察下工作，而范德威格注意到了一些東西。

「他很拚，每過一下下就會偷偷做一個跳投的動作，有時是比賽打完後，有時甚至是比賽還沒結束時。」

「我善於觀察那些擁有投籃能力的人，研究他們是如何把球從手上投出然後進球的，他們知道自己在做什麼。」

「你可以分辨出哪些是有得分能力的人，你也可以看出哪些人經常在球場訓練，我確定柯爾是這樣的人。」

范德威格的分析，就像柯爾的媽媽安在多年前，從母親角度觀察到的一模一樣，那就是柯爾是用整個身體的力量，把球從臂部側邊的位置向上推，「他的出手看起來跟別人不一樣，但幾乎每次球都會進。」范德威格說。

雖然球隊管理很嚴格，但柯爾總忍不住冒著可能有麻煩的風險，在沒人注意的情況下，偶爾偷偷練習投籃。

年輕的柯爾，生活和加州大學洛杉磯分校越來越密不可分，除了跟爸爸梅爾康時常聯繫之外，還參加了帕利塞德區的伍登籃球訓練營，此時此刻，他把一個做卑微工作的球童，推向一個他永遠想像不到的地方。

芬斯是傳奇教練約翰・伍登（John Wooden）的忠實支持者，高中時的教練傑瑞・馬爾文（Jerry Marvin）則是康寧漢的朋友，同樣也是伍登的學生，這位傳奇人物在柯爾的生活裡無所不在，隨著柯爾的成長（他還是很不喜歡一對一籃球主義者），伍登的影響力一直都在，其中包括事前的準備工作，柯爾深信，一個做好準備的球員，一切結果都會順順利利，但說到準備，他永遠比不過伍登，這位傳奇教練在某些特定日子裡，一定會把戰術卡帶在身上，而且每一年都會教子弟兵怎麼正確穿襪子，才不會起水泡影響比賽。

此時爸爸梅爾康接受了加州大學提供的職位，準備前往埃及，擔任留學計劃的負責人，這個決定讓媽媽安特別高興，因為這樣的改變，比較多的因素是為了她，而不是為了丈夫的事業，她可以再次到開羅美國大學教書，同時還可以攻讀應用語言學碩士學位，的確，這一次，梅爾康不是為了自己的發展而去的，儘管去中東國家，從來都不是一件麻煩的事。

意料之中，柯爾對這個消息的反應很不開心。

滿十四歲前一個月，他的真愛籃球夢再次被連根拔起，被迫暫時放下，這個時候柯爾在社區娛樂聯盟中的進步顯而易見，他熱衷於籃球是毋庸置疑的，而且許多現象和成績都顯示，如果父母允許的話，有朝一日，柯爾可以成為帕利塞德高中一位極具影響力的球員。

然而，一九七九年八月，他和爸媽以及弟弟安德魯一起前往機場，不是去參加比賽，而是前往埃及，姊姊蘇珊將留在歐柏林大學（Oberlin College）繼續唸大三，哥哥約翰則準備在斯沃斯莫爾（Swarthmore），開啟大一新生的日子。

開羅成為柯爾夫妻在阿拉伯世界的第二個家，而第一個家當然就是情感聯繫永遠不會斷的貝魯特。這個地方對於柯爾來說，理論上應該是缺點一堆，但沒想到，之前的低落與失望消失地很快，各個方面都意外地快速。

首先，他們入住的公寓同樣位於寧靜的馬迪郊區，但比上次住的小屋大上許多，而且這次他們是四個人而已，不是六個人；再來，馬迪運動中心就在公寓對街上，那裡可以游泳和打網球；

此外，附近有一家雜貨店，裡面有賣來自美國的香甜玉米片、來自日本的電視機，還有來自台灣的電風扇，旁邊的政府商店裡，可以排隊買到麵包、雞肉、起司和牛奶；吃晚飯時，餐桌上聊天的內容是大家開玩笑地提到，被罷免的伊朗國王是怎麼把兒子介紹到開羅美國大學，去上梅爾康的中東政治課。

除了以上這些，還有柯爾最愛的籃球。

開羅美國大學有許多美國公民的家屬就讀，因為當地籃球風氣不盛，比賽常在滿是小石子的戶外場地進行，但九年級籃球校隊的柯爾，依然很珍惜這段時光。或許在加州的大多數人無法理解，這樣的環境要怎麼打球，畢竟大部分的人很難把沙漠中騎馬和攀登金字塔的畫面，跟籃球場聯想在一起。

當時，他曾經在一場比賽中，從一群二十幾歲的埃及男子們防守下得到四十分，對手隔天提供他一份薪水、一輛車以及一間公寓，不過家人拒絕了這份邀請，柯爾還需要繼續去大學唸書和打球。

「人們不了解開羅，」柯爾多年後提到，「他們想到埃及，就想到金字塔和駱駝，事實上，對於一個美國年輕人來說，開羅是一個很棒的地方，到處都是美國人，而且沒有太多必須遵守的規範，我在那裡玩得很開心。」

但不管有多開心，柯爾還是想離開，回到美國、回到一個更有條理的體系，這樣他的棒球和籃球技巧才可以成長，獲得跟頂尖選手競爭的機會，而不是在碎石子的場地比賽；他想去唸全國最具競爭力、擁有室內木製地板籃球場、不管是棒球或籃球都很有水準、位於南加州的高中挑戰自己，而爸媽最後也同意，讓柯爾搬回去跟朋友待在一起。「他一直對籃球情有獨鍾。」安說。

一九八〇年秋天，史蒂夫・柯爾以高二生的身份進入了帕利塞德高中，對他來說，這是一個非常好的時機，因為幾個月前，同樣也是帕利塞德高中畢業的范德威格，於選秀會上第一輪第十一順位被達拉斯獨行俠選中，而另一位傑出校友奇普・恩格蘭（Chip Engelland），正在傳統籃球名校杜克大學打球，珍妮・巴斯（Jeanie Buss）是洛杉磯湖人隊新老闆傑瑞・巴斯（Jerry Buss）的女兒，她在一九七九年畢業，曾經是學校球隊的記分員。

爸爸梅爾康在中東發展地非常出色，兒子柯爾則慢慢地遠離了那個世界。

一九八〇年，蘇珊和約翰搭飛機到開羅，準備與家人共度夏天，安德魯已經在那裡了，但柯爾則是飛回加州，開始他在帕利塞德高中的二年級生活；同一時間，亞瑟・阿拉法特（Yasser Arafat）派顧問來找梅爾康了。

這位巴勒斯坦解放組織（PLO）的領導人，透過一位之前當過安學生的顧問，找到這位美國專家。當時梅爾康帶著他的大兒子，準備從開羅前往貝魯特，阿拉法特想要碰面，但長期以來，這位領導人都不斷地移動來預防自身安全。於是，梅爾康被帶到一間房子裡，但阿拉法特卻不在那，看起來，了解阿拉法特的行事風格，比見上一面還簡單一些。

梅爾康和顧問持續尋找這位名人，在經歷了緊張和搞笑的情節後，他們把車停在城市西邊一個擁擠的穆斯林區，就在一棟不起眼的公寓前，梅爾康走了進去，發現阿拉法特坐在一張大沙發上，雙腿上坐著兩個小孩，旁邊就擺著一把AK四七步槍，這位領導者往前傾了一點，然後把步槍推到一邊，讓梅爾康可以坐得近一些。

阿拉法特告訴梅爾康，他尊重貝魯特美國大學，表示黎巴嫩內戰進入第五個年頭，巴勒斯坦解放組織會繼續保護學校，當時他們掌控了貝魯特西部校區，所以聽起來是個好消息。但同時，梅爾康也擔心學校會失去華盛頓議會的支持，因為要美國政府提供資金給恐怖份子公開支持的學校？投票的結果應該很容易就猜得到。

同時，貝魯特美國大學董事會也利用梅爾康這次造訪的機會聯繫上他，想知道他是否有興趣在這一兩年內接任校長的職務，管理階層的變動已經成為焦點。

不管正式還是非正式的詢問，在沒有確定或不完全確定會發生的情況下，安和梅爾康都對人生下一階段感到既緊張又興奮，更明白一點地講，夫妻倆相信，回到貝魯特會是一個理想的決定。

第二章 彈殼天空

一九八〇年十一月上旬，也就是帕利塞德高中開學幾個月後，距離校園約六公里的聖安佛列區一六六九號，一個中世紀現代住宅裡，史蒂夫·柯爾得知羅納·雷根（Ronald Reagan）當選總統的消息時，十年級的他原本以為這就是心目中理想美國學生的生活，但事實不是如此。

原本，太平洋帕利塞德區擁有比較負擔得起的中價位房屋，但後來出現了大片的富裕地區，變成了電影明星、企業執行長、體育明星以及自由世界領袖聚集的家園，有幾部電影和電視節目的內容，都是在帕利塞德拍攝的，像是一九七〇年代，根據十年前時代雜誌故事改編的國家廣播公司（NBC）知名連續劇《一九六五梯到底發生了什麼事？》就是其中之一。

好萊塢明星佛瑞斯·維特克（Forest Whitaker）在柯爾進入學校的前一年畢業，還有珍妮·巴斯、杜克球星恩格蘭，以及未來美國職業美式足球聯盟（NFL）的四分衛傑·施羅德（Jay Schroeder），其他傑出校友，包括一些未來的藝人、排球明星，以及即將上任的亞美尼亞外交部長，人才輩出。這裡距離海灘不到兩公里，橫跨太平洋海岸公路，沙灘就在旁邊，因此美式足球場被稱為「海濱競技場」。

柯爾對自己能住在帕利塞德心存感激，因為他在其他國家看到許多貧困的家庭和人民，他永遠不會忘記中東那邊的孩子們，用破布捆在一起當作足球，然後用石頭排成門柱，朝著假想的隱形球門瞄準進行射門；而柯爾的爸媽更見怪不怪，有些低收入戶的小孩被送到帕利塞德去讀書，也有許多當地的暴發戶家庭，送他們的孩子去讀私立學校，這個對比非常鮮明。

「這讓我更有同情心，我感激我們的國家，提供舒適和自由的生活，可以快樂地享受每一天，」柯爾回憶著，「大多數人沒辦法無憂無慮地成長，他們必須為了生活而掙扎奮鬥著，這些事情在我小時候留下了深刻的印象。」

如此多層階級世界裡，跟他走得最接近的，是那些不怎麼富裕的學生，他們上完一天的課，放學離開帕利塞德的校園時，會看到那些轉到私立學校，試著用錢來逃避現實考驗的學生也剛好要回家。

「那個時候，我見識到了所謂美國醜陋人心的一面，」柯爾說。「當你越注意，這些感受越強烈，過去我結交了許多來自不同背景的朋友，一起做了很多有趣的事，然後回到洛杉磯，突然間，一場激烈的比賽開始了，不是體育競賽，而是看誰可以穿得比其他人貴，開的車比其他人更炫，這些讓我覺得很難受，因為高中時，我一點都不酷，唯一想要做的，就是運動。」

那種感受雖然短暫，但印象非常深刻。

柯爾在帕利塞德高中順利完成第一個學期和第一個籃球賽季，然後聖誕假期飛到埃及和家人團聚，在外祖父母的陪同下，茲維克一家人慶祝了他們結婚五十週年，而且辦了一次家庭旅遊：他們開車到沙漠露營，然後在紅海浮潛，柯爾很快地調整成中東生活的步調，有時還喝酒喝到有些醉，而這趟旅程最後用租船遊尼羅河劃下句點。

那是他高中時期反差最大的一年，橫跨兩個截然不同的大陸，一部分時間必須獨立，沒有父母親的直接監督，他也慶幸自己運氣不錯，前一個星期，還過著美國的高中生活，而下個星期，就回到家人身邊，享受著阿拉伯世界的種種樂趣，一切都是那麼自由自在，感謝老天爺，他可以把帕利塞德那裡的服裝大賽拋在腦後。

柯爾不過才要滿十六歲，但他已經在美國、中東、歐洲，以及非州生活過，他從車窗外看到了許多不同的風景，在破舊的球場上和成年人打籃球，以及在不情願的情況下搬家，這些經歷增強了柯爾處理事情的韌性，當然，也犧牲了學生時期很重要的穩定性。

他認識了約翰．伍登，當了加州大學洛杉磯分校籃球隊的球僮，還遇到家裡車道的爆炸事件。一九八一年的夏天，唸高三的柯爾坐上飛機返回加州，這次真正要回家了，他的爸媽，還有弟弟安德魯也一起，護照男孩的生活即將結束。

不過，爸爸梅爾康開始計畫下一步行動，希望能解鎖職業生涯的最終目標：回到跟他有深厚連結的出生地，擔任貝魯特美國大學的第九任校長。

隨著內戰進入第六年，住在黎巴嫩其實沒有比住在紐約危險，梅爾康常常這樣跟朋友說，同時也跟老婆說，而安也努力相信這一切比想像中安全，心裡默默地將帕利塞德發生的暴力與犯罪事件合理化。

於是，太平洋帕利塞德的柯爾一家各自分開，走不同的路線，這樣也可以確保，遇到麻煩時，不會像他們在貝魯特那樣求助無援：那時候，安還憑空編出一些善意的謊言，讓家人得到心安的答案，要不然每次遛狗都要丟硬幣決定，看誰比較倒楣，必須冒風險出門成為狙擊的目標。

那個年代，黎巴嫩還是非常混亂，所以梅爾康和十六歲的兒子柯爾，在貝魯特機場搭乘的那架約旦皇家航空的飛機，遭到了劫持，還好第二天他們就被釋放，轉而搭上中東航空的班機，結果又被劫持，最後飛機降落在賽普勒斯機場後幾分鐘，機上所有人，包括柯爾父子兩人，都安然地獲得釋放。

一九八一年十一月，埃及總統安瓦·薩達特（Anwar Sadat）被暗殺後幾個禮拜，梅爾康被學校董事會提名為下一屆校長，私底下，柯爾家族各個年齡層的成員都感到害怕。「聽到這消息，我真的對爸爸要去貝魯特感到特別緊張，」約翰寫信給姊姊蘇珊，「有一種感覺像是：如果有人看你不順眼，他們可能就開槍打死你。」

柯爾一家人考量了幾個月，思考到底梅爾康該不該接受這份工作，還在帕利塞德家的客廳開了家庭會議。爸爸希望每位成員都表達他們的看法和擔憂，十七歲的柯爾選擇不插嘴，但現在回想起來，他覺得是不是當時太年輕、太天真，所以不相信自己家人會受到傷害，又或者是不是當時太緊張了，所以什麼話也沒說。

「直到今天，我還是很後悔，怎麼會什麼都沒說，我一句話都沒說。」柯爾成年後回想起來，不停地問自己，「爸為什麼要去那裡？他為什麼要接受這份工作？我希望當時有把感覺跟疑問說出來。」

梅爾康在三月飛到紐約參加董事會投票，那時還在思考如何做出正確的決定，他真的無法拒絕這份夢想中的工作，一直不斷地跟疑慮在打仗。「妳覺得我應該去嗎？」梅爾康問了女兒的看法，當時妻子沒辦法跟著一起去紐約，所以蘇珊從波士頓坐火車到哈佛念研究所時，代替媽媽陪爸爸作伴。

最後決定的前一晚，父女倆在羅斯福飯店的房間裡，客觀地分析這個職位的優點與缺點，還特別列出一份清單，仔細比較其他可能的影響，像是如果再次離開帕利塞德，前往貝魯特完成高中的話，柯爾會怎麼想。

當蘇珊了解到，這是她爸爸完成職業生涯最後一塊目標拼圖的機會，同時也知道，爸爸內心對於這份工作的渴望，也有信心在接任之後會發揮可觀的影響力，於是，柯爾家最年長的孩子，在房間進入一片黑暗，他們準備睡覺時開口說道：「爸爸，你應該去。」

房間依舊漆黑，蘇珊繼續問父親，怎麼看那邊潛在的危險，梅爾康在房間的另外一頭，用清晰而冷靜的聲音回答：「我覺得，發生意外的機率應該是一半一半。」然後黑暗的房間陷入一片寂靜。

隔天早上，就是三月二十一日，蘇珊在日記中寫著：

「爸爸現在是貝魯特美國大學的校長了，這麼長一段時間以來，我們都覺得這是有可能發生的事情，而現在，這一切真的實現了。」

「當然，能回到黎巴嫩，對我爸媽來說是非常有意義的，就像爸爸所說：『外婆和外公以前就住那裡，我和媽媽在那裡認識，也在那裡生兒育女，那是發生一切重要事情的地方！我怎麼能不去呢？』」

她知道，也沒辦法否認，梅爾康是個特別容易被盯上的目標，「這很可怕。」蘇珊說，「約翰和我討論過，這真的讓人非常害怕，但每次跟爸媽講這些想法的時候，他們都會說：『是的，的確很危險，但我們永遠沒辦法改變這個事實。』」

柯爾一家住在紐約，不是貝魯特，但梅爾康還是不顧一切風險地認為，這份工作是他一輩子能達到的最高榮譽。「對我來說，唯一一件比看史蒂夫打籃球更吸引我的事，就是成為貝魯特美國大學的校長。」他這樣告訴安。

但很快地，馬上就發生了柯爾家不想聽到的負面消息。當梅爾康正準備接手擔任代理校長時，原本的校長大衛・道奇（David Dodge）在校園裡遭人暗算，走路時後腦勺被一棒敲下去，然後被拖進一輛紅色雷諾汽車帶走，在黎巴嫩和伊朗關了一年之後才被釋放。

同時，柯爾正在帕利塞德忙著參加活動，特別是籃球、棒球，以及校園新聞報，雖然他自己形容加入《潮汐線》*只是一段年代久遠的有趣時光，但報導學校體育運動，實際上已經成為他新聞媒體身份的開端。

柯爾早期作品是典型的高中學生風格：大多著墨於球員和球隊，直接俐落，穿插一些內幕消息，加入一些有趣笑話。其中，酸民角度的「激流」（Riptide）專欄，是和麥可・肖佛（Michael Silver）合力完成的，因此讀者無從知道，到底誰應該被稱讚或是指責，不過很明顯，這個專欄

---

* 帕利塞德高中的校園新聞社團。

很用力地用幽默的文筆在娛樂大家，而且《潮汐線》的顧問容忍度極高。

一九八三年那一屆畢業生的頒獎名單中，《潮汐線》拒絕頒發「最忠實報導獎」，因為他們強調：「根本沒有合適的人選，就像帕利塞德找不到一個清醒的足球員一樣。」愛鬧的柯爾和肖佛還提議，天王星很適合來命名這一屆學生，因為他們就是來自天王星的人類。

那一年，學生們還有另一項重要的任務是組一支衝浪隊，他們在目標上寫著：「挑戰那個你知我知大家知的里奇蒙特高中，爭奪神一般的全國衝浪錦標賽，以及至高無上的金噹噹獎盃。」但後面又寫著：「警告：認真閱讀《潮汐線》，可能會對您的健康有害！來吧！帕利夥伴們，我們沒別的意思，只希望大家可以放—輕—鬆—」

很多時候，柯爾直接而充滿爭議的口吻，都暗示他的未來將獨樹一格。

有些時候，柯爾也會據理力爭，像加州校際盃賽程重組會議上，他就強烈建議：

「現在我們是根據學校球隊的程度來分配聯盟與安排比賽，但地區跟相對地理位置的合理性完全被破壞掉了。」

「像帕利塞德和班寧這樣的學校，可能屬於同一個聯盟，但彼此之間需要一個小時以上的車程，這不但大大降低了家長和球迷到客場看球加油的可能性，而且還增加了讓球員很晚回家的問題。」

《潮汐線》中肯而尖銳的評論，不但指出體育運動應該完成的基本訴求，同時他們還大膽爆料，認為學校在學術十項全能的比賽中表現出色，是因為長期任教的英語老師蘿絲・吉爾伯（Rose Gilbert）「領導有方」。

柯爾和肖佛是這樣寫的：「講到城市冠軍學術十項全能校隊，有傳言說教練蘿絲・吉爾伯提供了一些額外的獎勵給隊員。所以現在加州校際運動聯盟（California Interscholastic Federation）正在調查她的丈夫山姆・吉爾伯（Sam Gilbert），他被懷疑主動幫校隊隊員購買新車。」因為不到兩年前，美國大學體育協會（NCAA）才進行調查，並且下令加州大學洛杉磯分校，不得與著名的「幕後推手」山姆有任何來往，其中包括山姆計畫為一些球員買車。

「課堂上，他似乎很有自信，」對於柯爾，一位英語老師露絲・韋克斯勒・米爾斯（Ruth Wechsler Mills）這樣說。

「也許那是他發揮自信的地方，史蒂夫確實對寫作能力充滿信心。我從來不認為他是一個安靜、沒自信，或是沉默寡言的孩子，他總是主動參與、充滿熱情，但不會過頭影響到其他人。」

「他知道該說多少，該付出多少，以及何時應該保持低調，何時應該拿捏尺度，我幾乎不需要給意見，我當時還想：『這小子一切都處理地這麼成熟？或者，為什麼他沒有每件事情都像寫作一樣，展現出應有的自信心。』」

「史蒂夫在各方面看起來都好像很有自信，因為他確實有出眾的能力。」另一位對柯爾作品印象深刻的老師也記得，「幾乎不需要老師跟他說哪裡或如何改進，是一位在起跑點上就佔了一些優勢的學生。」

一不注意，高三的籃球賽季就無聲無息地結束了，不過對手都知道，帕利塞德高中有一名從黎巴嫩來的球員，因此所有人都預期，從休息室出現的，應該是一個看起來，甚至聽起來，都是中東感覺的人，或許這個人的名字很難發音；不過相反地，大家看到的是一位金髮藍眼的白人，一個南加州海灘常見的長相，偶爾，柯爾會稍微解釋一下。

比較起來，高三那年的棒球場上，他以投手和內野手的角色，反而留下了許多令人深刻的表現，同時他也享受到團隊成功的美好滋味。

「如果柯爾認為對手想偷暗號，他就會丟觸身球來警告。」《南灣微風日報》（South Bay Daily Breeze）的體育記者尚恩·瓦特斯（Sean Waters）說，這家報社常常報導帕利塞德區的體育運動。「如果碰到對方攻佔滿壘，他就會往打者的內角硬塞。」

「柯爾是一個善於觀察、策略性的投手，他投球算有料，但沒有到超級好，比較像是一個戰略家；有時候你看到他在投手丘，然後心想，等等要從他手裡把球打到中右外野全壘打牆外的日落大道上，然後你走進打擊區，結果卻發現他根本沒打算投好球給你打，一切都被他耍了。柯爾會讓你看起來像個笨蛋。」

那年，海豚隊在四強賽中成功擊敗第一種子，以十七比四的比分，晉級城市冠軍賽。更棒的是，對上強悍的克里夫蘭，以及他們不敗的先發右投手，布雷特・薩伯哈根（Bret Saberhagen），冠軍決戰將在道奇棒球場進行，這是柯爾從小最愛球隊的主場，他排在先發第七棒，守位是游擊。

這是柯爾學生時期，唯一一次可以拿出來，跟在籃下觀賞UCLA比賽相提並論的寶貴經驗，而且這次還是自己的比賽，就算只是一個晚上，也永生難忘。

但是，比賽結局不盡理想，對手王牌薩伯哈根投出無安打比賽，帕利塞德〇比十三大敗，柯爾不但兩次打擊沒有安打，還後援上場投球四又三分之一局，被打了九支安打，投出一次保送，一共掉了六分、其中三分是責失分。

一年後，海豚隊再次回到道奇棒球場，參加一九八三年的冠軍賽，那個賽季柯爾擔任投手時拿下一勝兩敗，自責分率二點八〇，而那場決賽，他先發守三壘，打第五棒，雖然柯爾三次打擊敲出一支安打，還帶有兩分打點，而且上場投了三分之二局，只有一次保送，沒有掉分，最終球隊還是以四比七輸球，拿下聯賽的亞軍。

棒球場上的任何一個位置，柯爾都沒有突出的天份，不過高四那年，他展現了優異的臂力，以及一名優秀控球後衛必備的成熟和明智，這讓他跟一般典型的高中籃球運動員有所區別。

籃球，是他獲得大學獎學金的最好機會，而隨著對這項運動的熱愛不斷增加，他越來越興奮且期待；唯一缺點是，爸爸梅爾康在一九八二到八三年學期開始之前的八月，搬到了貝魯特，這是全家人放不下的擔心，因為媽媽安、柯爾，還有安德魯，都留在帕利塞德。

「你不會相信昨晚史蒂夫的表現，」安在一月下旬寫信給丈夫，「帕利塞德高中打到延長賽最後四秒鐘，才驚險地擊敗了漢莫頓（Hamilton），最後階段我無法一一詳述，但我知道，史蒂夫是這一切的關鍵。」

「當時雙方不知道平手了多少次，而史蒂夫挺住壓力，八次罰球全部命中，特別是最後關鍵兩罰，讀秒階段漢摩頓兩次把球抄走，然後帕利塞德又兩次把球抄回來，反正這個週末史蒂夫會更詳細地告訴你這一切，如果他有空的話，這禮拜天是超級盃。」

「忘了告訴你一個好消息，」安在信的最後寫道，「前幾天吃完晚飯，我和史蒂夫一邊洗碗，一邊聊到他覺得現在的生活非常棒、非常幸運，雖然他一度想到你然後小聲地說，『唉，可惜爸不在。』但後來我們都理性地同意，這段時間能有你這樣的爸爸支持著，是很幸福的。最後我補充一點，高中畢業時能夠有我這樣的媽媽陪著待在家，也是非常幸福的，哈哈！」

柯爾常會用與眾不同的方式，開賽後迅速且有效率地去分析對手，「他是一個幾乎不會犯錯的球員。」恩格蘭一邊回憶著，一邊讚賞這位年輕人，而柯爾也用行動回應前輩的正面評價，持續在球場上繳出好表現。

高四那年賽季，他讓許多球探跌破眼鏡，讓許多教練防不勝防，那些把他設定為一位遠距離投籃精準後衛的對手，經常因為他聰明地破解防守、找到空檔，而沮喪地束手無策，更厲害的是，跳球完才沒有多久，他就能用幾個空心入網的跳投，以及精準巧妙的傳球，讓對手必須在比賽剛開始就喊一個暫停，為的就是調整防守策略，有些人說這種叫做「史蒂夫．柯爾暫停」。

如此出色的表現，還不足以讓他在城市最佳第一或第二隊卡到一個位置，雖然《洛杉磯時報》（Los Angeles Times）將他選為全中央聯盟最佳第二隊，不過一場比賽平均十三點六分依舊不夠出色，沒有辦法引起大學傳統名校的興趣。

帕利塞德高中一直以培養人才而聞名：包括一九七六年，范德威格到了加州大學洛杉磯分校；一九七九年，恩格蘭到了杜克大學，凱文．史都華（Kevin Steward）則是到南加州大學；一九八二年，勒羅．史密斯（Leroy Smith）也到了加州。

相較起來，柯爾受到的關注並不多，馬爾文教練打了不少通電話給多所大學，希望能夠爭取到獎學金，那時，蘿絲．吉爾伯的丈夫對柯爾的夢想學校加州大學洛杉磯分校，已經不再擁有影響力，因為政治學系的家族背景和關係，對於籃球獎學金的申請並不重要。

馬爾文私下跟范德威格等人分享了一個想法，就是柯爾可能沒辦法獲得大學籃球獎學金，但這位教練非常努力地提醒這些學校，這裡有一個團隊導向、聰明成熟、投籃能力優於大多數人的優秀後衛。

不管柯爾是否知道，馬爾文教練一直不希望球員有大頭症，但同時也默默操作，期待手下明星球員可以受到知名大學的青睞。馬爾文算是個悲觀主義者，對柯爾的擔憂也是情有可原，一部分是事實如此，另一部分則是個性使然，他熱愛籃球，也非常關心自己的球員。

然而現實是殘酷的。

當時范德威格準備進入第三個在NBA（美國職業籃球聯盟）的賽季，而且越打越好，馬爾文告訴范德威格，這個叫做史蒂夫·柯爾的高中生，會成為一位比范德威格更好的優異射手，試著複製他的高中表現到大學籃球場上，但大多數教練們還是無法認同。

「他可以打，」亞利桑那州立大學的教練鮑伯·溫豪爾（Bob Weinhauer）多年之後說，「別誤會我的意思，他絕對可以打，但招募球員的過程中，教練們會有一份高中球員的名單，他肯定不是那份名單上的首選，甚至可能名單上根本沒有他的名字。」

當時科羅拉多的助理教練艾文·金特里（Alvin Gentry）同意柯爾的外線威脅力，但同時也指出，「這樣的球員，你會懷疑他最終的定位是什麼？而且是不是真正有能力在一級的比賽中打到球。」

每個人都清楚地表達了類似的信息：柯爾的運動能力較差，得分數據不夠亮眼，防守上也會吃虧，雖然他是一名優秀的射手，但沒辦法彌補以上這些缺點。

他去岡薩加大學（Gonzaga）參觀校園時還有個糗爆的回憶，就是當時他突然被通知，要和一些校隊球員打一場友誼賽（其實這違反了NCAA規定），在沒有準備的情況下，被鬥牛犬陣中還沒什麼名氣的控球後衛約翰·史塔克頓（John Stockton）打爆。

「那時我心裡想：這個人球打得很好，而我超爛的，」柯爾說，「這讓人非常低落，根本沒有人願意招募我，完全沒有人提供機會給我。」

這次參訪變成了他一輩子揶揄自己的玩笑：「有人說，慢一步還好，但重點是你已經慢了兩大步了。」他一方面覺得自己實力不足而感到愧疚，另一方面，他會搞笑地分享這個糟糕經驗，給那些想去岡薩加大學打球的年輕球員。

這時候，出生於愛荷華州，時任亞利桑那大學的教練路特·奧森（Lute Olson），在沒有深入了解的情況下，開始招募柯爾。

奧森上任第三天時，他從圖森市開車到鳳凰城，準備觀賞一場高中比賽，當時主要目標是在沙加緬度的控球後衛，凱文·強森（Kevin Johnson），然後接下來，奧森計畫飛往洛杉磯尋找更多的潛力球員，並在洛杉磯時報總部舉行的高中籃球宴會上演講。

奧森被要求向當地最佳的球員們解釋並提供學校籃球人才培育計畫，同時肯定這些球員們的努力，給予適當的鼓勵，這樣的邀請對任何大學運動項目的負責人來說，都非常有吸引力，對奧森而言更是，因為過去他在加州地區的三所高中、長灘城市大學，以及長灘州立大學工作了好幾年，對當地數百所高中了解十分透澈，能夠利用演講和頒發獎項的機會，和球員、家長交流，對於他招生是非常理想的。

因此，開發南加州球員的能力，對奧森執教生涯的成功至關重要，遠比在愛荷華州重要。

宴會上，許多球員都認出那頭鬼魅般的白髮，以及那個來自愛荷華州的獨特名字，就是這位奧森教頭，花了九年的時間，讓一個屢屢輸球的隊伍，變成了連續五年參加NCAA錦標賽的超級勁旅，很大程度上，取決於他將洛杉磯的年輕天賦帶到了所謂的「鄉下農場」，那個學生們口中，只有寒冷冬天跟耕田機器的亞利桑那。

過去兩個賽季，野貓隊的成績從四勝二十四敗，進步到九勝十八敗的戰績，雖然在大學籃球界，絕對稱不上是最佳選擇，但至少在西部，以及太平洋十校聯盟（Pac 10）中算有吸引力；還有一點，這支球隊在這麼多個賽季下來，決定換上第三任教練，而且努力試著將人才吸引到一個不容易被大家想起的小鎮，相當用心。

安陪同兒子一起參加了西區選拔賽，他們被奧森強調學術的言論吸引住了，他沒有說什麼令人驚豔的話，也沒有講出特別具有說服力的話，但有自己教育理念的安，非常喜歡奧森的觀念。雖然這一切不是那麼重要，因為亞利桑那對她兒子不感興趣，甚至奧森根本沒注意到柯爾，但她還是印象深刻，「我希望你為這樣的教練打球。」從洛杉磯回帕利塞德的路上，安對兒子這樣說。

幾個月過去了，因為沒有任何的消息，安對奧森教練的想法，好像變成只是一些簡單的恭維，於是，從帕利塞德畢業的柯爾，開始尋找一些其他可能的學校。

他計劃為科羅拉多還有助理教練金特里效力，並且希望可以獲得獎學金，這支球隊上個賽季的戰績是十三勝十五敗，聽起來是一個可以實現的計劃；然後他改變了想法，決定去加州州立大學富勒頓分校（Cal State Fullerton），那裡的球員水準比科羅拉多好，而且距離家裡只有八十公里。有趣的是，這幾十年來，關於富勒頓是否有提供獎學金給他，柯爾的說法一直在改變，但不管怎麼樣，他是支持泰坦隊（富勒頓的籃球隊隊名）的。

一切變化地很快，奧森和學校意識到自己也遇上問題了。

強森原本說會來校園參觀，但後來打消念頭，選擇了加州大學；另外來自洛杉磯東邊約一百公里，河濱理工（Riverside Polytechnic）的得分後衛瑞吉·米勒（Reggie Miller）的確有來參訪學校，也讓奧森抱著希望，但米勒最終還是去了加州大學洛杉磯分校，被拒絕已經夠糟了，野貓隊還必須和這兩個同區的對手比賽。

亞利桑那大學知道，他們必須先找一些球員，才能保持這個城市對球員的吸引力，未來的招生也會比較順利，所以他們簽了幾位大學球員，即使教練最想要的是充滿天分的高中生，但大學球員比較有實戰經驗。

七月二十九日，高中畢業一個多月，也是夏季簽約期的尾聲，雖然有些意外，但柯爾終於出現在亞利桑那大學的雷達上。

奧森不去管怎麼分配一九八三年的籃球獎學金，把專注力放在一九八四年的大一新兵上，他跑去看家鄉加州州立大學長灘分校的夏季聯賽，觀察那些高中籃球員們，心裡原本鎖定的球員不是柯爾。

「引起我注意的球員，是對面球隊的，六呎二吋、身材削瘦、頭髮金白的後衛，這個孩子很有趣，我那時候覺得，他打得很好，很聰明，出手感覺很棒，可以成為場上真正的領袖。」賽後，奧森找到了這位金髮後衛在夏季聯賽的教練。

「告訴我一些有關二十五號的事。」奧森說。

「他很棒，」那位教練回答，「他的名字叫史蒂夫・柯爾，帕利塞德高中畢業的，但目前沒有學校要。」

奧森剛好碰巧觀察到的，都在對話中得到肯定的回覆，柯爾不只是那天打出好球，他有出色的射程，用腦打球，而且具有領袖氣質。

「他身上有一些特質讓我很感興趣，」奧森後來回憶著，「他速度不快，也沒有過人的運動能力，在頂級大學聯盟打球可能會很吃力，但不知道為什麼，我很感興趣，他打得像個贏家一樣。」

隔天，奧森又回來看柯爾的比賽，然後再次被打動，於是當天晚上，奧森打電話到柯爾家，做了自我介紹，柯爾表示他知道這位亞利桑那教練，說洛杉磯時報籃球宴會上，他就在觀眾席聽了奧森的致詞。

當柯爾被問到，是否有興趣了解更多關於亞利桑那招生計畫的話題時，他很快地表示肯定，在相談甚歡的情況下，奧森請老朋友馬爾文教練安排了一場比賽，邀請一些帕利塞德的校友們，有幾位是現任的大學球員。

奧森在常常一起看比賽的妻子波碧陪同下，欣賞了兩個小時的指揮若定，柯爾用明智的決定、成熟的方式指揮進攻，任何教練都會感到滿意。

有趣的是，奧森一家到了多年後才知道，他們其實被設計了。柯爾在比賽中，不管是對手還是隊友，都確保他有空檔可以舒服地投籃，防守上也盡可能不給壓力，讓柯爾那天晚上得以展現出最好的一面，打出高水準的比賽內容，看起來，計劃非常完美成功。

奧森告訴梅爾康，亞利桑那大學對柯爾很感興趣，但校園參訪的額度已經用完了，所以如果想在下決定之前先看看圖森那裡的狀況，必須自己負擔相關的費用，然後白髮教練回到了校園，一方面安排其他有關球隊的基礎項目，一方面等待柯爾家的回應，但之後沒有任何消息；另外一邊，柯爾打電話到學校體育組，也沒有得到預期的回覆，他以為奧森和亞利桑那失去興趣了。

誰都沒想到，十七歲的柯爾，後來在生活中成為溝通大師，運用天賦，通過訓練成為了職業運動界最優秀的人才之一，卻差點因為一次誤會，失去一個影響一生的重大機會。

對於那些比較晚認識他的人來說，包括職業球員生涯的後半段、當總經理、擔任球評，還有總教練，很難想像柯爾無法替自己發聲，但那個時候，他好像被凍結在原地，缺乏自信而不敢為未來說話，這種匱乏一直到二十幾歲還是困擾著他。儘管柯爾在大家眼中的形象，是一個無所畏懼並克服挫折的勇敢鬥士，但一九八三年的夏天，他自我懷疑的程度相當明顯。

梅爾康問兒子，最終心目中偏好的目標大學，「亞利桑那。」柯爾回答，於是梅爾康——不是柯爾——打電話給奧森，詢問獎學金是否依然可以申請，因為兒子想去那裡打球。

「如果他想來，我們會接受。」奧森說，這跟凱文・強森，或是瑞吉・米勒那種華麗的迎接完全不同，一個是紅地毯的邀請，一個是柯爾得到的：鴉雀無聲的沉默。

但又怎麼樣呢？就算亞利桑那大學歷史戰績不怎麼樣，就算新教練從來沒有在真正的比賽中看過柯爾，就算沒辦法先做一次校園參訪，柯爾終於找到了下一站，獲得了獎學金和他想要的一切。

隨著黎巴嫩內戰進入第七年，貝魯特的情況似乎越來越惡化，而柯爾的大學問題已經解決，於是他回到出生地，和父母親以及弟弟住了八天，到達後不久，安寫信給約翰，還有剛成為新婚夫婦的蘇珊和漢斯・范德文（Hans van de Ven），「這邊生活一切平靜而愉快。」「我們只會偶爾聽到遠處傳來爆炸聲。」

柯爾一家人已經習慣且麻木了，在這個國家，這個首都，包括柯爾在內，大部分都見怪不怪：他們會在附近的山上爬山、在地中海游泳、在餐廳吃晚飯、在戶外打牌，這就是貝魯特美國大學校長居住的地方，一切都是那麼自然。

柯爾計劃搭乘八月十二號的飛機離開黎巴嫩，結束這次旅行，安和安德魯則跟梅爾康繼續留在貝魯特。一九八三年的夏天，他和媽媽在機場航廈裡，不斷聽到炸彈聲劃過天空，當地人給這樣的狀況取了一個名字：彈殼天空（Shelly weather）。

「除非其中一枚砲彈打中你，否則你永遠不會知道彈殼（死亡）的聲音，」柯爾說，「我永遠不會忘記，那就是死亡的聲音。」

這樣的情況下，機場立即關閉，幾個禮拜之後，家人才急急忙忙地想辦法送柯爾回美國，他們試著搭乘軍用飛機去開羅，但航班被取消；他們想了幾個方式，但最後還是決定不要嘗試，像是坐直升機到以色列的特拉維夫、坐遊輪先到敘利亞港口城市拉塔基亞，然後從那裡再去地中海東部的賽普勒斯，甚至想到，乘坐公車去距離超過四百公里的特拉維夫。

最終，柯爾和一位勇於接受冒險任務的大學司機開了一台汽車，他們往東走，穿過黎巴嫩邊界，進入敘利亞，翻過許多的高山，然後抵達大馬士革，接下來往南，右轉進入約旦，然後抵達安曼，再搭阿利亞航空的飛機離開中東。

柯爾順利降落在洛杉磯機場，約翰、蘇珊和漢斯幫他辦了歸國派對。姐姐認為，柯爾之所以精神看起來很好，是因為終於從這悲慘、令人頭暈目眩的移動中解脫，四個人回到太平洋帕利塞德區，在午夜時刻享用法式吐司。

「可憐的史蒂夫！」爸爸梅爾康寫信給約翰、蘇珊，以及漢斯。「這些不確定性和不方便性，讓我真的非常擔心，更別說生命上的威脅感了，我猜史蒂夫現在對貝魯特的形象應該變糟了一些，我能了解他現在的心情，他應該也很關心我們目前在這裡好不好，」他父親補充，「這感覺太糟了，其實昨天我們大家都還玩得很開心，不過，我相信他會開始了解，我們在這裡的價值。」

除了保持一貫的樂觀態度之外，爸爸越來越擔心家人在貝魯特的安全，在柯爾成功離開不久後，梅爾康把妻子和小兒子送到開羅待了六個星期。擔任貝魯特美國大學校長才第一年，他從對大衛·道奇的擔憂，轉變成把家人送走以保護他們，黎巴嫩首都的危險性，變得越來越明顯。

第三章 一切結束了

當時可能沒有人知道，逃離貝魯特不是史蒂夫．柯爾在一九八三年遇到的最大挑戰，爆炸聲不斷的日子雖然令人恐懼，但也是暫時的。

真正的挑戰，是接下來他生命中的大學歲月。亞利桑那明顯不能跟他剛逃離的環境，那個父母跟弟弟還在的血腥世界相比，但他也正不知覺地走進了另一個危機：因為奧森已經在計劃換掉他。「老實說，」教練說，「當初把他帶進球隊的設定，是我們會在下個賽季招募新血來取代他。」

缺乏運動能力，有時還表現出稚嫩不成熟的孩子氣，柯爾並沒有在重要的分區比賽中展現球隊所需要的殺手本色，當然，很容易被教練換掉。

實際上，美國大學一級聯賽的教練，都會在幾個月前，就球員的未來發展性進行客觀的分析，柯爾的隊友們很快就明白了：第一，主要還是因為爸爸梅爾康的堅持，第二，非常清楚地，柯爾能夠拿到獎學金，是因為教練沒有其他選擇，只能先試著補上一名普通球員，來勉強完成手上計劃，奧森根本沒有說服自己去相信柯爾的能力。

結果好像證明了奧森的想法是對的。柯爾進入球隊初期，和亞利桑那球員內部的比賽中表現不佳，野貓隊其他的球員都感到非常失望，大三生布洛克·布朗霍斯特（Brock Brunkhorst）一回到宿舍就跟室友說：「我不懂為什麼新教練要找這個人加入球隊。」

防守端，柯爾明顯是對方攻擊的弱點；進攻端，除了投籃之外，其他也乏善可陳，身高六呎三吋，後衛來講算不錯，但缺乏自信、身材不好、速度不快、經驗不足，沒法做出有效的貢獻，就算在一支弱隊也沒辦法顯得突出。

柯爾球技不夠出色，沒辦法得到隊友的支持，但至少夠聰明能意識到這一點，他用坦率的態度面對如此令人難受的窘境，反而讓球迷和觀眾接受而喜歡他。

「老實說，我沒有那麼好，」他承認，「我每天都會練球，我的體力也幾乎天天都透支。籃球場上，我知道自己沒有優勢，也一直充滿著不安定感，所以每隔一段時間，我會打自己幾下，用這樣來督促自己繼續努力地練習，但如果打太多下我是會不爽的，因為我也有脾氣。」

通過自嘲的幽默和樂觀的個性，隊內練習賽中，本來抱著懷疑心態的球員，就比較容易變成朋友，利用這樣的方式，柯爾成功掩蓋了過度思考的焦慮感，至於在球場上，如何贏得隊友的信任，那就是另外一回事了。

以球隊的角度來看，如果更衣室外面有一個緩慢且虛弱、缺乏自信心的替補隊員，卻一直卡在控球後衛的位置，等待被隔年招募的新人取代，那這肯定是支充滿問題的隊伍，不過奧森教練在改造球隊的時候發現，柯爾竟然是最不用擔心的球員。

從十月十五日的第一次訓練中，可以明顯看出這一點。奧森花了三個半小時進行防守訓練和衝刺，過程中常常大聲地告訴野貓隊球員，他們到底有多糟糕，接著最後打十二分鐘的五對五劃下句點，柯爾還能開玩笑地把這樣的訓練菜單叫做「基本地獄」。

「讓我感到驚訝的是，第一天我們的進度就嚴重落後，」奧森說，「球員缺乏基本的籃球知識，而且完全沒有團隊防守的概念，除此之外，更讓我啞口無言的，是這些年輕人的基本動作實在太差。」

「我們有一個規定，就是球員們必須連續罰進十球，才能去休息喝水，一般來說，這需要幾分鐘的時間完成，但那次練球，我們坐著邊看邊等，結果竟然花了大約半小時才達成。」

「我記得，助理教練史考特・湯普森（Scott Thompson）和我互相看著對方，然後一起搖搖頭，教練團裡每一個人，應該在第一次練球前，都沒想到當時球隊的競爭力竟然如此落後，有一卡車的工作等著我們去完成。」

八天後，黎巴嫩那邊天剛亮，一輛黃色賓士商用卡車出現在貝魯特機場，通過一條長道之後，直接衝向南北戰爭時期，雷根總統派遣的美國海軍陸戰隊營區大樓，這台車上裝有超過一千公斤的炸藥，直接撞穿營區前的六角形鐵絲網以及一個警衛室。那是禮拜天的早上，估計有三百位美國士兵在裡面睡覺。

「我只記得，」一位海軍陸戰隊成員這樣回憶著，「那個開車的司機臉上掛著微笑。」

爆炸威力十分猛烈，二十五公尺高的大樓中柱應聲斷裂，四層樓的建築物一度離開地面，落地之後因為劇烈搖晃而倒塌，十五公里之外的人都能感受到巨大的震蕩；大約兩分鐘之後，另外一輛載著炸藥的卡車，衝進了位於傑納海區以北幾公里處的法國軍隊總部，第二場混亂的大爆炸發生，一棟八層樓的建築物瞬間變成廢墟。

兩百四十一位美軍成員，包括兩百二十位海軍陸戰隊員，十八位海軍和三位士兵喪生，這是自一九四五年硫磺島戰役以來，海軍陸戰隊最大的單日傷亡，如果以分鐘來計算，也是一九六八年越南戰爭以來，美軍死傷人數累積最快的一次。

救難人員利用所剩不多的天亮時間，以及深夜開啟照明燈的情況下瘋狂地搶救，他們使用焊接槍、電鑽機，還有起重機，在一片灰黑色中撬開瓦礫尋找死傷者，同時還必須躲避附近敵軍狙擊手的攻擊；法國軍隊那邊的死亡人數，達到六十三人。

弟弟安德魯早已習慣槍聲和炸彈聲，但對柯爾來說，美國基地被襲擊，讓他感到非常震驚。低沉的隆隆聲，震動了校長家的窗戶，安聽到了那恐怖的爆炸聲，驚恐之餘，感覺非常痛心，不只是因為傷亡的人數眾多，而是因為就算不認識任何美國士兵，這場悲劇給安的感受是如此清楚而痛苦。

梅爾康和安德魯聽著廣播的報導，安腦袋陷入一片空白，隨著傷亡人數逐漸增加，她感到內心的痛苦也在上升，真的很難想像，在校園裡慢跑時遇到那些用「是的！女士！」跟她打招呼，看起來精神抖擻、動作俐落的士兵，竟然就這樣離開了，這裡面有些人還和她最小的兒子一起參加過籃球比賽。身為一個母親，她痛苦地了解到，許多死去的年輕人，跟她的孩子們年紀其實差不多，只比安德魯大一點而已。

安和梅爾康花了一個下午的時間，整理了書房裡堆放好幾個禮拜的成箱書籍，他們似乎需要用這樣的方式，讓心情稍微平靜一些；安和安德魯後來去了貝魯特美國大學醫院，帶著自製的巧克力餅乾，探望那些受傷的士兵，他們心裡知道，這樣做其實是為了他們自己多一些。

昏迷不醒而躺在病床上的軍人們，有些腦袋鼓脹，有些睜大眼睛，都是因為爆炸而呈現出令人不舒服的表情。他們想要用自己的方式幫忙，就像其他美國社區學校的年輕女生一樣，坐在傷者的床邊，握著這些海軍陸戰隊員的手，輕聲地說說話；對安德魯來說，這些奇怪詭異的景象，也永遠地印在記憶之中，他只能苦中作樂，把尋找用過的彈殼碎片，當成最新的娛樂活動。

在安全的亞利桑那州，柯爾在《時代》雜誌上看到了照片，並且認出，有些地方還是他八月份離開前去過的，「這些士兵非常友善，帶著我們家參觀基地，努力做好自己的工作，維護這個國家的和平，為什麼？有卡車炸彈來攻擊？」

三十三年後，柯爾接受《紐約時報》採訪時，談到這起事件，還是會難過地流下眼淚，「當時部隊上有位牧師，把我們包在他的雙臂之下，他真的是我碰過最好的人，我看到了他的臉……」即便到了二〇一六年，柯爾情緒依舊激動，他深深吸了一口氣，擦了擦眼睛。

不久後ＡＵＢ董事會將在紐約舉行會議，梅爾康計畫順道去圖森一趟，對柯爾來說，這是一個動盪時期中最令人開心的事情了。

感情一直都很好的父子檔，在學生宿舍的房間裡，柯爾坐地板，爸爸坐在床上，一起看加州大學洛杉磯分校與亞利桑那州的美式足球比賽，他們可以暫時不管對新學校野貓隊的忠誠，偷偷在心底支持那個他們長期以來最喜歡的球隊。

梅爾康跟兒子參觀了校園，然後在月底進行的賽季首戰前，近距離看了籃球隊的訓練，也進一步了解奧森教練以及學校的其他球員們；美好時光過得特別快，身為校長，梅爾康必須前往下一站德州處理學校事務，最後只能花十五分鐘左右，再跟兒子碰個面，順便取走留在柯爾衣櫥裡的西裝。

梅爾康離開圖森後，打了電話給安，跟她說重逢非常有趣，但同時，柯爾也擔心黎巴嫩日益惡化的情況，擔心他家人的安全。確實，這一切都有充分的理由感到不安，不只是因為近期美國和法國軍隊遭受襲擊，柯爾還要擔心自己，能不能在一九八三到八四年賽季中打到球。

從安的角度來看，貝魯特美國大學的學生也要煩惱，因為學校常常停電，學生被迫在沒有電的情況下上課，而且還要擔心隨時有可能發生的砲彈攻擊，更嚴重的是，有一些學生連家都住不安穩，只能從基督教和穆斯林教的共同社區中搬走，移動到以自己宗教為主的地方才安全；華盛頓首府和美國駐貝魯特大使館之間，幾乎每一天都有重要的電報。

內戰初期，貝魯特美國大學可能被視為沙漠中的綠洲，當地可以看到地中海景色，讓人找到內心的平靜，但進入一九八〇年代初期，在那裡工作變成要隨時躲避流彈，就連過個馬路都得特別小心，受傷的民兵擠滿了醫院，各國的軍事部隊都有自己的醫療團隊，監督著替他們照顧士兵的醫護人員。

更誇張的是，為了知道敵軍的一舉一動，部隊還潛入醫療單位，以徹底掌握對方的健康狀況和位置等詳細資料：一位軍人用手榴彈威脅一位醫院實習生，要求實習生穿上實驗室外套，偽裝成醫生的樣子，好在不引起懷疑的情況下，仔細地搜查醫院，這些武裝人員在走廊上不斷巡視，對一切瞭若指掌，像是某天晚上的八小時內，進行了二十三次緊急手術；某位外科醫生，在過去三十六個小時內，一共進行了十三次腦部手術，其中包括部份頭骨的切除手術。

爸爸梅爾康、媽媽安，以及弟弟安德魯，就在這樣的時間和地點生活著，那裡的當地人，根本不想再費心更換家裡或公司那些被炸毀的窗戶，他們選擇用包三明治的保鮮膜，蓋住漏風的破口，不但是種更便宜的選擇，下一次轟炸到來時，修復起來也更簡單快速。

《紐約時報》駐貝魯特的記者湯瑪士・弗里曼（Thomas Friedman），把修理玻璃窗師傅的生意，看成一個有力的政治分析點：當生意好，住戶願意更換窗戶時，就表示人民對國家的發展方向採樂觀態度，而當生意少，沒有人願意費心修理那個很快就會再次被摧毀的東西時，就意味著民眾不看好現在的政府。柯爾夫妻慢慢開始相信這種理論，因為有天，一位海軍陸戰隊員在誤認身份的情況下向兒子安德魯開槍，雖然幸運地沒有射中，但貝魯特混亂失控的狀態可想而知。

美國之行成功結束後，梅爾康重新計劃，準備在三月份再次返美，目的地是舊金山，到時將在那裡舉行學校董事會會議，然後再去洛杉磯，觀看亞利桑那與加州大學洛杉磯分校的比賽。

新賽季開始了，野貓隊的第一場比賽成功擊敗北亞利桑那州大，不過一萬三千六百五十八個座位的麥凱爾中心，大約只有三千位觀眾進場，這好像預告了，球隊還沒有足夠實力去面對嚴酷現實的考驗。果然，隨之而來的是連輸了六場比賽，包括在德州，面對勝率不到五成的河谷隊，那場敗仗讓奧森教練在休息室跟球員放狠話，然後走人：「我明白你們為什麼去年打得像一群魯蛇。」

大學時期的經驗，讓柯爾在未來的職業生涯中獲益匪淺，他轉到芝加哥公牛隊時，麥可．喬丹（Michael Jordan）宣佈退休，奪冠的希望瞬間破滅，總教練菲爾．傑克森需要得分手，特別是得分後衛，柯爾也成功地把這個意料之外的大空缺補上，成為了他NBA球員時期最佳的賽季之一。

魔術隊在選進俠客．歐尼爾（Shaquille O'Neal）之後沒有多久，就把柯爾交易掉了，雖然和一個可以讓射手發揮的好機會擦肩而過，但至少到了一支需要他的理想球隊；而轉隊去聖安東尼奧，則是加入一支從沒拿過冠軍的球隊，沒想到，五個月之後馬刺成為了NBA總冠軍；進入亞利桑那大學，柯爾不是計劃中的一部份，更不是獎學金的候選人，但情況就是變得如此需要他，而他也成功地扮演好那個史蒂夫．柯爾。

一九八三到八四賽季的前幾個禮拜，並沒有想像的那麼糟糕，因為柯爾獲得了一定的上場時間，甚至教練會在關鍵時刻，讓這位球隊第三控球後衛待在場上。

那年聖誕節，對上北亞利桑那州的比賽錄影帶順利送到貝魯特，終於，柯爾的家人可以觀賞他的比賽了！

大哥約翰也從開羅飛過來，一家人聚在一起，興高采烈地欣賞柯爾的大學處女秀，一切實在是太新鮮了，所以大家沒有被無聲且顆粒狀的畫面嚇到，不過解析度實在太差，爸媽和兄弟一開始沒辦法確定三個野貓隊中的金髮球員，哪一個是柯爾。他們發現，這台攝影機的鏡頭瞄準著球場中央，但距離應該非常遠，儘管如此，約翰還是認為，「這是我們家人生命中的精彩時光，真的是太開心了。」

確認再確認，那場十一月二十五日，在亞利桑那州南部沙漠附近進行的賽事中，柯爾一家人找到了柯爾，他們從模糊的影像中，高興且仔細地分析每一個動作和細節。

地中海附近的馬昆大廈，柯爾五次出手命中三球的畫面，被家人一遍又一遍又一遍地播放，倒帶，再播放，每次投籃起碼被播十次以上，約翰也觀察到，觀看柯爾大學比賽的影片，是爸爸生活中的亮點。

安和梅爾康意識到，趕上兒子大學籃球的第一場比賽，不只讓這個家庭共度了一個特殊的美好時光，更因為這個歡樂的相聚，了解到他們其實身處於非常危險的國度，他們不希望安德魯在收集彈殼和彈片的環境中長大，於是開始考慮搬回加州。

梅爾康知道，一個高調的美國人，在這片正在獵殺美國人的土地上是非常不安全的，這也是他擔任校長以來，一直和妻子討論的話題，他喜歡和學生以及工作人員互動，如果身邊跟著保鏢不是第一選擇。

梅爾康想法比較直接，他合理地認為，如果隨身保鏢慢跑時第一圈就氣喘吁吁而跟不上，那這樣的安排是沒有意義的，他寫給約翰和蘇珊的一封信中提到這個想法：「基本上是有用的，不管去哪裡，這個人都跟著我，我確實感覺更安全一些。」經過一段時間後，他還是不太習慣，有一部分原因是不想支付額外的加班費，最後索性就不請保鏢了。

「梅爾康已經被鎖定了，」一位美國專門研究中東國家發展的外交專家這樣總結，「貝魯特美國大學早已被設定為攻擊消滅的目標。」

一九八四年，各個國家的軍事武裝越來越積極，襲擊活動越來越多，居住在貝魯特的風險也就越來越大。大學董事會在前一年十二月投票決定，僱用軍警來進行全天候二十四小時保護，雖然安和梅爾康對失去隱私感到不悅，但只能勉強配合學校的計畫。

一月十八日，一個陰天的早晨，梅爾康在沒有保鏢的情況下，請司機載他出門，先去銀行辦點事，然後早上九點左右再返回校園的行政大樓，他穿過大樓前面的小廣場，那裡擠滿了春季班的學生們，然後他走進電梯，準備到二樓的辦公室，他沒有注意到有兩個男人跟著。

梅爾康一手拿著公事包，一手拿著雨傘，走出電梯，再走過一小段階梯，走廊旁邊的辦公室，院長正在等他，「喔，他現在到了。」梅爾康的秘書跟院長說，然後低下頭。

梅爾康可能從來沒見過這兩位攻擊者，他們可能從電梯一路跟上來，可能像安認為的那樣，躲在樓梯間，也可能一直都在走廊的另一頭等著，但不管從哪裡出來，這兩人其中一位男子，舉起裝有消音器的七點六五毫米手槍，朝著梅爾康的頭部開了兩槍，等秘書再抬頭，只看見兇手逃跑的背影。

其他目擊者所能提供的最好資訊是，其中一人穿著藍色牛仔褲和皮夾克，手裡拿著一個帶有拉鍊的公事包，從大樓裡衝出來；刺殺者要不混入廣場聚齊的學生人群中，要不早有準備，能夠在配備自動步槍的警察和士兵監控下，在關閉所有路線並搜索校園之前，從這座城市四個主要出口之一順利逃走。

教完學期最後一門二年級英文課後，安在小雨中等著朋友來接她，準備去買些材料來重新裝修家裡，值班的警衛請她到警衛室躲雨，她禮貌地拒絕了。大約五分鐘後，同一個警衛跑了過來，他用手直接抓住安，幾乎是用拉的，因為，校長出事了。

安衝到事發現場，上了樓梯，進了走廊，看到梅爾康臉朝下地趴在地板上，就在電梯旁邊，公事包和雨傘就在面前，頭部正在流血，安立刻知道，老公梅爾康應該過世了，這時候送到醫院也救不回來。

醫生護士們試著搶救已經平躺在擔架上的瘦長身軀，血還是不停地在流，醫學院院長走了出來，告訴大家這個安已經猜測的結果：梅爾康・柯爾在他父母教了四十年的學校裡去世，享年五十二歲。

他與年輕的安・茲維克相戀而結婚，四個孩子中，有三個出生在那裡，這可怕的一瞬間，安不由自主地用嘴巴咬住傘柄。

事發當時，安德魯在學校附近一家咖啡廳打電動遊戲，後來他聽到一名工作人員大聲告訴所有人，剛剛在收音機聽到的消息：「校長遭到槍殺！」安德魯衝了出去，發現學校的大門已被鎖上，校園進行全面封鎖，他準備翻牆時，被一名警衛叫住，有其他人認出了十五歲的他，並追問是否知道這個消息，安德魯所能做的，就是問這些人，梅爾康是在哪裡被槍擊的，同時祈禱著父親只是手或腿受傷了。

但有人告訴他，不，是頭部。他馬上想到，雷根總統的新聞秘書詹姆斯・布雷迪（James Brady）曾經在一九八一年一次暗殺中逃過一死，如果爸爸最終需要坐輪椅，就像布雷迪那樣，也沒關係的，他可以接受，安德魯這樣想。

安德魯到校園醫院時，安正在車上，但她完全不知道車要開去哪，也不知道是誰陪她一起坐車的；而柯爾家的管家，實際上已經被視為家裡的一員，把最小的兒子帶到了醫院的一個小房間，醫生告訴他，爸爸梅爾康已經死了，安德魯哭得淚流滿面，醫生一邊希望他可以忍住，一邊提醒著他，是時候做個男人了。

安德魯需要抽離，他需要母親的陪伴，所以離開了醫院準備回家，安看見他走上環形車道，於是跑到門口迎接兒子，兩人在大廳裡熱淚盈眶地擁抱對方，許久之後，安德魯才開口說話：「我要抓到那些殺了爸爸的人。」

母子倆轉移到樓上安德魯的臥室，安身上還穿著雨衣和靴子，他們彼此安慰，並且回顧爸爸梅爾康的精神，如何以適當的角色去做有價值的工作，安德魯同意了媽媽的說法，多培養一些同理心，「但這想法大概只維持了一個小時，」他說，「爸爸發生意外之後，我真的一點都不想原諒任何人。」

梅爾康的公事包被送回時，安德魯收了快遞，然後擦掉上面的血跡，因為他不想媽媽看到又想起那些痛苦的景象。幾天後，在其他家庭成員的幫助下，父親的眼鏡也送了回來，破碎的鏡框上面，幾乎看不見血跡。

他們也一一打電話通知其他孩子，白天打給在開羅的約翰，晚上打給在台灣的蘇珊和漢斯，以及午夜時刻，打電話給在圖森的柯爾，因為要算時差，而且長途電話有連接問題，要完成這些並不容易。他們需要通知安的父母，以及梅爾康在美國的兄弟姐妹，還有梅爾康在紐澤西州，兩天前才中風的母親艾莎・柯爾。

那時，蘇珊在台北市中心教英文，對象是學生和商人，從海軍陸戰隊軍營爆炸事件開始，她就刻意不去打開收音機，「父親的命運，我們似乎已經猜到了。」幾個月來，那通不想接的電話真的響起時，蘇珊一聽電話那頭母親的聲音就知道了；而哥哥約翰是在工作中接到媽媽的電話，在收訊不佳聲音模糊的情況下知道的。

安花了幾個小時，痛苦和絕望地寫了一篇日記：

「今天，一切結束了，所有的目標都完成了，夢想和目標依然是充滿希望的。」

「我無法想像沒有梅爾康的生活，不知為什麼，我們從來沒有想過這一切會發生。」

「也許未來，還有很多麻煩和問題，但都比不上這次的打擊，但很慶幸，我們可以在這裡做我們正在做的事。」

「我聽到梅爾康現在要上樓了，大家也都回來了，折騰了一整天，一直不斷被打擾，就這樣，寫不下去了。」

至於在亞利桑那的柯爾，以往他總是認為：「不知道怎麼解釋，但壞事一般都在其他人身上，我想我應該是免疫，我家人也是。」

但這一切，在一月十八日凌晨三點發生了變化，副校長瓦赫・西蒙尼安（Vahe Simonian）為了幫助安解決從貝魯特到圖森的通話問題，從紐約打電話到亞利桑那，這位朋友想要確保柯爾不是從媒體那裡聽到消息的，所以用溫柔的語氣詢問。

「我很不想跟你說，」西蒙尼安說，「但你父親中槍了。」

「哪裡？手臂？」柯爾問，跟弟弟安德魯在貝魯特的反應一樣。「還是腿？他還好嗎？」接著是一段長時間的停頓。

「你父親是個偉人。」西蒙尼安回答。

柯爾震驚地衝出宿舍，走到街上，整個人陷入歇斯底里的狀態，在那個幾乎沒時間交朋友的地方，感覺到天崩地裂。他傻了、僵了、迷失了，只能絕望地尋求安慰，跑到隊友的房間敲門，然後在其他球員還在半睡半醒時，他發瘋似地尖叫，那個思緒清楚的聰明腦袋消失了，隊友陪他大半夜坐在路邊發呆，他的世界陷入一片新的黑暗之中。

生命中最糟糕的消息發生，柯爾必須獨自一人面對這一切，孤立無援的他，身邊一個家人也沒有，得不到任何支持的力量，他今年才十八歲，就已經是孤單一人，只不過剛去亞利桑那幾個月，突然間，他的父親就離開人世了，母親和弟弟在貝魯特，哥哥在開羅，姐姐和姐夫在台北。

「那時，我在台灣的街道上來來回回忙碌著，」蘇珊說，「史蒂夫是那個真正孤單的人，他只是個男孩，真的，我們無法想像，他大半夜一個人在房間裡，得知爸爸過世的消息。」

他只能在校園裡結交朋友，與其他人建立關係，特別是籃球隊上的隊友們，而亞利桑那的夥伴們也很夠義氣，讓柯爾不會那麼想家。奧森也有同樣的想法，他希望當下有人先告訴教練，這樣當柯爾知道壞消息時，球隊中可以有個人在旁邊陪著。

助理教練史考特在收音機廣播中聽到了這個消息之後，馬上跑到球隊宿舍，發現柯爾獨自一人，一動也不動地坐在床上，媽媽安終於打通電話了，從兒子的聲音聽出，他已經知道了。凌晨五點左右，史考特帶他去了一家通宵餐廳，陪他在那裡，一聊就是聊了好幾個小時，柯爾回憶著：「直到今天，我的隊友依舊是我最好的朋友，教練，波碧，以及球隊其他所有人，我永遠不會忘記他們任何一個人，以及他們為我所做的一切。」

奧森在對話中發現柯爾當時狀況很糟，所以讓柯爾先離開球隊，專心處理家裡的事，並且強調當時籃球不是最重要的，柯爾可以決定他何時回到野貓隊，這應該會需要幾週的時間。

「告訴我們你需要什麼。」教練奧森這樣說，「你只需要慢慢來，去做任何想做的事，暫時遠離比賽吧！」

「教練，」柯爾回答，「我唯一能不去想我爸的時候，就是打籃球的時候。」

雷根總統在事發幾個小時裡，發表了一份聲明：

「今天早上，我們得知貝魯特美國大學校長梅爾康．柯爾博士去世的消息，感到非常震驚和悲傷，他是學術界備受尊敬的成員，作為美國駐黎巴嫩的領袖代表，他孜孜不倦，努力地工作，認真維護學術自由和教育原則。」

「他的工作加強了美國和黎巴嫩，以及中東其他國家之間歷史、文化和學術交流，並成功地繼承了家族傳統，他本人出生在貝魯特，父母親也致力於服務人類。」

「柯爾博士不幸死於卑鄙刺客的手中，我們必須堅定決心，絕對不屈服於恐怖分子的惡劣行為，絕對不能讓恐怖主義控制我們的生活、行動，或是未來。」

大部分時間，柯爾都在奧森的辦公室待著，有時候稍微小睡一下。學校工作人員幫他推掉全國性晨間節目的採訪請求，隊友們也盡力安慰他，然後晚上，柯爾會在奧森家裡過夜。

貝魯特那邊，有一位不具名的男子打電話給法國新聞社，聲稱親伊朗的伊斯蘭聖戰組織會對這起謀殺案，以及包括三個月前轟炸美國和法國的軍營在內的事件負責，來電者說，梅爾康是美國在黎巴嫩駐軍的受害者之一。

隔天，美國將伊朗列入支持恐怖主義的名單，這是整個國家的直接針對，而不是像法新社那位來電者所說的那樣，只是一個支持伊朗的團體，一位美國國務院官員表示，「這起謀殺案，只是更確定我們的想法，這個國家早就該出現在名單上了。」

總教練奧森後來在自傳中這樣描述柯爾：「那時他只是一個大一新生，才十八歲，我看著他熬過了那些日子，他應對的方式非常成熟；晚上他在我們家過夜，我太太波碧一直對他很好，這段時間的相處讓我們變得更親近了一些；史蒂夫和我們的兒子，也叫史蒂夫，他們會一起泡熱水澡，非常安靜地一起享受，我老婆還會幫他們準備一些啤酒喝。」

助理教練湯普森也希望柯爾可以暫時離開籃球，但柯爾說，「他們是我的家人，我想跟他們待在一起。」

柯爾本來預計自己會錯過一月二十日與亞利桑那州立大學的比賽，但是後來，他發現無論如何，都必須準備好在麥凱爾中心打球，雖然當時姊姊蘇珊和姐夫漢斯，將從台灣飛往黎巴嫩，哥哥約翰也要從開羅過去，和媽媽安、弟弟安德魯參加哀悼會。

「這是我現在唯一可以做的事，」柯爾說，「如果我不參加比賽，我爸爸一定會感到非常失望的，更重要的是，當時我也幫不上什麼忙，我知道我家人是安全的，為了第二天去追悼會而不參加比賽是沒有意義的。」

那個時候，籃球，從一種熱情，變成了一種生存工具。

亞利桑那州立大學的教練們，其實不太擔心這個場均只有五點九分的板凳大一生是否會上場，但他們知道，柯爾可以在三分線外造成一些破壞。

「他出現在那裡的時候，沒什麼人在乎他的影響力，」教練鮑伯．溫豪爾說，「包括我自己也是，之前有些小比賽看過他打，真的沒什麼需要特別擔心的，你知道他會投籃，但是，對，這邊要注意的就是這個『但是』，他真的有夠會投籃。」

這樣的分析，是來自於一位在高中時就研究柯爾，把太平洋十校聯盟的聯盟冠軍當作目標的專業教練，而且這位教練還擔任過帕利塞德的球隊經理，對柯爾再了解不過了。現在大家都知道，圖森的野貓隊有個打球像老將一樣沉穩的新人，而且，那場引起國際關注和白宮官方同情的槍擊悲劇，讓更多人產生了好奇和擔心，自然地想看柯爾的表現。

一月二十日，太陽魔鬼隊終於可以知道，他們應該用加強的區域聯防來降低對方的外線投射，或是堅持人盯人防守，看看對手亞利桑那能否突破。

奧森在午餐時間到飯店接溫豪爾，並開車送這位亞利桑那州立大學籃球教練去當地的俱樂部，進行短短五分鐘的演講，希望能吸引球迷進場加油。這是奧森推動學校籃球計畫的項目之一，他在自己城市居民毫無關注的休賽季期間，擔任野貓隊的專屬司機，帶著球隊在全州各地進行訓練和友誼賽，想辦法引起籃球迷的興趣：距離四百公里外的尤馬（Yuma）、諾加萊斯（Nogales）以南約一百公里的美墨邊境、往北邊約一百公里的卡薩格蘭德（Casa Grande），都是奧森的射程範圍。

以前，球隊的工作人員會帶著大一生去參加小聯盟曲棍球比賽，展示這座城市對體育的熱愛和支持；學校也會刻意關閉圖書館，讓學生拿票去麥凱爾體育館看比賽，增加運動風氣；附近高中一位不知名球員，尚恩·艾利耶特（Sean Elliott）就被上個賽季奧瑞岡（Oregon）大學和野貓隊的比賽震撼到了，那種氣氛在野貓隊和亞利桑那州立大學的對抗賽中也能感受到。

奧森在回飯店的路上跟溫豪爾說，亞利桑那大學的教練們，都同意給柯爾時間，讓他遠離籃球暫時冷靜，但他還是表示想上場打球。比賽之前，柯爾並不想留在休息室為父親默哀，而是選擇低著頭，站在隊友中間，最多就只用熱身夾克擦一下眼淚，整個麥凱爾中心的球迷都為他感到悲傷。

奧森教練在球員上場前，一直保持著專業的口吻，希望球員們專注籃球戰術上，拋開複雜的心情，不要過度情緒化，但沒幾分鐘就失效了，整個球場充滿了悲傷，這個五個月前還沒沒無聞的菜鳥，現在變成球場內外眾所皆知的年輕人，這座城市的五十萬人，在哀悼中擁抱柯爾，把他當作自己家人來支持；他也從一個板凳邊緣的球員，變成野貓隊的替補第一選擇，就算球隊戰績只有兩勝十一敗。

上半場還剩下十二分五十八秒的時候，教練讓柯爾上場，沒有人知道會發生什麼事，大家只知道，那是一個情緒激動的夜晚，每個人都替他擔心，不過，當柯爾上場過了十八秒後第一次拿到球時，他把為爸爸——那位心中永遠懷念的偉人——所流下的眼淚化作動力，本能地開始進攻。

二十五呎外，一記高拋物線的空心三分球，讓現場觀眾發出一陣的狂熱尖叫，奧森教練覺得那算是一種「爆炸聲」；下一次出手，十五呎的跳投，同樣是空心入網，坐在場邊的助理體育資訊總監湯姆·達德斯頓（Tom Duddleston）說，「射到讓人背脊發寒。」

這種不可思議的情況持續越久，溫豪爾就越認為，應該派一名防守悍將守死柯爾。他們試了區域聯防，也試過人盯人防守，但太陽魔鬼隊始終無法跟上那個全場球迷都在注意的球員。溫豪爾引用了前助手道格·柯林斯（Doug Collins）的一句格言：「連續命中兩到三個球的對手，下一次持球時應該看不到籃框。」但是，溫豪爾的球員無法做到，無法讓柯爾感受到任何防守壓力，不管是用身體推擠，用手拉扯，或是必要時故意犯規，對他一點效果都沒有。

在柯爾連進三球時，現場播報員羅傑·塞德邁爾（Roger Sedlmayer）開始自發地延長唱名他的名字，「史蒂夫·柯爾」變成了「史蒂——夫·柯爾——」，幾場比賽後，現場樂隊開始模仿起這樣的方式。

追隨的球迷漸漸變多，麥凱爾中心在他大二賽季更是不斷聽見樂隊演奏，隨著野貓隊在全國的知名度上升，這樣的演奏聲變成了官方招牌，幾十年後，柯爾返回圖森時，還能夠聽見這樣的聲音。

如此戲劇性的發揮，改變了柯爾的職業籃球生涯，他成為圖森歷史上最受歡迎的人之一，也影響了亞利桑那籃球計劃的軌跡。

時間剩下一分三十九秒，奧森決定在全場起立鼓掌聲中，把柯爾換下場，球迷見證了一個經典時刻：上場二十五分鐘，七次出手命中五球，攻下十二分。

「看起來我似乎沒有想到父親，」柯爾多年後回憶著，「但我一直在想他，那天晚上的比賽，我打得非常自然，一切對我來說，都配合地剛剛好，如果沒打那場球，我肯定會反覆思考徹夜難眠。結果，我打得很好，而且球隊贏了，那瘋狂的氣氛很棒，那一晚我的情緒千變萬化。」

比賽結束，野貓隊以七十一比四十九爆冷獲勝，溫豪爾教練從對手變成了前輩，並提出一個不尋常的請求，希望能和柯爾在亞利桑那州的更衣室聊聊。「這是特殊的狀況，我覺得需要跟這位年輕人說些什麼。」溫豪爾說。「身為一名籃球教練，你安慰一個剛失去父親的年輕人，並且給予鼓勵，這是正面的力量。」

或許對話會隨著時間流逝，在接下來的幾十年裡慢慢被遺忘，但關心永遠都在。

柯爾克服了失去父親的傷痛，擺脫低落的情緒，成功地隱藏且轉移注意力在球場上，這值得被肯定與欣賞。當媒體進來訪問時，他也很鎮定，這位在亞利桑那只待了四個月的新人，被球迷們壓倒性地接受了，大家都直接流露出對他的關心和支持，除了籃球隊之外，其他人也是如此。

過去擔任市議員，後來當選市長的湯瑪斯．佛吉（Thomas Volgy）說，「史蒂夫本人產生巨大的變化之外，我們社區也產生了非常大的影響。」柯爾得到了許多陌生人的支持，他們希望他不要再痛苦，並且為他歡呼，用這樣的方式來支持亞利桑那的籃球計畫，在柯爾大四賽季才加入野貓隊的控球後衛馬特・梅倫貝克（Matt Muehlebach），後來是這樣認為的：「史蒂夫是這個籃球計劃的縮影，他集亞利桑那籃球之大成，從一個擁有職業道德的無名小子起家，經歷了很多挫折與考驗，成功地獲得許多人的支持，並以他為中心聚集在一起。」

柯爾是在禮拜五晚上和對方教練談話，然後從容地處理和媒體的訪問，另外一地，他的母親和三個兄弟姐妹，在禮拜六早上進入第三天的哀悼。

來自世界各地的電報、總統和國王的致意，一直源源不斷地傳來。依照中東的哀悼儀式，柯爾家的客廳裡，家人必須一系列地接待慰問者，不過當美國駐黎巴嫩大使雷金納德・巴索羅繆（Reginald Bartholomew）前來弔唁時，憤怒的安德魯只想著，他才是那個應該被殺的人。

梅爾康離開後的那些日子，他們一家人開始生起額外的內疚感，以及一些令人痛苦的為什麼？

為什麼黎巴嫩的其他目標是被綁架，不是被殺？綁走的話，家人起碼還有機會把人找回來，從一九九〇年代初開始的這十年間，蘇珊把這段時間叫做「人質歲月」，因為被綁架者獲釋的新聞不斷播出，這大大拖延了痛苦，而且還提醒著柯爾一家人，原本幸福的結局可能是什麼樣子，「我知道他會活下來。」蘇珊認為，如果父親是被綁架的話就是另一種結局了。

看著其他人重逢，柯爾全家不可能不去想，或許梅爾康也應該走下飛機，回到美國接受英雄般的歡迎，以及家人的擁抱等待；而安的折磨更痛苦，因為兇手有可能在行兇逃跑時，從她身邊經過，才到達離學院大廳最近的大門出口；他們也都知道，只要槍手逃出校園，進入無法無天的城市，基本上是不可能再抓到的。

教堂舉行的公開儀式之前，一家人在一間比較小的公會教堂，舉行了一場私人的儀式，雖然家人知道，紀念碑可能會變成襲擊的目標，因為十七個月前，梅爾康就職時，恐怖份子就威脅要攻擊歷史悠久的教堂，但他們沒什麼好擔憂的，繼續安排舉行儀式。安和孩子們手牽著手坐在前排，離爸爸媽媽當學生唸書時的位子不遠，梅爾康被授與最高榮譽獎「雪松勳章」，一束白花擺在紀念碑面前。

是時候永遠離開貝魯特了。

第四章 榕樹下

安、約翰、安德魯、蘇珊還有漢斯，五個人在貝魯特美國大學的校園裡走來走去，他們準備為梅爾康的骨灰找個地方安放，然後另外一半的骨灰，將回到太平洋帕利塞德區的家。

學校禮堂和教堂之間有塊地，附近長了許多榕樹，這是一個具有象徵意義的地方，因為骨灰盒子將放在榕樹枝下，而樹枝會繼續生長，提醒人們生活還持續進行著；另外，榕樹也象徵城市和學校的連結，以及梅爾康從童年成長為壯年的地方，甚至代表了他一生最愛的家。

這是梅爾康小時候喜歡爬的樹，他吹牛了幾十年，說當年如何爬上榕樹，並且在上面刻下自己名字的縮寫，表示成功征服了這棵樹，一轉眼，他和心愛的女友安·茲維克，一起漫步校園，走過大榕樹下。

柯爾一家人從校園博物館中，選了一座科林斯石柱當作紀念碑，放置面向地中海景色的橢圓形花園中，對安來說，她失去了大學戀人、旅遊夥伴，以及結婚二十七年的丈夫，雖然痛苦，但還是忍不住自嘲，想當初梅爾康不願意陪她去埃及，只因為「金字塔只不過是一堆石頭」，現在，她用一塊石頭來紀念那個錯過古代遺跡的男人，那個對中東懷有特別情感的男人。

家人和朋友們等到傍晚的時候才將骨灰盒帶到榕樹下，希望那個時間點，經過這棵樹的人可以少一些，光線也沒那麼刺眼，這個非正式的儀式低調而謹慎，他們帶著一把鏟子去花園，盡量不被外人發現。

柯爾家那位帶著安德魯去醫院的管家，在橢圓形花園裡挖了一個洞，安和四個孩子中的三個，一起將盒子放入，然後用手把鬆散的泥土蓋在上面；蘇珊拿出一台錄音機，放了幾首父親最喜歡的文藝復興歌曲。

隔天早上，他們最後再去看了一次，並留下鮮花，發現其他人已經用單莖和小花做了好幾束花放在那裡；安的好幾位學生在他們家門口等著，送了一包弔唁信，然後汽車在明媚的陽光下駛離前往機場，一家人揮手告別父親。

安置好其中一盒骨灰，柯爾家完成了最後一項任務，接下來，他們飛往普林斯頓和加州大學洛杉磯分校參加追悼會。隨後，安和安德魯將搬到開羅，跟約翰待在一起，他們都知道如果留在貝魯特，安德魯將會變成新的目標。

安認為，「柯爾一家人是本能地團結在一起。」

「家裡的每個成員，都用不同的方式消化悲傷，每個人的方式不太一樣，但某種程度上，所有人都是帶著永久破碎的心靈繼續前進著，雖然失去了重要的家人，但最終還是要繼續生活下去。」

至於遠在一萬兩千公里外的柯爾，想要繼續向前邁進，就需要利用籃球的力量來治癒自己，這不像一九八四年前面那幾週，籃球已經變成他終生的依靠；所以當母親和兄弟姐妹在貝魯特相依為命的時候，他選擇留在圖森，「這感覺真的很難去形容，但打球對我來說，是很理想的紓壓方式。」

在紐澤西州常春藤聯盟的普林斯頓紀念館，柯爾和家人相聚了。爸爸梅爾康於一九五三年在這裡拿到大學學位，祖父母史丹利和艾莎，於一九六四年從貝魯特美國大學退休後就搬到了這裡居住，祖父去世後，祖母在草甸湖的退休社區住了七年，柯爾一家人和親朋好友約在這裡碰面，然後大夥兒一起透過錄影帶，欣賞了柯爾對亞利桑那州立大學的超人表現。

隔天，一月二十九日，大雪紛飛，五百人湧入拿蘇長老會教堂，參加以巴哈和布拉姆斯樂曲為背景的追悼會，眾人朗讀了新舊約聖經，安和四個孩子還有艾莎在前排聆聽，梅爾康的哥哥以及兩個姐姐也在哀悼者當中。

加州大學洛杉磯分校的禮堂，第三場追悼會緊接著進行，一共有四百人參加，結束後柯爾回到圖森繼續在籃球上尋找依靠，「我盡可能把自己沉浸在籃球之中，有點像把頭埋在沙子裡，真的，我沒有跟任何人聊過相關的事情。」柯爾說。

大三的轉學生布魯斯・佛雷澤（Bruce Fraser）注意到，一個賽季過去，柯爾去看電影時，比較偏好喜劇，而不是動作片，這兩人在幾十年後依然是好朋友，但佛雷澤不記得曾經和他討論過梅爾康的死。柯爾坦承，他唯一一次「真正面對」是和家人討論，但那些發生在帕利塞德區的對話，也沒有真正進入到他的內心深處，「我們談了很多，但最後，他們會回去埃及，我會回到亞利桑那，然後再把頭埋在沙子裡九到十個月，一切就是這樣。」

不知道是不是巧合，還是球隊自然地找到了適合的節奏，又或者是陣中球員家庭悲劇的刺激，亞利桑那從梅爾康去世前，十四場比賽中只贏三場，到後面十四場比賽中贏了八場，最終以十一勝十七敗結束賽季，比一九八二到八三年多了七場比賽的勝利。

令人期待的是，野貓隊在聯盟比賽中甚至一度打出五連勝，這是訓練初期，球隊無法想像的成就，這讓奧森教練非常興奮，事實也證明，一九八三年至一九八四年的賽季是奧森籃球計畫的一切基礎，尤其球隊最後六週的表現，讓他可以拿出去驕傲地招生，這份計畫不是虛無空洞，而是正在崛起。

尋找柯爾的替代方案，不再像之前那樣需要了，原本這位緩慢瘦弱、缺乏信心的替補控球後衛，搖身一變，在對上亞利桑那州立大學的比賽中，獨得十五分，這樣的表現足以讓奧森相信，他在場上比任何野貓隊的後衛都好。

令人印象深刻的是，柯爾在忙碌而複雜的行程當中，時間管理和體力調節相當成功，包括週四打主場比賽，週五飛往加州大學洛杉磯分校參加父親追思會，週六再回到主場打球。賽季結束時，幾個月前在球隊訓練中讓隊友反感的那個菜鳥，平均每場比賽上場二十二點六分鐘，隊上排名第五多。

五月二十四日，雷根總統邀請柯爾造訪白宮，柯爾了解到自己的影響力，還是只在大學籃球和圖森，他的遭遇從一月份開始，引起了許多情感上的關注，但他、母親、家庭朋友、華盛頓商人納吉．哈拉比（Najeeb Halaby）、雷根總統、副總統喬治．布希，以及副國家安全顧問約翰．波因德斯特（John Poindexter）的見面，並沒有詳細記載在總統的日常日記中。

在橢圓形辦公室的十六張官方照片中，柯爾穿著白色襯衫、栗色領帶和藍色夾克，搭配棕褐色長褲，總統在下午的會議上感謝柯爾一家人，感謝梅爾康致力於分享美國價值觀到阿拉伯世界，同時努力促進中東國家的和平。（雖然柯爾回憶說會議持續了大約三十分鐘，但總統日記記錄的會議時間是四點十四分到四點十九分，隨扈的手寫筆記的記錄時間則是四點十三到四點十七分。）

一九八四到八五賽季開始了，可以確定的是，名單上的球員水準，絕對符合奧森教練的訓練要求，這跟一年前那個練球後喘不過氣的球隊不一樣了。

頂級新秀克雷格·麥克米蘭（Craig McMillan）和佛雷澤加入之後，野貓隊的深度和經驗都提升了，奧森跟佛雷澤很熟，因為一九七三年的長灘城市大學，佛雷澤的父親取代了奧森的先發位置。至於柯爾，他繼續以驚人的速度成長，熬過一生中最艱難的夏天之後，在大二成為先發後衛。

延續了上個賽季的好狀況，新賽季的前十一場比賽，他們取得八場勝利，奧森當初希望建立的球員價值，成功地實現了，球員們陸續收到了交易請求，但不是合約，而是餐廳食物或電影院的兌換券，以及球賽的門票。奧森開玩笑地說，有一次是主力球員布洛克·布朗霍斯特參加考試時留下兩張球票，他才知道原來這麼多廠商在接觸球隊。

不過最重要的是，距離校園十公里左右，擁有不少潛力球員的卓拉高中（Cholla High School），開始注意到這個之前造訪過的麥凱爾體育館，已經從一片死寂的鬼城，變成當地能量的聚集地了，或許之後可以把球員送到這裡。亞利桑那球員建立的團隊文化和化學反應，可能正在影響高四生尚恩·艾利耶特的大學選擇，他已經從潛力球員進化成為高中明星了。

奧森用了兩個賽季，把一支四勝二十四敗的球隊，帶成二十一勝十敗的籃球勁旅，他們一度在例行賽後期衝到前二十名，還有兩次六連勝以上的表現，以及校史上自一九七六年以後，第一次接到NCAA的邀請，參加全國錦標賽。

柯爾的數據持續成長，上場時間從大一的二十二點六分鐘，躍升到三十三點四分鐘，投籃命中率從百分之五十一點六，提升到百分之五十六點八，而球隊的進步也非常明顯，雖然他們第一輪輸給了阿拉巴馬大學，但籃球界的傳統名校肯塔基大學，已經鎖定奧森，準備聘請他來接替即將退休的喬．霍爾（Joe B. Hall）。

圖森籃球的崛起開始引起全國關注，但真正的考驗隨之而來，也讓球迷們擔心，這一切好像是命中註定，教練奧森隨時都可以離開，加入其他資源更多、更有名氣的學校，他甚至可以直接去列辛頓*參加四強賽，輕鬆地接受媒體訪問，這些行程都已經為他安排好，不需要做任何的調整。

名校挖角的消息傳開，當奧森跟招聘委員會的成員見面時，總教練的工作好像已經是他的了，所以很多想成為肯塔基大學助理教練的人，都不斷打電話到飯店找他。一堆感興趣的電報和電話瘋狂湧入，奧森和波碧只能退房，搬到了朋友的馬場住。

* Lexington，肯塔基州的第二大城。

他和老婆波碧討論了幾個小時，用黃色的便利貼列出所有的優缺點，並且慎重考慮之後，這對夫婦決定拒絕在籃球王國居住的機會，因為他們不想離開圖森，不希望籃球計畫中斷。

超級新人艾利耶特確定加入亞利桑那，大二的柯爾也將以先發球員的身份登場，城市的球迷們陷入瘋狂地期待當中，教練奧森和野貓隊隊員從義大利開始，再到荷蘭、西班牙、法國，以及南斯拉夫，進行了十五場巡迴表演賽，正好慶祝教練這個看起來完全不合理的決定。其中在法國，招待球隊的是一位在歐洲打球的非裔美國人，他特地讓來自美國大學的球員，包括柯爾，跟他的三歲兒子一起玩，這位小弟弟的名字叫做東尼．帕克（Tony Parker）。

一九八五到八六賽季初，奧森抱著無與倫比的期待回到家鄉，這是他當教練後第三十個球季，「我對賽季充滿了期待，感覺好像是我的第一個賽季一樣，非常有趣，非常令人興奮，甚至可以說今年是令人最興奮、最期待的一年，因為我相信，野貓隊會成為一支非常強大的球隊，當我查閱賽程的時候，我認為沒有一場比賽會輸。」

開季只打出兩勝三敗沒有澆熄奧森的鬥志，也沒有影響新科隊長柯爾的人氣，他們的支持者越來越多；跌跌撞撞的開局之後，是一波五連勝，然後，他們在一月份取得了十二勝五敗，令人興奮的好成績。

例行賽最後十一場比賽，狀況火燙的野貓隊拿下了九勝，這是校史第一次，他們成為了太平洋十校聯盟的冠軍隊伍，而且是在加州大學洛杉磯分校奪冠的。波碧．奧森為了紀念這一刻，還特地跑去看台，請她老公和柯爾的偶像——已經退休的傳奇教練約翰．伍登簽名，後來奧森教練還特地裱框起來，掛在家中牆上以作紀念。

面對擁有查克．波森（Chuck Person）、克利斯．莫里斯（Chris Morris）的奧本大學，野貓隊最後輸了十分，連續兩年在全國錦標賽第一輪被淘汰，用這樣的結果來迎接一九八六到八七賽季，他們的熱情依舊沒有減弱，因為艾利耶特擺脫了菜鳥新人的稚嫩，幾位重要的成員歸隊，柯爾也成為了老練的學長了。

更加分的是，艾利耶特和柯爾還獲得那年夏天去西班牙參加世錦賽的難得經驗，許多人冷嘲熱諷地認為，奧森是總教練，所以場均只有十四點四分和四點二次助攻的柯爾才有機會入選美國國家隊。他可以貢獻外線火力，不過當時三分球在NCAA或NBA影響力不像現今那麼大，對柯爾來說，在人滿為患的後場好手裡，能夠入選到集訓名單已經很足夠了。

包括杜克大學的湯米．愛梅克（Tommy Amaker）、維克森林大學的莫西．包格斯（Muggsy Bogues）、北卡的肯尼．史密斯（Kenny Smith），一共有四十八位球員受邀參加科羅拉多的試訓，愛梅克和包格斯完全沒聽說過柯爾，所以慢慢消失在名單中，感覺是很合理的事情。

美國隊在亞利桑那進行三週的訓練，然後六月下旬從圖森先飛洛杉磯，再轉機到巴黎進行集訓，並且打了三場表演賽，最後才到西班牙參加世錦賽，結果，七月五號賽事一展開，柯爾從名單上的邊緣球員，變成教練輪換陣容中的關鍵，第二陣容的首選後衛，這才是他整個大學籃球生涯真正的開始。

「集訓開始前，我真的對他一無所知，但柯爾是一名相當出色的後衛，明年應該還是會入選國家隊。」美國隊助理教練巴比・克雷明斯（Bobby Cremins）這樣說，同時給柯爾高度讚賞與肯定，他讓人聯想到喬治亞理工的明星球員，馬克・普萊斯（Mark Price）。

奧森給予柯爾比其他教練更多的信任，這完全可以理解，柯爾也沒有讓大家失望，第一場對上象牙海岸的比賽中，攻下全隊最高的十三分；第二天晚上對上中國隊，他拿下十五分；第三天的對手是德國隊，他得到七分，貢獻依舊可靠，他似乎非常享受比賽當下的氛圍和一切冒險的未知感。

休兵日時，當地美國旅行社安排球隊從南部港口城市馬拉加的臨時基地出發，搭乘遊覽車去直布羅陀岩石觀光，路程需要大約兩個小時，柯爾花了一半的時間，和來自亞利桑那的專欄作家格雷・漢森（Greg Hansen）聊天。漢森被公司派往歐洲，採訪那些野貓隊的成員，替死忠的讀者們報導第一手消息，包括奧森、柯爾、艾利耶特和助理教練史考特，他們正扛著圖森的招牌，走遍世界各地為國家征戰，這本身就是極具價值的新聞。

柯爾花了一大部分時間，隔著中間走道，問了很多關於生活的問題，這讓漢森有些措手不及，像是你結婚了嗎？你有孩子嗎？孩子們喜歡做什麼？那你的父母呢？他們平常沒事喜歡做些什麼？漢森從來沒有和大學球員這樣子對話，但柯爾好像真的很感興趣，不只是消磨時間隨口問問而已。

遊覽車繼續朝西南方開往伊比利半島的地標，柯爾繼續向漢森澄清一些事：他不喜歡任何人──不光是體育記者──叫他白仔（Opie），雖然這個詞的本意是稱讚一位優秀的小伙子，一個會讓南方小鎮警長爸爸感到驕傲的年輕男孩；有一次，柯爾溫和但直接地要求《圖森市民報》的寇基．辛普森（Corky Simpson）不要用白仔形容他，原因是辛普森寫了一篇積極的故事，內容一直提及他正面而健康的形象，柯爾很不喜歡造神或是帶風向的文章。

另外，他也不想被大家認為是超乎預期成就的人，雖然不可否認，他在本來不會入學的亞利桑那打出了成績，還幫助球隊成為了聯盟冠軍，甚至代表國家出戰世界盃這種頂級的國際賽事。「我沒有超乎原本預期的成就，」柯爾說，「我是努力奮鬥去完成目標。」他未來的目標是成為運動相關產業的主管，挑戰美國職籃對他來說沒有多大意義。

柯爾穿著T恤和短褲下車，在強風狂吹下朝遊客入口走去，有六個隊友選擇留在車上睡覺，而不是觀光賞景，這讓他的心情當場變糟，一個轉身，踏上遊覽車門前的台階，用一種父親斥責兒子的語氣，叫球員們全部都滾出去。

「你們永遠不會忘記今天的，」他堅持說，「所以，大家都下車吧！」二十歲的柯爾理應感到很幸運，乖乖安靜地參加這次旅行，更何況隊上一半以上的人都比他資深。他並沒有期待得到禮貌的回應，但包格斯下了車，布萊恩·蕭（Brian Shaw）也跟著下去，每個人都下了那該死的遊覽車。

各方面來說，柯爾都堅持自己的主張。

比賽場地移師到馬德里進行最終四強時，他已經成為極具價值的外線威脅，三十六次出手投進十八個三分球，這在國際賽事中，對上區域聯防特別重要。柯爾、史密斯、包格斯和愛梅克四人，穩穩地在美國隊後衛輪換的陣容中。

很難想像，在三年前的一九八三年，這個還在苦苦尋求籃球獎學金的人，會在三年後，一場重要國際賽的關鍵時刻出現在球場上。

美國隊在七月十七日的四強賽對上巴西，他們成功地保住領先優勢，柯爾的未來變得完美地清楚：擊敗巴西，然後三天後全力爭奪金牌，拿下冠軍後回到所有人都為野貓隊感到驕傲的圖森，再來迎接備受期待的一九八六到八七年賽季，完成大四學生的責任，順利畢業離開校園，找一份體育行政相關的工作。

四強賽的最後幾分鐘，他在場上負責控球，一邊幫忙拖延時間耗秒數，一邊準備當對手選擇犯規時上罰球線命中重要罰球。

比賽剩四分鐘左右，美國領先十一分，柯爾看到禁區有機會，於是他帶球到離籃框十呎的地方，跳起來傳給空檔的查爾斯．史密斯（Charles Smith），突然一位對手衝到史密斯前面想抄球，他被迫在空中轉移重心，一瞬間改變方向，變成一個尷尬的出手，但來不及調整身體落下的角度，一個明顯的疼痛感襲來，右腿隨即失去了平衡，柯爾在剩下四分〇七秒的時候倒下了，他感到膝蓋內側爆開，於是發出痛苦的尖叫聲，在板凳區的隊友大衛．羅賓森（David Robinson）說，「那是我聽過最可怕的聲音之一。」

很快地，診斷結果出來了，他們告訴柯爾他的膝關節需要進行重建手術。人還在馬德里體育館打世錦賽，就已經確定大學最後一年，他在野貓隊的最後一個賽季報銷，更嚴重的是，可能這一輩子沒辦法再上場打球了。

美國隊隊醫提姆．塔夫（Tim Taft）在球隊獲勝後，非常肯定地說：「對於大多數在高強度水準比賽的運動員來說，這是終結職業生涯的大傷，他那個膝蓋再也不會有百分之百的力量了。」但塔夫也補充，未來的發展沒有人可以預測。

終場哨聲響起一個小時後，柯爾坐在球隊大巴第一排，他確定，他的腿永遠無法完全恢復，不禁流下了眼淚。

即便如此，他還是注意到，有兩位記者也在球隊的巴士上，要跟著一起回市中心的飯店，他知道《圖森市民報》的漢森和傑克·里卡德（Jack Rickard）是飛了好長一段時間，跨越大西洋，特地為亞利桑那粉絲作報導的，所以他邀請兩位到房間進行採訪，雖然情緒還是難以平復，但他意識到國內的支持者想要了解細節，多聊一些可以讓漢森和里卡德的報導更詳盡。

漢森敲門時，聽到裡面喊了聲請進，那時柯爾正在和媽媽安講電話，他示意稍待幾分鐘，然後回到電話中，這次通話大約持續了十幾分鐘，大部分都是哭著講完的，因為柯爾不斷想起隊醫塔夫對他職業生涯的悲觀預測。

掛斷電話後，柯爾和漢森細聊了二十幾分鐘，詳細地告訴記者，他隔天早上將立即飛回美國，到圖森的聖瑪麗醫院接受手術。大廳送行時的氣氛低迷，充滿了淚水和波碧的擁抱，「職業生涯結束」這幾個字，一直在他腦中盤旋著。

七月二十一日進行手術，準備修復撕裂的前十字韌帶和內側韌帶，柯爾的膝蓋留下了一個長十五公分的疤痕，這在圖森是一件大事，手術後需要立刻在醫院舉行記者會，向所有關心的人說明。好消息是，負責動刀的外科醫生表示：「我認為，史蒂夫完全有機會重返籃球場。」

所有支持者，包括柯爾的女友瑪格特·布里南（Margot Brennan）都聽到他們希望聽到的消息；同時，為了激勵柯爾，教練奧森和隊友艾利耶特把擊敗蘇聯的比賽用球，還有世錦賽金牌送給了他。

手術前一天，柯爾在公寓沙發上用啦啦隊加油的角度，看了冠軍戰的電視錄影帶，以及比賽結束後的慶祝活動，讓自己更勇敢去面對，但事實上，他常常感受到痛苦，「我常夢到那場比賽，」手術三天後接受醫院採訪時，他這樣說。「我白天睡得比較多，但睡得很淺，有點像是半夢半醒，夢裡我自己一個人在球場上跑著，突然感覺到雙腿沒力了，自然反應就是把腿快速地提高，除非那時候在床上，要不然那樣的反射動作超痛，已經發生好幾次了。」

但至少，柯爾可以期待去帕利塞德區進行他的南加州康復計劃，然後在八月下旬再回到圖森展開新的學期，他目標是二月份恢復跑步，如果這一切都順利，那四月份就可以打籃球了！這個復健時間表，柯爾在手術完成幾個禮拜後寫在便條紙上，提供給媒體編輯刊登，同時要求在文章中，好好感謝那些致贈鮮花卡片，祝他早日康復的朋友們，最後他也在結尾加上備註，「我將在一九八七到八八賽季回歸！幫助野貓隊連續三年拿下太平洋十校聯盟冠軍！」

這樣令人鼓舞且期待的發言，好像沒有幫助到野貓隊，一九八六到八七賽季前面五場比賽，他們輸掉三場，就算精神領袖一直在板凳區幫忙打氣，依然沒辦法讓球隊拿下比賽，有一場只輸五分，下一場又以八分之差的個位數輸球，然後又以一分之差再輸掉一場，這直接證明了柯爾的價值：場上有他，野貓隊凝聚力十足且氣氛良好；場上沒他，亞利桑那在一個禮拜後，跌出美聯社戰力排名前二十。

野貓隊該季戰績十八勝十二敗還不差，但其中有八場比賽，是下半場從領先打到被對方逆轉而輸球，而且連續第三年，他們又在全國錦標賽中首輪遭到淘汰，替補柯爾位置的控球後衛肯尼・洛夫頓（Kenny Lofton）上場時間大約二十六分鐘，但他平均失誤次數，卻跟柯爾打超過三十八分鐘的次數差不多。

有趣的是，一九八七年賽季後段，奧森教練想起洛夫頓在一場隊內壘球賽中打得不錯，於是建議亞利桑那棒球教練傑瑞・金德爾（Jerry Kindall）可以觀察一下，金德爾同意洛夫頓的確有些潛力。結果一年之後，洛夫頓被美國職棒休斯頓太空人隊選中，開始了職業棒球大聯盟的生涯，一共六次入選明星賽，四次拿下外野手金手套，另外還有六次美國聯盟盜壘排行榜第一或第二。

「我們很有競爭力、就差一點，也的確缺乏具有領導力和決策能力的球員，」奧森認為，「太多場比賽的關鍵時刻，球交到不應該處理的人手上。舉個例子，對上ＵＮＬＶ*那場季初比賽中，我們一度領先十三分，但最後還是以八十七比九十二吞敗，而ＵＮＬＶ那年進入最終四強（Final Four）。這個表示我們有實力，只是還不夠好，你無法想像如果史蒂夫那年可以打的話，野貓隊會有多強，因為那個賽季NCAA開始有了三分線，而史蒂夫是我們隊上最好的三分射手。」

柯爾以「助理教練」的身份度過了大四賽季，這是他第一次接觸執教跟調度的那一塊，而他靠著在球場上運用的教練智慧，盡可能地幫助奧森和球隊的工作人員。有人問他，如果他不能再上場打球的話，他會怎麼做，柯爾笑著說：「我會建議學校解僱奧森教練，然後接手他的工作。」

隨著傷勢慢慢復原，復健狀況如期改善，行動力還沒完全恢復的柯爾經過同意，賽季初開始投籃，沒有意外，他是第一個抵達球場的野貓隊成員，而且會在練球後留下來很長一段時間繼續練，練到工作人員不得不請他離開球場。

「我一直認為，這件事發生是有原因的，」柯爾在無法上場比賽的期間這樣說，「我一直有種預感，我的夢想是打進最終四強，明年野貓隊應該會很棒，或許從另一個角度看，這是一件好事。」柯爾把八六到八七年的賽季，轉變成完成大學學位的非官方起始點，同時他開始攻讀體育研究所的計畫，然後以奧森的研究生助理角色進入教練團隊，從最基層的級別開始學習。

＊　內華達大學拉斯維加斯分校。

透過和球隊一起移動，參加每場比賽來了解球隊的狀況，提醒了柯爾錯過了不少賽事，一直到他們以六十五比八十一輸給加州大學洛杉磯分校時，他再也受不了了。回到瑪麗安德雷飯店時，原本以為這段時間的車程足夠讓他消氣，但在大廳等電梯回房間的時候，柯爾還是明顯地很不爽，他認為亞利桑那不夠強悍，上場的野貓隊球員表現得太軟、太好欺負，他深深覺得，如果這些人都不想狠狠地教訓對手，那就等他回來，他下定決心，再也不會讓這樣的情況發生。

第五章 史蒂—夫・柯爾—！

一九八七到八八年賽季開始時，格雷・漢森在《亞利桑那每日報》的專欄中，提出例行賽戰績三十勝零敗的可能性，這篇文章引起各地的熱烈討論。

南加州大學教練喬治・拉佛林（George Raveling）在太平洋十校聯盟的媒體日上，特地把那篇專欄的內容印出來，還裱框起來給大家看。

「我把這文章複印出來，好當作投降的證明，」拉佛林說，「我想除了禱告，其他什麼都沒用了。」這話一出，洛杉磯國際機場附近萬豪酒店的宴會廳裡，所有的媒體記者們都笑了，「我正準備寫一封信給主席湯姆・漢森（Tom Hansen），建議我們重新命名這個聯盟叫『太平洋九校聯盟』，因為我們其他學校，都不夠資格和亞利桑那野貓隊這麼強大的球隊比賽。」

而野貓隊的支持者，正在搖旗吶喊、大聲加油、起立鼓掌中，這不過只是一場在麥凱爾體育館舉行，一年一度的隊內紅藍對抗賽而已。

「很多人都是為了史蒂夫來的，」隊友梅倫貝克說，「他真的回來了，當他跑出去時，你能感覺到那種氛圍，那一刻起，我有預感好事要發生了。」

隨著賽季的到來，圖森的球迷們異常興奮，因為想到史蒂夫・柯爾可以健康出賽，在先發陣容當中和克雷格・麥克米蘭後場搭配，尚恩・艾利耶特、湯姆・托伯特（Tom Tolbert）、安東尼・庫克（Anthony Cook）在前場，這是NBA等級的規格。雖然那年，在聖安東尼奧讀高中的俠客・歐尼爾決定不加入野貓隊，亞利桑那招生競標最終宣告失敗，但也沒有影響支持者對於新球季的狂熱，順帶一提，教練奧森多年後才知道，那個賽季，柯爾和佛雷澤認真討論過，要購買野貓主場比賽球員後面的觀眾席門票，然後轉賣獲取暴利。

首先登場的，是「大阿拉斯加」*邀請賽，球迷很關心，因為這是柯爾相隔十六個月後，第一次上場進行比賽，對手是蘇聯代表隊，打完這場，就要迎接新賽季開幕戰：十一月二十七日對上杜肯大學。

之前訓練中，奧森觀察出柯爾看起來狀況很好，但教練還是要等到亞利桑那進入了真正的賽季，打了一場重要的例行賽，才能做出真正評估。野貓隊在下午四點太陽準備落下時出場，奧森認為，令人信賴的隊長柯爾回歸復出，將會是整個賽季的關鍵，如果他找回以往的狀況，將成為球隊缺少的領袖和致命三分的威脅。

柯爾在回歸的第一場比賽，全場出手六次進了五球，三分線外三投二中，帶領球隊輕鬆解決了杜肯大學。

下一場重要戰役，則是亞利桑那和排名第九的密西根大學對決，對方陣中的蓋瑞·格蘭特（Gary Grant）身材結實防守強悍，被看好進入NBA發展，而隊友們都相信，格蘭特可以利用自己的運動能力，擊敗另一名相對速度較慢的控球後衛，這幾年下來，他們看到許多次這樣的天賦對決，結果也都相同。

但這次結果跟過去相反，格蘭特十四投三中，柯爾六投五中，而且命中最後一記三分球後，手指指向了格蘭特，亞利桑那以七十九比六十四分，擊敗了陣容堅強的密西根。

「亞利桑那打得非常團結，」密西根中鋒馬克·休斯（Mark Hughes）說，「他們一直鼓勵著隊友，『好球，尚恩！幹得好！』『史蒂夫，好球！』我們互相看著對方，心裡想著：『什麼啊？』這對我們來說很不習慣，因為我們在大十聯盟（Big Ten）把那些難纏、強硬的對手打得鴉雀無聲，但這些傢伙卻一直保持高昂的鬥志，不斷地為彼此加油歡呼。」

有一次休兵日，野貓隊球員們跑到戶外去打雪仗，這成為另一個提升感情的好方法，大家一

---

* Great Alaska Shootout，由阿拉斯加大學於一九七八年創辦，於二〇一七年結束。

致同意洛夫頓自製的雪球飛彈最有攻擊力，「這是我待過的所有球隊中，化學反應最棒的。」柯爾說。

擊敗有七位後來成為NBA球員的密西根大學之後，勇氣值爆表的艾利耶特噴起垃圾話，對象是亞利桑那的下一個對手，排名第一的雪城大學，以及全美明星隊大熱門中鋒，羅尼．賽卡利（Rony Seikaly）。

「他其實沒那麼強悍，」艾利耶特這樣說，「我認為我們的鋒線比他們的好，如果我在密西根大學，肯定會取代他們的先發五人，成為主力。」

十一月三十日比賽當天，雪城大學更關心的不是邀請賽冠軍戰，而是一場七點五級的地震。賽卡利衝出酒店房間跑到走廊上，助理教練伯尼．芬恩（Bernie Fine）緊張地說，這個世界應該要滅了。不過這天，世界沒有滅，反而是雪城大學被滅了，野貓隊又一次爆冷獲得勝利，在三天內兩度擊敗了排名前十的球隊，而柯爾又在一場重要的比賽中，技壓評價很高的控球後衛雪曼．道格拉斯（Sherman Douglas）。

亞利桑那贏得了一九八七年阿拉斯加邀請賽的冠軍，柯爾、艾利耶特以及托伯特入選賽事的最佳五人。「我們會來這裡參賽，就是相信自己是一支很好的球隊，但我必須看看球員們是不是真的能應付這樣高水準的競爭，不用說，我對結果很滿意。」教練奧森說。

柯爾打得非常出色，正常情況下，他可以理所當然地走出令人失望的八六到八七賽季，全心邁入八七到八八賽季了，但真正讓他有全新感受的，是亞利桑那主場震耳欲聾的歡呼加油聲。「球迷們已經完全接受了我，而不是把我當成一個受害者，能夠待在一支具有潛力的團隊感覺真的很棒，希望我們能堅持一整個賽季。」柯爾情緒有點激動地說。

十二月四日，當亞利桑那在主場對上加州州立大學長灘分校時，他的情緒又再次激動，原因是整個場館發出的支持加油聲中，包含了一位叫做安德魯·柯爾的大一新生，出身於圖森的艾利耶特後來說，那是籃球場上的神奇時刻。

接下來，在一個完美而合適的時間點，他們前往了愛荷華州，對決排名第三的鷹眼隊，剛好是排名第四的野貓隊到目前為止最好的測試。回到家鄉的奧森，了解許多球迷還是對他選擇亞利桑那的決定感到背叛，也承認在賽前介紹時，因為觀眾充滿敵意而感到緊張。

他們提前一天到場館練球，奧森教練用了不同以往的方式來結束訓練：他們用替補球員模擬出愛荷華州媒體報導的陣容，但沒想到先發球員被一路壓著打，這讓他們更擔心了。「你可以看出教練真的很想贏，這場比賽勝過過去任何一場賽事，」柯爾說，「通常助理教練會分擔一些工作，但今天不行，奧森教練完成了整個訓練。」

第二天早上練投結束後，奧森看見柯爾和《華盛頓郵報》的約翰·范斯坦（John Feinstein）

在咖啡廳裡聊天，而且聊了好幾個小時，教練告訴范斯坦不要跟柯爾聊太久，畢竟野貓隊那天晚上有比賽要打。

「我們有比賽？」柯爾一邊喝汽水一邊說，「我完全忘了耶！」

「我知道史蒂夫應付得了，」奧森笑著說，「就像他大部分在比賽日那樣的節奏，史蒂夫知道自己在幹嘛，不用擔心。」

結果是理想的。在卡佛鷹眼體育館熱情的加油聲中，野貓以六十六比五十九贏球，柯爾上場四十分鐘，繳出十五分和六次助攻的成績單，而且只發生一次失誤，雖然當天早上他的教練很擔心，但柯爾精力充沛，上半場投中三分球之後，還對愛荷華州後衛B．J．阿姆斯壯（B. J. Armstrong）振臂揮拳。

野貓隊和柯爾的狀況極佳，不但讓教練奧森明顯鬆了一口氣，更讓媒體記者們感受到他們的親切有趣。

大約凌晨兩點，漢森和同事傑．岡薩雷斯（Jay Gonzales）完成工作之後，準備出門去買點啤酒，然後返回他們下榻的汽車旅館，野貓隊球員也住同一間，在回房間的走廊上，漢森聽到庫克的聲音。「嘿，想不想看看圖森最夯的男人啊？」漢森好奇地朝庫克走過去，「進來吧。」亞利桑那的先發大前鋒說。

一進房間，漢森就發現柯爾喝個大醉倒在廁所，身體變得不聽使喚，在酒精的催化下像是一個肢體有障礙的患者，頭靠在洗手台上，這個圖森最夯的男人，用盡全身力氣舉起一隻手，伸向牆壁上的扶手，但一瞬間沒有抓到，反而一把抓到笑得正開心的漢森；當岡薩雷斯晚點也過來看時，柯爾像胎兒一樣躺在床上，但沒有枕頭，膝蓋彎曲到接近下巴，雙手也握著拳頭在下巴下面，沒過多久，柯爾好像用盡了身上所有的力量，嘗試做些什麼，這個國家最優秀球員之一伸出了他的左手，也一把抓住了岡薩雷斯。

賽季已經完成七場比賽了，野貓隊全部拿下勝利，慶祝活動接二連三地舉行。現場播報塞德邁爾幾年前開始的「史蒂——夫！柯爾——！」，已經成為麥凱爾中心的招牌歌，八七到八八年的狂熱賽季，就像一個超大的驚嘆號。

十二月二十二日，亞利桑那大學在太平洋十校聯盟例行賽開打之前，已經拿下校史最佳的九勝零敗，第一次攻佔上全國第一，接下來以三十四分的差距大勝華盛頓州，以二十分差擊敗密西根州立大學，然後十二月三十日，以九十一比八十五的比分，力克排名第九的杜克大學。三十三天內，野貓隊擊敗了四支排名前十的強隊，其中三場是作客，柯爾兩度被選為聯盟單週最佳球員。

最新受害者，杜克大學後衛奎因・斯奈德（Quin Snyder）給的評價是：「超乎想像，對我來說，關鍵的領導能力讓他與眾不同，而且很明顯地，如果這個球員又夠出色，那領導球隊就更容易了。」

那天比賽結束後，這位領導者的心情非常好，所以當接到圖森廣播節目的訪問電話，要他談談球隊以及新年新希望的時候，他在更衣室這樣回答：「是的，事實上，我們整個球隊的新年新希望都一樣，就是我們已經下定決心，要非常努力地幫奧森教練戒掉海洛因的癮，因為最近球隊狀況陷入低潮，非常不理想。」這個玩笑就連柯爾自己事後也覺得太過分了，不過奧森沒有怪他，反而覺得無傷大雅，因為這是一個成熟球員才能看情況而開出的玩笑。

圖森排名前四十的廣播電台KRQ早晨節目主持人麥克·艾利耶特（Mike Elliott），在亞利桑那籃球隊連勝不止，全市人民自豪感飆到新高度的時候，準確地解讀球迷的情緒，他特地寫了一首歌，描述一九八七年到八八年賽季這個持續瘋狂的籃球旋風，畢竟，有些明星球員在走進學校時，紅到讓全體同學起立鼓掌地歡迎。

麥克希望野貓隊的先發五人來唱，然後替補後衛小哈維·梅森（Harvey Mason Jr.）譜曲，因為他爸爸是當地知名的爵士鼓手兼作曲家，小梅森不但一口答應，並且只用一個晚上就完成了任務，而野貓隊的隊員，不只是先發五虎，所有人都興高采烈地共襄盛舉；另一方面，前鋒艾利耶特聰明地在原本台詞中加了一些內容，讓這首歌不只是致敬西南地區興起的籃球浪潮，同時也是一首拒絕毒品的公益歌曲，學校和聯盟立刻買單，同意發行。

對於開始鬆懈的野貓隊來說，這是一個相當理想的活動，尤其是他們的控球後衛，從不追求鎂光燈，卻知道如何在機會出現時緊緊抓住，市民當下對籃球的狂熱達到史上最高，而且這支大學球隊也正在建立全國性的知名度。來自不同地方的記者們，紛紛空降到圖森進行報導：一位創造籃球奇蹟的傳奇教練；一個拒絕名校招募，忠心為家鄉球隊效力的明星小前鋒；以及靈魂後衛史蒂夫・柯爾，如何克服毀滅性逆境的籃球美好故事。

「我的天啊！」《費城每日新聞》的迪克・衛斯（Dick Weiss）說，「你就是會愛上他們。」圖森當地對球隊的音樂和歌曲反應熱烈，不過一個禮拜左右的時間，它就成為各大電台最常點播的歌曲。

繼一九八五年職業美式足球聯盟（NFL）芝加哥棕熊隊的《超級盃亂鬥》*掀起熱潮之後，野貓隊這次的企劃也一路發展變成音樂影片，讓原本已經很好玩的事情，變成更巨大的樂趣。梅森安排了錄音和影片拍攝的地點在一間改建過的花園小屋，然後麥克請了一組攝影團隊，他到的時候球員都站在屋外，托伯特從寬鬆的短褲口袋裡掏出幾瓶啤酒給他。

梅森花了兩個小時，成功地完成這首歌的拍攝，歌曲影片被寄到了洛杉磯，麥克一位朋友在

---

* Super Bowl Shuffle，一九八五年推出的饒舌歌曲影片，由芝加哥棕熊球員們演唱，他們該賽季成為超級盃冠軍。

那裡把麥凱爾體育館的比賽片段編輯進去，成品就出爐了。

「球員們玩得很開心，」麥克說，「你可以感受地出來，這支球隊有很棒的化學效應，奧森不是找了一群互不關心、各自為政的出色球員，這些年輕人真心喜愛彼此。」

粉色短褲加灰色短袖，外面再套一件深藍色大學T，臉上戴著太陽眼鏡來營造氣氛，一群球員站在麥克風後面隨著節奏搖擺，柯爾在影片開始的一分五十五秒，用饒舌歌手般的語氣接上隊友：「給柯爾球，給柯爾手」「我會命中，從三分線外出手」。

有點可惜的是，這首叫做《為野貓瘋狂》（Wild About the Cats）的音樂錄影帶在一月二日發行，時間剛好落在球隊吞下本季第一場敗仗之後，不過影響不大，能夠打出十二勝一敗如此漂亮的開局，在全美國引起了轟動討論，奧勒岡州教練拉爾夫・米勒（Ralph Miller）用終極誇張的方式形容他們：「要找到一支跟亞利桑那旗鼓相當的球隊，必須回到七〇年代中期，由傳奇教練約翰・伍登執教的那幾支才有可能。」

野貓隊勢如破竹，好像要證明輸給新墨西哥州大的那一敗，只是暫時的小失常，他們接下來連贏八場，最後在自家主場，擊敗排名第十三，擁有尼克・安德森（Nick Anderson）和肯德爾・吉爾（Kendall Gill）的伊利諾大學；同時，《為野貓瘋狂》持續在各大電台定期放送，球員們走在路上還會被粉絲要求即興唱個幾句。

連勝期間，媽媽安．柯爾來看看她的兩個兒子，時間點也剛剛好，柯爾在圖森已經晉升名人地位，過著知名籃球員斜槓說唱歌手的生活，而且腿傷也恢復得相當順利，奧森甚至非常肯定，柯爾的速度比受傷前還快，而因為天氣寒冷導致傷癒的右膝持續疼痛，後來發現只是短期的現象，不需要過度緊張。

一月下旬，野貓隊的例行賽賽程陸續在圖森、灣區、洛杉磯以及坦佩開打，都是一些溫暖天氣的城市，然後可能需要重返洛杉磯，參加NCAA全國錦標賽，如果順利打進八強，就必須飛華盛頓，而中西部的密蘇里州可能是本賽季的最終站，只是最終四強賽（Final Four）要到四月才登場。

球隊季中分析報告中最關鍵，也是令人鼓舞的，就是回歸野貓的柯爾。

「他是這支球隊凝聚在一起的催化劑，」奧森說，「球場上攻守兩端，柯爾都發揮出領導能力，他是我執教過最聰明的球員之一，我認為他是國內目前最頂尖的控球後衛。」

奧森不斷強調，「史蒂夫是我見過最好的領導者，如果他告訴球員們綠色其實是橘色，所有人都會相信他。」而柯爾開玩笑地說：「你們知道為什麼我是球隊的領導者嗎？原因很簡單，去年夏天我們去了法國，隊上只有我會說法文，其他人都不會，所以每次他們想搭訕法國那些正妹時，就需要我來翻譯，從那之後，我就成為球隊領導者了。」

這是生涯第一次，柯爾開始思考挑戰ＮＢＡ的可能性，前進到職業籃球最高殿堂去打幾個賽季。

奧森表示同意，但也強調，他必須選擇適合的體系，一支完全了解他能力的球隊。很明顯也很神奇的是，膝傷竟然變成發生在他身上最好的事情之一。還記得一九八六年七月十七日晚上，懸著心搭乘球隊大巴回飯店的那段路程，以及哭著和母親講完的那通電話，明明是可能終結職業生涯的大傷，現在回顧起來恰恰相反，變成調整柯爾籃球人生時間表的上帝禮物。

錯過了上個學年度的所有活動，獲得休息的柯爾變得越來越強大，八七到八八年間，他已滿二十二歲了，雖然美國大學籃球採用了三分線，他肯定可以在場上大大獲益，不過長時間的復健、訓練，也讓他鍛煉出更強壯的腿部肌肉，這對長程射手來說至關重要。

出色的領導和表現，開啟了一支接近冠軍級別球隊的歡樂之旅，柯爾成為了圖森市史上最受歡迎球隊中那個最受歡迎的球員；在個人方面，他和同隊第二年的托伯特以及賈德·布奇勒（Jud Buechler）一起完整完成首個賽季，幾個月下來，這兩人變成他一生中最好的朋友。

安一月底離開之前，花了四天時間，近距離仔細觀察柯爾和球隊球員之間的快樂互動，同時了解到，人們漸漸認識了她的第三個孩子：他最初的想法，只是想打籃球或棒球，然後靠著看報紙的體育版來學習閱讀，現在他處在一個為籃球瘋狂的城市，靠著早期發生家庭悲劇培養出的成熟度，成功領導著球隊，這也會伴隨著進入他未來的職業生涯。（別誤會，這種影響是好的，在更宏觀、更有意義的情況下，這不是什麼嚴重的事。）

他不擅長旅行，可能因為很懶惰，他也討厭早上起床，從《紐約時報》到《時人》雜誌，各大媒體都在報導柯爾。《華盛頓郵報》的范斯坦，把他當作重點人物寫入書中，那本書在八七到八八年間暢銷全國。

「每個人都對他瞭若指掌，」負責球隊和媒體之間的主要窗口達德斯頓最後總結說，「我是指，所有關於他的一切事情。」

「大家支持我的方式很棒，」柯爾在許多訪問中這樣告訴范斯坦，「但說實話，有時候會產生一點反感。我的意思是，如果聽到或是讀到，大家又把我比喻為《湯姆歷險記》的主角湯姆・索亞（Tom Sawyer）的話，我會想吐。其實我跟這個年紀的其他人一樣，喜歡玩耍，喜歡喝幾杯啤酒，有時也會表現出很討人厭的一面，我相信我家人讀到這些關於我有多棒的報導時，會覺得超好笑的。但不管怎麼樣，我努力去享受每分每秒，因為我知道這輩子不會再發生這樣的事，這絕對是只會發生一次的事情。」

柯爾在帕利塞德校報的合作夥伴，《加州每日報》的體育助理編輯麥可・肖佛（Michael Silver）要求下，在野貓隊前往加州之前，寫一篇客座專欄，這對文章風格突出的柯爾來說，是繼續擴大知名度最理想的方式。

繼高中之後，他又再一次寫文章了，這是一個他不會錯過的機會，因為他可以想寫什麼就寫什麼，沒有任何限制，如果說肖佛有什麼要求的話，那就是請柯爾充分發揮高中時期寫《激流》的嬉皮精神，這種風格從一九六〇年的校園社團文章就看得到。

《加州每日報》的工作人員，每天接收柯爾傳真到辦公室的故事內容，都忍不住哈哈大笑，這位幽默感十足的球員一句接一句地諷刺加州給人的刻板印象，讓這些工作人員根本停不下來，像連載小說一樣越看越過癮。

柯爾寫著：

「加州大學的球迷是聯盟中最討人厭的，而且學校樂隊成員頭上那頂草帽，看起來根本就是披薩店服務員。」

「那個長相普普，穿著勃肯鞋的女孩，她在兩年前的一場比賽中反覆喊著：『史蒂夫，你都用哪個牌子的髮膠？』我跟妳說，在妳和其他同學問有關髮膠的問題之前，請先保持基本的個人衛生觀念，像是洗澡。」

想當然的，柯爾在對上加州大學時聽到預料之中的噓聲，而他也欣然接受，毫不擔心，因為原本有一位明星控球後衛凱文・強森，已經到ＮＢＡ打球了，下一位天才控衛傑森・基德（Jason

Kidd）一九九二年才入校，所以柯爾和野貓隊在敵對球迷面前輕鬆打，以十二分的優勢贏球。

從取笑整個城市，到在對方主場擊敗加州大學洛杉磯分校，再到二月二十五日，最後一次造訪亞利桑那州立大學，一九八七年末到一九八八年中的賽程表，變成了柯爾非官方的告別之旅，他把坦佩看作別具意義的最後一站，那是一個他不喜歡的地方，雖然野貓隊已經不是過去那個肉腳，現在他們已經算是全國最高水準的大學籃球隊了。

「他們球迷唯一想看，也唯一會來看的，就是對上我們的比賽，」柯爾說，「他們籤抽得不好，除非對手是我們。球迷會帶著憤怒的心情進場，在那打球從來沒有好好享受過。」他之所以會這樣說，是因為之前來這裡比賽時，亞利桑那州立大學的球迷口無遮攔，甚至拿爸爸梅爾康的謀殺事件來攻擊他。

二月二十五日，大約十幾名亞利桑那州大的學生特別殘忍，「巴解組織！巴解組織！巴解組織！」他們不斷喊著，雖然巴解組織在調查後已跟梅爾康的刺殺無關，但這樣的聲音聽起來還是相當刺耳；另外，開球前不到一個小時的熱身時間也很無禮，「嘿，史蒂夫，你爸爸呢？」「來聊聊你父親的功績吧！」「快滾回貝魯特！」無情到其他亞利桑那州立大學的球迷出來為柯爾講話，叫這些人閉嘴，因為實在太惡劣、太糟糕了。

柯爾相信他們喝醉了，試著盡量忽略這種極度沒品的行為，但比賽開始前，體育館人潮還沒那麼多的情況下，實在很難不受影響，他情緒崩潰了。

練投了幾球之後，他身體開始發抖、麻木，他把球丟掉一邊，走到板凳替補的位子坐下來，開始流眼淚，幾位球迷來道歉，隊友一邊安慰他，一邊考慮要直接去觀眾席找這些柯爾口中的「地球上的敗類」，不過，野貓隊還是跟往常一樣，召集所有的球員回到更衣室，準備聽奧森教練的賽前提醒。

很快地，野貓球員回到球場上，柯爾立即調整到比賽模式，和之前大多數比賽不一樣的是，他沒有想用傳球來跟其他球員配合。

「這一次，球給我出手。」他說，「亞利桑那的球員和教練都很生氣，真的很生氣，包括我在內，這是我有史以來第一次思考，要怎麼對媒體敘述這些誇張但已發生的事情，我很想教訓那些人。」

他第一次出手就命中一顆三分球，鬥志被激發的柯爾火大地向那群人振臂揮拳，光是在上半場，他就投進了五記三分球，柯爾全場獨得二十二分，率領球隊以一百零一比七十三的大比分痛電對手，他把怒氣發洩在其實和惡劣行徑無關的球隊身上，柯爾抱歉地說，「沒有針對他們，但我太生氣了，想大贏五十分來發洩。」

伊利諾大學那邊，在圖森輸給野貓隊三個禮拜之後，二年級後衛安德森幾乎可以從宿舍電視中感受到柯爾的痛苦和難過，並不斷地強調那些亂講話的觀眾有多麼殘忍。幾天後，數百封的支持信寄到圖森，大部分來自亞利桑那州立大學的學生和教職員，還有一封來自體育處主管查爾斯・哈里斯（Charles Harris），這封信同時也寄給了兩所學校的六名教練和主管。

「親愛的史蒂夫，帶著真誠的遺憾寫下這封信，對於上週六比賽中，體育館裡少數人的失控行徑，造成你精神上的痛苦，我想表示歉意，我拒絕叫他們球迷，因為他們配不上這兩個字。」

「我們絕不容忍這種行為，當然希望所有人能從這次的事件中，意識到這樣的言論確實會可怕地影響著人們。」

「再次，請接受我對你和你的家人、野貓隊，以及亞利桑那大學，致上最高的歉意，我們所有人都尊重和欽佩你，希望未來幾年可以繼續友好地競爭比賽。」

柯爾對這封信表示讚賞，他也清楚地將這件事歸咎於一小群不理性的球迷，並認為學校或球隊其實不需要道歉；針對哈里斯所寫的內容，他也正面回應了亞利桑那州立大學的球員和教練：「他們都是好人。」雖然這樣說可能有點示弱，但最後一場例行賽這樣結束，對方學校可能很難招到新人，所以柯爾希望把那個醜陋的夜晚修正回來，希望頂尖高中生在考慮球隊時，沒有太大或太久的影響。

例行賽順利結束，野貓隊在主場輕鬆擊敗華盛頓州和華盛頓大學，然後聯盟錦標賽第一場也贏，麥凱爾體育館的球迷開心慶祝三連勝。

三月十八日，野貓隊在洛杉磯對上康乃爾大學，他們以整年三十一勝二敗、十一連勝，來迎接NCAA全國錦標賽，陣中球員非常有自信，包括回到家鄉打球的主力控球後衛柯爾。「我們將派五個史蒂夫·柯爾上場，」他開玩笑地說，「我們應該可以擊敗他們。」提到康乃爾，柯爾莫名地笑了起來。

亞利桑那不負眾望，一度擁有四十分的領先優勢，最終以二十九分大勝對手，成功晉級甜蜜十六強，接著，那場奧森與愛荷華州的二度重逢，頭號種子野貓隊以二十分差順利過關。

八強賽事，亞利桑那將對決北卡，比賽的前一晚，柯爾睡得斷斷續續，因為有可能進入四強的興奮感，讓他在床上翻來覆去，一直想著不同的場景。早上醒來時，他開始祈禱：「上帝啊！讓我們贏吧！」「我這輩子從來沒有這樣，因為我不記得過去有沒有這麼想要贏一場比賽過。」

開賽前九十分鐘，柯爾還是無法靜下心來，他站在球場上，看到成群的球迷湧入了場館，聽到先發陣容介紹時，他突然意識到這可能是本賽季的最後一場比賽，於是胃部開始不適，隨著比賽開始，並沒有任何改善，北卡成功控制了節奏，迫使亞利桑那無法打出快攻，半場打完，野貓隊二十六比二十八落後兩分。

中場休息時，教練奧森希望團隊更積極，打出應該有的快節奏，下半場，野貓團隊盡全力打出了他們拿手的速度戰，慢慢把比數拉開，最終，七十比五十二，八強賽事勝利到手，堪薩斯的四強之旅確定！比賽最後一分鐘和其他先發球員一起退場，是柯爾一生中最棒的感覺。

幾個小時之後，球隊回到圖森的麥凱爾中心，波碧在車道旁邊開心地跳舞，大約一萬三千位球迷在那裡等著。

球員走進場時，所有人都嗨翻了，每個球員都說了幾句話，柯爾排在最後，招牌的「史蒂——夫・柯爾——」介紹他上台，他面無表情地說：「嗨！我的名字是史蒂夫・柯爾。」接下來，他只記得大家在公寓裡派對狂歡，大約三十個人穿著衣服，一起泡在游泳池裡。

晉級四強讓野貓球員更紅了，粉絲信件送來的速度比他費力拆信的速度還快，他的隊友不得不把電話關上，而練球變成了唯一的避難所。

四天之後，離開圖森前往堪薩斯，球員好像成功越獄一樣，更棒的是，柯爾的媽媽打電話跟他說之前的溝通順利，她和約翰準備搭乘皇家約旦航空提供的頭等艙班機，飛到那裡觀看亞利桑那州與奧克拉荷馬的比賽，美國大學的委託人會陪著他們。

禮拜五，柯爾出席了賽前記者會，他抓住麥克風手一直抖，假裝是因為緊張無法保持冷靜，然後回答了一些面對四強賽壓力的問題，他在肯普球場感覺很棒，舒服且有節奏地練習投籃，看到隊友艾利耶特和托伯特一直投不進，柯爾認為他們可能很緊張。

禮拜六，回到比賽場館，賽前熱身時柯爾感覺還是挺好的，比賽中的前幾次出手也是，但都沒有進球，在穆奇・布雷拉克（Mookie Blaylock）和瑞奇・格雷斯（Ricky Grace）不斷騷擾下，柯爾前六次投籃有五次落空。

前兩節的比賽，奧克拉荷馬控制節奏、防守強悍、製造失誤，野貓隊的球員，不只是柯爾，都被迫倉皇出手。他們的計劃是全場壓迫，因為整個賽季，高強度的防守都成功獲得了同樣的好效果，讓對手疲憊不堪。

「這些混蛋沒辦法在我們頭上得分！」格雷斯中場休息時在休息室吶喊，因為奧克拉荷馬以三十九比二十七領先亞利桑那。

野貓隊在下半場展開反擊，然而柯爾還是持續低迷，三分球一個接一個地落空，這是他人生中最糟糕的一場比賽。堪薩斯大學助理教練金特里，就是之前曾經到帕利塞德研究柯爾的球探，也在觀眾席等待兩天後冠軍戰的對手出爐，他認為野貓隊的投籃選擇不錯，但可惜的是投不進，柯爾沒有把握那些應該把握住的出手，全場投十三僅中二，其中三分線外十二次出手只進兩球，亞利桑那以八分差，七十八比八十六，輸給奧克拉荷馬，最終止步四強。

柯爾一輩子帶著那晚的痛苦，幾十年後依然影響著他，他後來常說，如果可以，會用兩到三個NBA總冠軍來換這場四強賽的勝利，為他戲劇性的大學生涯和夢幻隊友寫下一個適當的結局。「更糟糕的是，」他說，「媽媽和哥哥特地從中東飛來美國，結果看到如此難堪的個人表現，我媽原本可以留在開羅，從轉播中看我打得好一些。」

奧森情不自禁地替柯爾說話：「這是史蒂夫職業生涯中，極少數失常的比賽之一而已，我教了史蒂夫五年，他每一天都會練習投籃，所以我不得不相信，媽媽在場影響了他的表現，他一定非常努力，想為家人演出一場完美的比賽，但前幾次投籃沒進後，壓力變得越來越大。投籃是身體上的，也是精神上的，有時候，一個偉大的球員可以靠著信心把球投進籃框，但我認為史蒂夫太渴望表現，所以失去了平常的水準。」

對柯爾來說，那場比賽有兩次不錯的投籃，但還是一直找不到自己的節奏。「我非常想贏得那場比賽，然後贏得全國冠軍，努力過頭而造成反效果了。」

賽後球員休息室裡充滿悲傷，這是奧森經歷過的，他告訴球員們，教練為他們感到驕傲時，許多球員眼中含著淚水，低著頭，但輸給奧克拉荷馬這樣優秀的對手並不去臉，奧森讓球員們進行最後一次搭肩圍圈，大家都哭了。

「就是再一次並肩互挺。」柯爾回憶著。

最重要的是，這一趟不可思議的旅程結束了，他一生中最喜歡的球隊之一，再也不會在一起打球了；幾分鐘後，奧森站在走廊上，也了解到他和柯爾一同作戰的時光已經結束了，「在我認識他的五年裡，」教練哽咽著說，「我不會想改變，也不會忘記任何一件事。」

隔天早上，當柯爾和媽媽一起走進市中心凱悅酒店的會議廳，參加美國籃球作家協會的宴會的時候，他的情緒依舊激動。

克服了家庭悲劇和以及可能終結職業生涯的傷病，進而成為全國最頂尖的大學球員之一，柯爾獲得協會頒發最佳勇氣獎；而身為一個有天賦的演講者，那天他碰到前所未有的挑戰，失敗的痛苦還在心裡懸著，父親的離世也一直在腦海飄著，忠於原本的幽默個性，柯爾選擇大家可以理解的平靜感言，不知道心裡的傷痛何時能平復，可以確定的是，他基本上要向大學籃球告別，並且認可這段時間籃球給他的一切。

亞利桑那球場的觀眾席上，達德斯頓替他安排了在五個賽季後跟大家公開優雅地道別的機會，大家可以感覺到柯爾情緒激動，雖然流淚不是第一次，之前他也曾經兩次淚灑球場，但這次的哽咽有那麼一點不一樣；不過柯爾很快鎮定下來，以學生不常見的真誠和鎮定跟大家說話：他詳細描述了與爸爸梅爾康之間珍貴的父子關係，含著淚水並謙虛地解釋說，他從沒想過自己的大學籃球生涯即將結束，一些觀眾也跟他一樣流下了眼淚，包括已經很了解這些故事的記者岡薩雷斯。

另一位記者，《堪薩斯城之星》的湯姆·沙透（Tom Shatel）突然有個念頭閃過，或許，他正在聽一位未來參議員或州長的致詞，內心跟著激動了起來。

「我很享受在亞利桑那的大學生涯，」柯爾在麥克風後面說，帶著水汪汪的雙眼，「我不會忘記每個時刻，我會永遠記住。」

打進最終四強，使野貓隊在圖森受到英雄式的歡迎，敞篷車從機場游行到校園，球迷們在馬路上排隊歡呼，一共有兩萬五千人在足球場內等待。可以猜到，慶祝儀式上演奏了《為野貓瘋狂》，音樂響起，每個球員都拿起麥克風唱各自的台詞，來了一段即興表演，柯爾和其他人一樣切換到派對模式，雖然心裡還是對四強賽那場球感到失望，但他也不想浪費身為亞利桑那野貓隊一份子的最後一刻。

回顧大學生涯，輸給奧克拉荷馬大學或許是他最介意的失利，不過，除了那場比賽之外，還有許多難關與挫折：

一開始學長們的鄙視，在隊內賽打得亂七八糟的差勁表現；

一月中旬一通貝魯特的電話，失去了父親，進入了生命中最黑暗的時刻；

還有，隊醫告訴他，膝蓋傷勢可能會結束了他的籃球生涯。

亞利桑那大學的五年時光裡，他獲得不應該得到的機會，以無法想像的方式改變了他的人生：

大四時，他入選全美最佳陣容第二隊，出乎意料地被看好未來將成為ＮＢＡ球員；
他遇到了女友瑪格特，以及其他幾個後來成為他一輩子好友的人；
在未來的名人堂成員之下開始了非正式的執教生涯且表現穩定；
認識他最喜歡的隊友艾利耶特，隊史上最偉大的天才之一；
成為圖森所有運動中最受歡迎的野貓隊成員，這地位三十年後依然存在。
「我不同意人們說我大學時期有太多的壞事，我一直是世界上最幸運的人之一。」柯爾說。
「膝傷教會了我毅力，父親的去世幫助我從真實的角度看待事情，我之前不知道，但現在意識到，有些時候事情就是中斷或是繼續發展，這是我打籃球的原因，我喜歡嘗試地球上的所有事情，如果人生不去做你真正想做的事，那麼活著真的不值得。」
也許，他正在計畫一個遠大的夢想：嘗試挑戰ＮＢＡ。

第六章　這傢伙不行

一九八八年五月十八日，奧運籃球國家代表隊選拔賽在科羅拉多州展開，一共有九十二位球員參加，以及一些工作和保全人員；他們歡迎球鞋廠商的主管們，還有為選秀做功課的NBA球探們，但禁止任何媒體採訪。

主辦單位以球員忙於訓練而不能接受採訪作為理由，但每個人都知道真正的原因：他們預計讓喬治城大學的約翰．湯普森（John Thompson）擔任總教練，打算用他管理球隊的方法，完全不受外界打擾，全心準備四個月後在韓國舉辦的夏季奧運。

敗給奧克拉荷馬的創傷，讓柯爾不想過暑假，希望早點回到籃球場，這對選拔賽有些幫助。結束了最後一個壓力巨大的大學賽季，從NCAA四強賽到奧運第一階段選拔賽之間，有六個禮拜的時間讓他好好休息，他試著走出自我厭惡的低潮，到科羅拉多報到，爭取再次代表美國的機會，而且這次是四年一次的重要奧運，這讓他強迫自己專心調整訓練，而不是一直去想那場令人失望的四強賽。

另一方面，柯爾對即將登場的ＮＢＡ選秀越來越有信心，他知道聯盟舉辦的新秀測試會，將是他走出史上最糟糕表現的完美舞台。雖然那場四強賽，他十三次出手只進兩球，在高壓力的比賽中顯得信心不足，這或多或少影響了ＮＢＡ球隊的興趣，不過整體來說，八七到八八年賽季的其他時間，柯爾的成績算十分出色，不至於因為一個失常的夜晚被拒絕在聯盟之外。

球探們在五月到六月間，開始討論這位射手的未來，投籃能力肯定是最讓人放心的，而選秀順位的波動，要取決球團管理層的多方看法，包括身材（夠高，但太瘦），控球能力（大學很出色，但職業聯盟可能無法為自己和隊友製造機會），防守（太差），運動能力（一般）。

騎士隊總經理韋恩・安布里（Wayne Embry）認為：「他在場上的能力有限，不過除了投籃，他還有一些優點，每個人都看得出來他是射手，但是通過背景調查跟研究，我們發現他是一個品格很高的人。」

太陽隊總經理傑瑞・寇朗吉洛（Jerry Colangelo）總結：「速度較慢、身體素質不突出、很聰明、投籃能力強、人品很好。」

費城球探溫豪爾則說：「他打的每一場比賽都讓人感覺有進步。」這是高度的讚揚和特別重要的分析，因為ＮＢＡ球隊都喜歡具有潛力、可以培養的年輕球員。

溫豪爾的觀點很有說服力，因為他是亞利桑那州立大學的教練，看過柯爾打球很多次，梅爾康死後的兩個晚上，他也以對手休息區的角度，欣賞過柯爾的超現實表現，賽後還進更衣室安慰鼓勵柯爾；另外，他也花了大量的時間，在一九八八年的夏天跑遍歐洲，尋找未來的美國國家隊成員。

穿越法國、挪威、奧地利，溫豪爾希望可以看到有明星潛力，同時具有投籃能力的後衛，包括雷克斯・查普曼（Rex Chapman）、米奇・里奇蒙（Mitch Richmond）、荷西・霍金斯（Hersey Hawkins），是費城七六人隊鎖定的第三順位可能人選，而柯爾只是希望能在紐約選秀會上，成為那三輪共七十五位被選中的球員之一。

為了以防萬一，柯爾想好了對策，他可以先跟歐洲球隊簽約，居住國外對他來說並不困難，之後再回國加入奧森教練的團隊；或者，他可以直接爭取當奧森的助理教練，同時再讀一年研究所。

一般來說，很多準備投入選秀的球員，在確定要挑戰ＮＢＡ之後，就不去上課，也幾乎不會再走進校園，但柯爾在賽季結束後，還是常常進出圖森的校園，他在亞利桑那體育處資訊部實習，工作內容包括把學校足球隊名單輸入到電腦裡，以便在球季開踢時提供給採訪的媒體。

另外，柯爾還加入一支棒球隊，跟其他幾名來自體育處的同仁一起打球，一直到有人跟他說，一個有機會進入NBA的新秀不應該冒著受傷的風險，在業餘聯盟跟人家拚勝負，實在不太聰明，但他似乎想要安頓下來，把圖森當成一個永遠的家。

一通電話，柯爾得知他被太陽隊以第五十順位選中，感覺既興奮又奇怪，他在太平洋帕利塞德區的家中，看完了選秀的相關報導，想法其實不多：第一，他對鳳凰城略為熟悉；第二，距離女友瑪格特的工作地點洛杉磯，坐飛機只需要一個小時。

當初的隊友佛雷澤在大二那年，介紹瑪格特給柯爾認識，雙方多年來都很認真看待這段感情，男生熱情、體貼、求勝企圖心強，喜愛體育運動，而女生也是一位大學教授的小孩，當柯爾打電話到洛杉磯告訴女友他被選上的消息時，瑪格特明確地表示自己絕對支持。

選擇一位有地緣關係的知名球員，無論如何都會引起討論，但選擇一位無法防守、速度又不快的後衛，就值得去推測球隊的動機了。

的確，太陽球團當時需要一些正面宣傳，兩個月前，馬里科帕縣陪審團起訴了三位現役和兩位前太陽隊球員，他們涉嫌販運古柯鹼毒品，還有兩位球員，願意提供隊友犯罪的證詞而不被起訴。

另外，根據《運動畫刊》報導，鳳凰城警方在二月份，要求太陽隊提供和公鹿隊的比賽畫面，作為調查賭博的證據，甚至還到球員經常光顧的酒吧安裝竊聽器，NBA官方非常擔心，三月份特地到亞利桑那州，與球隊高層、警察、縣政府，以及處理賭博調查的偵探，進行了秘密會議。雖然最終無人被定罪，但太陽球團的形象大受影響，瑪格特後來也承認，太陽隊選中柯爾，間接影響了男友的聲譽，「原因應該是他們在毒品部份有很多問題。」

許多蛛絲馬跡，都合理解釋太陽隊為什麼選擇柯爾，最重要的是，看到傑夫・何納塞克（Jeff Hornacek）從兩年前選秀會上第四十六順位加盟，兩年後成為太陽先發得分後衛的例子之後，總經理寇朗吉洛開始喜歡從後段順位挖寶。

雖然何納塞克可以偶爾兼打控球，但鳳凰城需要一位後場指揮來替補凱文・強森，這支籤是四個月前和克里夫蘭騎士交易時獲得的。太陽必須擺脫上個賽季的窘境，因為不只是場外，場上球隊也是一團亂，戰績是慘烈的二十八勝五十四敗，因此總經理聘請卡頓・費茲西蒙斯（Cotton Fitzsimmons）擔任總教練，並且簽下自由球員湯姆・錢伯斯（Tom Chambers），然後在選秀會上第一輪選了丹・馬利（Dan Majerle）。

寇朗吉洛強調，球隊需要的是即戰力，而不是當地人喜愛的球員。「當然我們都知道，柯爾在亞利桑那非常受歡迎，如果我們選了他，球隊形象肯定加分，」寇朗吉洛這樣說，「如果他能打出成績，那就是個雙贏的局面，選他絕對不是因為受歡迎的程度，我不會做這種事的。」

寇朗吉洛在研究亞利桑那球員，並且注意到何納塞克與柯爾的相似處時，就非常關注何納塞克在ＮＢＡ的發展和成長，這種比較的出發點可以追溯到高中時期，何納塞克從伊利諾的高中被招募到愛荷華州立大學，以超乎預期的速度成為大學明星球員，這點柯爾跟他類似；兩人都缺乏運動能力，兩人都被視為控球後衛，但事實證明，他們在無球狀態下表現最出色；兩人在球場上，都有很迅速的反應和優秀的球品。

還有，何納塞克和柯爾都是在第二輪後段才被球團選中，而且同一輪，鳳凰城都不是先選他們：太陽在一九八六年選秀會第二輪先選了喬・沃德（Joe Ward）和拉斐爾・艾迪生（Rafael Addison），之後在第四十六順位才選了何納塞克；一九八八年，在用第五十順位選中柯爾之前，太陽先選了第二十八順位的安德魯・朗（Andrew Lang）和第三十八順位的狄恩・加瑞特（Dean Garrett），太多類似的條件發生在兩人身上，所以何納塞克的成功案例，是寇朗吉洛選擇柯爾的關鍵因素。

選秀會結束後七天，柯爾的奧運希望破滅，科羅拉多的選拔賽和為期八天的歐洲巡迴賽劃下句點。同一時間，他籃球生涯的發展，又再次跟凱文・強森扯上關係。

強森是奧森在一九八三年招生時，最想得到的控球後衛，後來強森決定去加州打球，名單的空缺剛好讓潛力球員柯爾補上。一九八八年的秋天，強森依舊是一位出色的控衛，擁有四年大學籃球的實戰經驗，還有一個ＮＢＡ賽季的磨練，他速度夠快，是一個真正可以為隊友創造機會的控球後衛，五年之後，他又擋在柯爾前面。

「他很有禮貌啊，我的天啊！你是問我他有沒有禮貌嗎？」強森的高中校長很驚訝地回答，「他是一個很好的年輕人，也是一個很好的學生。」

強森跟太陽隊教練費茲西蒙斯及教練的太太建立了非常友好而密切的關係，好到球隊裡面很多人私下會故意開玩笑叫他凱文．費茲西蒙斯。從各個角度來分析，柯爾都不會成為球隊的先發陣容，更辛苦的是，球隊練習對抗時，跟腿上裝著噴射引擎的強森相比，立刻會讓人覺得，挑中柯爾是浪費了一個選秀權。

柯爾想盡辦法展現影響力，他知道自己能挑戰ＮＢＡ的關鍵因素就是投籃，這是他比賽中最擅長的部分，也是他在六月份選秀會上第五十順位被選中的主要原因，「我不斷地擺好姿勢，隨時準備進行拿手跳投，但沒有什麼機會上場真的很煩。」他說。

高中和大學奏效的打法，用來對抗ＮＢＡ頂尖球員時根本吃不開，這些後衛更壯也更快，當然，更具有經驗。他觀察了何納塞克、馬克．普萊斯、克雷格．哈奇斯（Craig Hodges）的投籃機制，試著用快速出手來增加攻擊的威脅性，這表示瞄籃的時間更短，必須預先定位好籃框的位置，於是柯爾開始研究另一種方法，訓練自己不看籃框讓防守者放鬆，然後一接到球就迅速拔起出手。

這樣的訓練方法，在柯爾後來整個職業生涯都在使用，每個投籃技巧都會在練球時和賽前熱身時重複練習，他非常專注加強自己的能力，除了隊友，甚至連對手都注意到了，而且不是土法煉鋼、以量取勝，他更喜歡控制出手的次數，每次練習約兩百球，但這兩百次投籃，都是從他可能會接到球的地方進行，以增加比賽時的效率。

「他都練習那些比賽時會出現的投籃，」傑夫・特納（Jeff Turner）回憶起在奧蘭多和柯爾短暫的隊友時光。「他練球時就清楚地知道：『如果我上場了，這些就是我要出手的位置，絕對不能亂走位，每次進攻都很重要。』他每次都認真地完成自己的訓練菜單，才會加入我們的投籃大賽。」特納說，「史蒂夫認為該做的訓練要先完成，必須放在第一順位。」

柯爾成為了陣中投籃效率最高的球員之一，他經常在一對一的情況下擺脫防守，以替補球員的角色上場扮演投籃專家。「沒有浪費跑位的時間，沒有多餘不必要的動作，當他接球時，其實已經進入投籃動作了，這是柯爾在場上具有威脅性的重要關鍵。」吉姆・萊斯（Jim Les）這樣說。

柯爾常跟何納塞克放在一起討論，原因就是寇朗吉洛在選秀前做的那些比較和相似性，只是柯爾順位稍微後面一點而已。

九〇年代，他開始嘗試一種心理訓練，就是練球時假裝自己是另外一位球員，利用角色切換讓專注力提升，而選擇對象就是何納塞克。

理由顯而易見：第一，他們同樣擁有威脅力極高的外線投射；再來，攻擊上的變化也類似，能夠翻身跳投或用其他方式得分；然後，他們都可以偶爾控球，在能力範圍內暫時擔任場上指揮官。

運用這樣的想像訓練，柯爾發現可以提升進攻威力，更重要的是在得分方面更具侵略性，因為菜鳥剛加入NBA時有個問題，就是一開始在許多老將的太陽隊幾乎沒有機會上場，他只能不斷模仿場上那位先發後衛，同時幫助球隊裡的主力練習，準備迎接下一場比賽跟對手。

「球探報告中，我一直被定位為射手，」柯爾說，「這感覺挺自由的，因為我可以成為任何一位出色的射手！像是哈金斯。『這個人很準要防守！他要出手了！』對，我就要成為那個人！我要跟那個人一樣造成威脅，但後來我停下來想了想，這樣不是很可悲嗎？為什麼不能利用自己的優點去造成威脅呢？」

全新的太陽隊，開季繳出十五勝十敗的成績，遠遠贏過上個賽季，柯爾一直待在板凳，直到第二十一場比賽時，才首度上場，到第二十四場比賽，上場時間才達到兩位數。

鳳凰城當下需要的是贏球，因此強森常常一場比賽打三十幾分鐘，甚至超過四十分鐘，幾乎沒有留時間給其他後衛，更何況從上個賽季累積下來的板凳深度，柯爾這樣的新秀絕對是教練團最後才會考慮到的。助理教練保羅・韋斯佛（Paul Westphal）和萊諾・荷林斯（Lionel Hollins）在訓練中的一對一或二對二比賽中，讓他看起來很糟。「他跟不上防守的節奏，」退役五個賽季，三十八歲的韋斯佛說，「我們對他來說速度太快了。」

例行賽結束時，鳳凰城太陽繳出驚豔的五十五勝二十七敗，強森平均上場時間三十九點二分鐘，聯盟第三多，獲選聯盟最佳進步獎；柯爾例行賽出賽二十六場，平均上場時間六分鐘，季後賽都沒上場，太陽隊在西區冠軍戰被湖人四比零淘汰，他整季只有一場比賽的三分球進兩個以上。

雖然成為NBA球員，已經超越兩年前柯爾所設定的目標了，但還是令人十分沮喪。他告訴佛雷澤，他寧願互換，去擔任盧特・奧森教練的研究所助理，也不想坐在太陽隊板凳席的椅子上，更何況他在賽季前，還拒絕了德國籃球隊的合約，即便到較弱的聯盟，他可以擁有更多的發揮空間。

柯爾在練球中展現出自己是一位決心十足的球員，球隊前鋒泰隆・柯賓（Tyrone Corbin）說：「我記得他一上場就知道自己是誰、該做些什麼，他必須非常努力展現自身的能力，首先就是當一位稱職的射手和控衛，然後學習如何以他的身材，防守場上應該負責區域，他投籃真的很好。」

「他必須練得更壯一些，」另一位隊友艾迪·強森（Eddie Johnson）說，「這很明顯是他必須去做的，因為他夠高，又可以出手得分，而且他一點都不怯場，也不怕說出自己的想法，是一位有智慧的球員。」

他的努力有被看見，太陽隊決定跟這位擁有足夠潛力的年輕人續約，簽下另一份為期一年的短約。不過，十二天後，隨著騎士隊希望增加團隊的投籃能力，總經理安布里想到選秀會上曾經注意到的射手，於是克里夫蘭將第二輪選秀權當作交換，從鳳凰城那邊得到柯爾。「我們所有人都被他的才能吸引著，」安布里說，「就是出色的投籃能力。」

在經歷八個賽季的南加州海岸和亞利桑那沙漠之後，俄亥俄州的職業球隊，在冬季來臨時有了巨大的變化，而加入克里夫蘭騎士，也成為柯爾的幸運轉折點，其中很重要的一點，就是成為明星後衛馬克·普萊斯的替補，還可以在一支單季拿下五十七勝的球隊中，擔任一位有意義的角色球員。

教練團部分，低調的萊尼·威肯斯（Lenny Wilkens）跟愛交際的費茲西蒙斯形成鮮明對比，但他是一位評價相當高的教練，善於替球員建立信心，保持老將和新秀之間的平衡，並且能夠率領球隊拿下勝利。

安布里在選秀會前就喜歡柯爾了，進行交易的目的，是為了多一位可以在漫長季後賽中做出貢獻的射手，而不是只為了補齊陣容，然後最大貢獻是陪主力練球的三流球員，當然，更不是像上季的太陽一樣，為了建立正面的球團形象而簽約。

對柯爾來說，能夠待在這樣積極爭取戰績的好球隊，休息室裡又擁有許多最優秀的球員，同時也是最棒的一群朋友，看起來，他的NBA壽命，會超過當初所設定的時間。

克里夫蘭的第一天，他和大多數新隊友一樣，準備到市中心參加訓練營，比較不一樣的是，柯爾巧遇了克雷格．伊洛（Craig Ehlo）。

伊洛在華盛頓州唸大學，來自太平洋十校聯盟，跟柯爾一樣，也是一個外線具有威脅性的後衛，但感覺更像傳統的得分後衛，不像柯爾是因為身材比較矮小，而被迫打一號控球的射手。

伊洛的NBA第一站休士頓沒有獲得許多關注，騎士隊算是第二站，他是一九八三選秀會第四十八順位，比柯爾一九八八年第五十順位早了五年進入聯盟。一九八九年秋天，當伊洛親切地告訴這位新隊友，通常在上午十點之前，他就會抵達球場訓練，毫不意外地，柯爾也出現在那裡，準備加入下一場訓練。

位於南部郊區，里奇菲爾德體育館六樓的球場，只有他們兩個人，伊洛和柯爾一邊投籃，一邊聊天，一邊聊天也一邊投籃，一段終生友誼就此開始。

他們開玩笑地聊著柯爾那次岡薩加大學的超糗測試經驗，這件事伊洛很清楚，因為岡薩加距離華盛頓州大不遠，只有大約一百公里；他們兩人交流了對太平洋十校聯盟的想法，柯爾更直接大方地承認了自己的弱點，也是聯盟中許多人同樣懷疑的地方：速度不夠快，處理球的能力太弱，因此不適合打控球後衛。

另外，柯爾主動問了很多有關於馬克．普萊斯的問題，這位輩份能力都排在前面的球員，是個什麼樣的人？是不是很嚴苛？

雖然伊洛無法在幾個小時內完全了解柯爾，但最終答案都是顯而易見的，普萊斯和這位新隊友個性上非常相像，人品都很不錯，也都是理想的好隊友，願意在球場上使出全力，氣勢凌人。所有騎士球員聚集在一起參加訓練營的時候，新隊友柯爾就明白這一點了。

普萊斯積極地要讓所有人知道，這裡是自己的地盤，就像前幾個賽季，其他得分後衛加入球隊時一模一樣，似乎想在任何人有機會奪走他的上場時間之前，向新人們和威肯斯發出一個他無法被取代的信息。

普萊斯頭兩天對柯爾毫不留情，好勝心驅使他主動出擊並且告訴所有隊友，他會吞下、咬碎，然後吐掉任何控球後衛的可能威脅，雖然一個剛加入聯盟，還在驚嘆和興奮的二年級生柯爾，根本不可能威脅到一個明星球員的先發地位，要知道那一年賽季，普萊斯平均一場比賽上場三十六點四分鐘，攻下十八點九分，傳出八點四次助攻。

因此，柯爾完全沒有被冒犯的感覺，反而和其他球員一樣，默默欣賞著這位文質彬彬、平易近人的巨星走上球場時的光彩，普萊斯展現如同外科醫師般的精準處理、投籃能力，以及拚戰韌性，這些都讓他獲益良多。

那年例行賽第一場是十一月三日，在芝加哥登場，普萊斯因為腳踝扭傷而無法上場，所以柯爾第一次在職業賽場先發上陣，足足打了四十一分鐘，比之前最多時間的兩倍還多了一點。下一場比賽，柯爾回到替補，只上場了十二分鐘，不過接下來連續四場比賽，都上場超過二十分鐘，然後在一個十九分鐘的晚上之後，又飆升到三十八、三十二、三十九，然後三十七分鐘。

從十一月底打到十二月初的這幾場比賽，對於柯爾來說，是一個絕佳的夢幻安排，身為第二陣容的成員，不但可以擁有足夠的上場時間，還可以跟同樣也是替補的中鋒保羅・莫克斯基（Paul Mokeski）搭檔，獲得源源不絕的機會。因為關鍵時刻的可靠性，他們被封為「炸彈小隊」，莫克斯基已經在NBA打滾了十一個賽季了，經驗豐富的他從柯爾身上看到了技術嫻熟的外線投射能力，但同時，也發現了一個缺乏自信而受阻的年輕球員。

莫克斯基覺得柯爾想太多了，很容易自我懷疑然後走不出困境，剛起步的職業球員常常陷入這樣的狀況。

「當我們一起打球訓練的時候，」莫克斯基說，「他不會想太多，該出手就毫不猶豫，很明顯地，他絕對可以投籃並且有效地進球。」

「但是比賽中，他常把球傳掉，如果要我選，我寧可希望他出手。」

「沒有人會生氣，因為大家都知道你可以投籃，進或不進都沒關係，投就對了！」

莫克斯基一直相信著，也在不同的場合表明了同樣的想法，不過隨著兩人越來越熟，這位柯爾口中的「莫叔叔」，應該沒有想到自己會對這個建議感到非常後悔。

不過，整體而言，柯爾成功地適應了職業球隊的新生活，莫克斯基的擔心、意外收穫的上場時間，以及俄亥俄州冬天的首次體驗，他都處理地相當不錯。

有天訓練後，莫克斯基在更衣室向一位攝影師借了裝備進行採訪，柯爾樂意地穿著褲子、上衣、運動衫、加上厚夾克，以及拉得很低的帽子，只露出一雙眼睛，扮演了一個從溫暖氣候進入到冰天雪地的角色。而在球場上，他在三分線外的投射特別出色，迅速地讓只用一個次輪選秀權，就補進一位有貢獻球員的安布里格外有面子。

「剛進入NBA時，投籃技巧讓我可以在聯盟中立足，」柯爾認為。「但我一直不斷努力，因為我知道，自己不像其他人那樣有天賦。」

「事實上，我努力試著成為一個優秀的防守者，這很痛苦，是身體上的痛苦，因為我個子不高，力量也不大，我必須一直在卡位擋人當中穿梭，總是被撞來撞去，還好我忍耐度很高，所以還可以應付。」

那個賽季，對柯爾最有利的，就是安布里在十一月十六日，用榮恩・哈波（Ron Harper）和三個選秀權，和快艇換來瑞吉・威廉斯（Reggie Williams）和丹尼・費里（Danny Ferry）。

用先發得分後衛換來兩名鋒線球員，這筆交易創造了騎士後場球員更多的上場時間。利用這個機會，柯爾證明了自己有能力去承擔更多責任，他可以成為全聯盟中最好的三分射手之一，隨著伊洛補上哈波的先發位置，好消息之一是，柯爾在炸彈小隊中的角色也越來越重要。

好消息之二是他沒有意識到的，從義大利開始職業生涯的丹尼・費里，在來到克里夫蘭之後，和他建立了一段非常寶貴的友誼。

轉隊之後的成功，同時也完成自己預測起碼待兩個賽季的目標，讓柯爾被外界視為該賽季球隊最值得討論的正面故事，因為騎士隊其他的話題，都被傷兵還有人力短缺等負面消息給淹沒。

十二月八日上午，騎士隊從洛杉磯飛往沙加緬度時，他們戰績是六勝十一敗。前幾個賽季在沙加緬度的移動休兵日，那些來採訪的記者們會開大約兩百公里左右到里諾（Reno），目的地是南太浩湖，以及鄰近城市的賭場，就在加州和內華達州的邊界。

莫克斯基立刻被這趟旅程吸引住，他是來自洛杉磯卡諾加公園區（Canoga Park）的孩子，從小就和家人把太浩湖當作每年暑假的必經之地，從國小開始到高中都是，天亮之前就會出發，不管停留的加油站或休息站有幾個，至少都要花八個小時才抵達，然後全家人通常會在松樹林裡一個共享小木屋住大約一個禮拜，所以莫克斯基從小就喜歡大自然，欣賞高山，清澈空氣，還有藍色的寶石湖；成年之後，他也把內華達州賭場裡面的桌子，加入到最喜歡的活動當中。

幾年前，莫克斯基還在密爾瓦基公鹿隊打球時，就曾經找了幾個隊友，一起跑了一趟類似的旅行；而這一次，他則是在球隊訓練結束後找了一位記者，來自《新聞先驅報》的喬．梅澤（Joe Menzer）同行，「去租一台最大的車，然後買兩箱啤酒。」莫克斯基這樣吩咐。

於是，梅澤搭計程車去機場，租了一台林肯大陸的豪華旗艦轎車，也買了啤酒，然後把一大袋冰塊放在後座的冷藏箱裡，接著開往球隊下塌的飯店，準備迎接一同出發的夥伴，這時團隊的人數已經增加到了五人。

因腹股溝拉傷而服用消炎藥，所以沒辦法喝酒的伊洛，自願擔任大家的司機，莫克斯基則直接坐上副駕駛的位子；柯爾、梅澤，以及《克里夫蘭誠懇家日報》（Cleveland Plain Dealer）的伯特．格雷夫（Burt Graeff）三人坐在後座。

一群人下午出發，一邊喝著飲料，開了一百六十公里車程之後，漸漸離開市中心，進入了加州東北部山區的五十號山脈公路，聊天的內容也轉移到賭博上，身為一個深思熟慮的聰明球員，柯爾開始向同伴們詳細解析二十一點的作戰策略。

一進入賭場，柯爾、伊洛、梅澤和格雷夫，四個人在一張便宜的桌子坐下開賭，莫克斯基則跑到輪盤區玩，當莫克斯基回來跟大家說，他贏了九百塊美金時，伊洛不相信，決定親自跟著去看看，剩下柯爾和兩位記者繼續玩二十一點。

某一手牌結束後，柯爾突然阻止荷官拿走下注的籌碼，他說他有二十點。「是的，」荷官回答，「您有二十點，但我有二十一點，這叫做黑傑克（Black Jack）。」柯爾過於投入了，「這他媽的太扯了。」他推倒椅子，氣沖沖地離開了賭桌。

雖然當下很不爽，但柯爾很快冷靜了下來，想一想自己的確算錯了荷官的點數，而且在朋友們面前出錯實在尷尬，那個過去曾經在投手丘上怒砸手套的年輕人，在內華達州的廉價賭桌上依然沒有保持冷靜，這種感受讓他挫折跟困惑，所以選擇離開。

他們在賭場玩了幾個小時而已，沒有太久，所以返回時荷包只受到輕微的損失，一路上啤酒還是一直喝，直到梅澤要求在高速公路的路肩上暫停，讓他下車解放一下。

其他三人刻意叫伊洛開啟遠光燈，對準海拔約兩千多公尺的道路邊，那個正在小便的記者，當時陣風達到每小時四十公里，溫度大約零下幾度，四個人在溫暖的豪華轎車裡看著發抖的梅澤大笑。他們在凌晨兩點左右，回到飯店的停車場。

柯爾的第二個職業賽季，變成了一段漫長的歡樂之旅，球隊戰績雖然還是不怎麼樣，但他依然獲得很多上場時間。

騎士隊在一月六日前往奧蘭多，柯爾上場後開始命中三分球，每次進球，觀眾席中大概第二十五排那群人會呼喊出略顯孤獨的「史蒂——夫．柯爾——」。

原來，本來在圖森主持早晨廣播節目的主持人，柯爾的好朋友麥克．艾利耶特，當時搬到了奧蘭多，在中場休息的時候，柯爾發現了麥克，這讓他非常高興，那天晚上的比賽，他在三分線外出手六次，命中了五球。

同一個賽季，騎士隊也飛到洛杉磯湖人主場比賽，那裡距離太平洋帕利塞德區才大約二十五公里，柯爾打了職業生涯中最長的一場賽事，上場時間達到四十三分鐘。

那年，柯爾打出令人激賞的數據，雖然球隊戰績四十二勝四十敗只能算普通，但他以百分之五十點七的三分球命中率領先全聯盟，上場時間平均二十一點三分鐘，一共出賽了七十八場，成功提升自己最需要的信心，也確保在球隊的重要性。

休賽期間，柯爾完成了籃球場外的人生大事，他在圖森和女友瑪格特結婚，奧森也在場，在父親梅爾康無法參加的情況下，安和蘇珊在慶祝另一個家庭里程碑時，短暫地流下了眼淚，瑪格特開玩笑地問柯爾，媽媽跟姐姐哭是因為爸爸不在，還是因為要娶她入門，這證明了這位老婆在幽默感方面，也非常適合他。

不過，到了一九九〇到九一的賽季，柯爾一直錯誤地被要求擔任控球後衛的角色，這對他造成持續性的困擾。他的三分球命中率穩定維持在百分之四十五點二，如此充滿威脅性的外線準度，是他在球場上最大的影響力，但控衛角色沒有辦法把這個強項當成重點的使用武器，於是來到騎士隊的第一個賽季他的出賽時間平均還有二十一點三分鐘，隔了一年則下降到只有十五點九分鐘。

更糟糕的是，克里夫蘭球團該賽季以三十三勝四十九敗作收，只能在中央組排名第六，這是柯爾NBA生涯中，第一次沒辦法打進季後賽，所以總經理安布里把一九九一年選秀會上的兩個籤，都用來補進後場球員，這對他來說非常不利。

賽季來到一九九一到一九九二，例行賽初期，柯爾還是扮演球隊的重要角色，幫助騎士隊一路晉級到東區冠軍賽，對手將是挑戰二連霸的芝加哥公牛隊。

麥可·喬丹（Michael Jordan）對克里夫蘭騎士已經厭惡相當多年，原因是一九九〇年三月二十八日的那場比賽，他在騎士主場攻擊籃框時，被約翰·威廉斯（John Williams）一記惡意犯規扯下，而且摔得很重，而主場球迷卻報以熱烈歡呼聲，讓喬丹非常憤怒。

那天晚上打到延長賽才分出勝負，空中飛人狂砍六十九分，抓下十八個籃板，傳出六次助攻，另外還有四次抄截。喬丹的報復心態在五月十九日東區冠軍賽登場時依舊存在，雖然大家都知道，他早在一九八九年季後賽第一輪，用那個經典的致命一擊，將克里夫蘭騎士淘汰出局，就已經算是完成一定程度的報仇了，但這一切好像不夠，喬丹那無比的好勝心還是無法被滿足。

喬丹在系列戰第一場比賽中拿下三十三分，外帶七次助攻和六個籃板；系列戰第三場中得到三十六分，以及九次助攻和六個籃板，雖然這兩場比賽之間，也就是第二戰，他表現很糟糕，二十二次出手只有投進七球，還發生了六次失誤，但系列戰第四場，喬丹又寫下了一個高得分的夜晚，全場砍下三十五分，而且比賽中，騎士隊的費里還動手揮了兩拳，因此被驅逐出場；公牛隊非常不滿這種挑釁行為，認為對手是想要激怒陣中的明星球員，尋求被禁賽的可能性，不過喬丹沒有上當，而費里因為這次衝突，被罰款了五千美元。

公牛隊為了討回尊嚴，把費里視為系列戰第五場的重要目標，戰術板上畫下許多可以報復的路線與方法，準備在比賽中執行。

芝加哥替補大前鋒史泰西．金（Stacey King）終於找到機會，看到費里在公牛中鋒威爾．波度（Will Perdue）防守下切入突破，往籃框攻擊，當時比賽已經進入垃圾時間，球隊要贏應該沒什麼大問題，金根本不記得他應該防守誰，也不在乎，一心只想著：「我要逮到機會修理費里這個混蛋。」比賽只剩下一分鐘零二秒，衝撞發生了。

「這是不可取的行為，」柯爾說，可能因為受害者是他的好朋友。「我們有預料到他們會針對費里和喬丹的衝突進行報復，但沒想到會用成這樣。」

金的說法是，他試圖去阻止費里上籃得分，不是為了報復，而且動作都是打球合法的動作，沒有要刻意攻擊，但這一切，裁判都看在眼裡，代價讓他和球隊也會永遠記住：一記拐子重重打在費里的頭上，金被判定為惡意犯規，直接驅逐出場。

場上的緊張情緒一觸即發，讓柯爾再也受不了了，這位騎士隊的後衛憤怒地衝了過去，不管兩人差了二十公分和二十幾公斤，帶著只上場打了三分鐘的鳥氣，脖子向上抬起對著金尖叫大喊：「你這個混蛋！你這個卑鄙下流的混蛋！」

「滾！別過來煩我！」金也大聲吼著，並且伸出左手架住柯爾的脖子。

相隔四年，柯爾在新的城市、新的聯盟和新的季後賽壓力下，從奧克拉荷馬的失利到史泰西・金的衝突，對自己的角色好像有了新的認識，他不是一位明星後衛或是球隊領袖，但現在，他是那個敢和大個子對手正面開幹的球員。

兩人不斷擠壓，直到其他人把他們分開，雖然近距離的衝突劍拔弩張，互相對立，但金對柯爾反而有了難能可貴的尊敬：「他是克里夫蘭騎士隊中，唯一真正想要保護隊友的人，充分展示了戰鬥精神。」

柯爾職業生涯最長的一個賽季，在兩天後的第六戰輸給芝加哥公牛後畫下句點，雖然他喜歡克里夫蘭，但這支球隊未來的發展之路並不踏實，因為對上公牛的系列賽，他只打了二十分鐘，大約是替補控球泰瑞爾・布蘭登（Terrell Brandon）的四分之一而已，整個季後賽，柯爾平均一場也只有十二點四分鐘，很明顯沒有受到重用。

而公牛隊後續的發展，對於九二年夏天表現不佳的柯爾來說是個關鍵——在教練菲爾・傑克森（Phil Jackson）一直以來提醒喬丹要相信陣中其他「凡人」的情況下，公牛隊於一九九三年總冠軍賽面對鳳凰城太陽隊時，讓射手約翰・派克森（John Paxson）接到由喬丹發起的導傳，命中一記四十五度角關鍵三分彈，成為了拿下總冠軍的致命一球。

在一九九二至一九九三年新賽季開始的那段時間，柯爾幾乎沒有上場，安布里開始找球隊進行交易談判，希望能釋放後場人滿為患的壓力。他做了一些安排，因為他知道，球團上上下下都很喜歡柯爾，都希望他可以找到一個更適合的新球團，製造出雙贏的局面；而且十一月九日，柯爾的老婆在克里夫蘭生下了第一個寶寶，他的兒子尼可拉斯。

喜歡秘密行事的公牛總經理傑瑞・克勞斯（Jerry Krause），私底下向一位行政高層透露，認為柯爾在芝加哥獨特的三角戰術體系下，應該有機會取得成功，但是克勞斯沒有真正行動，沒有拿出預算來挖角克里夫蘭這位替補控球後衛，於是，安布里將注意力轉到奧蘭多魔術，如果能夠和大物新人俠客・歐尼爾搭檔的話，柯爾在三分線外應該會有無限的開火機會。

從安布里和魔術總經理派・威廉斯（Pat Williams）開始討論，到交易完成的十二月二日，花了幾個禮拜，對一筆小交易來說算是比較長的時間了，這表示魔術隊在確定吸收柯爾之前，有考慮其他的方案跟選擇。

很特別的是，考慮到柯爾這幾個賽季的表現跟評價，投籃能力竟然不是魔術球團考量的主要原因。一般來說，大家都會認為內線擁有極具統治力的中鋒歐尼爾，在奧蘭多陣容中，理論上應該需要許多外線攻擊的角色；不過，當時威廉斯和教練麥特・高卡斯（Matt Goukas）目標是尋找史考特・斯凱爾斯（Scott Skiles）的替補，加上安布里極力推銷，柯爾具備球場上的能力和優秀人品，這也的確是事實。

成為自由球員前那幾個月，柯爾很明顯擔心著自己的未來，當時記者朋友梅澤在交易確定之後，從布雷克斯維爾郊區的公寓打了通電話。

「嘿，喬！」柯爾正要出門。「現在我希望可以再簽下一份合約，這樣家人就能安頓下來，我自己也可以繼續做接下來該做的事。」

梅澤能聽出他緊張的語氣，因為柯爾認為球員生涯隨時有可能結束，但同時也希望能夠為妻子瑪格特和兒子尼可拉斯再拚一個賽季看看。奧蘭多球團提供了一個很好的機會，可以馬上上場，中鋒歐尼爾一旦被包夾，射手可以充分發揮，另外，大學時期的好朋友托伯特也在那打球，多多少少提供了一些情緒上的安慰。

但是，柯爾抵達新東家後大約才一週，總經理威廉斯就意識到這筆交易的錯誤，教練高卡斯對柯爾的糟糕表現感到驚訝又失望，所以很快就把這位新同學移出輪換陣容當中，因為威廉斯也同意，他們都無法看著球隊的替補後衛這麼輕易被對手吃掉和處理，就算當初達成交易是總經理下的決定，但柯爾如此差勁的狀況，實在沒辦法再給多餘的機會了。

「這傢伙不行，這傢伙不能上場。」大家都聽到高卡斯在板凳區，用嫌惡的語氣，這樣多次告訴助理教練，魔術球團工作人員都注意到柯爾的沮喪，特別是上場後不久就被換下場時，但柯爾從來沒有公開表示過不滿。

聰明且實際的柯爾明白，即將進入自由球員市場的前幾個月，打不到球已經夠糟糕、夠麻煩的了，如果再加上惡劣的態度，情況只會變得更糟。因此，理智的他壓下了內心好鬥的那一面，雖然有時候被換下場時，他會將雙手舉向空中，表示不滿，但大部分情況下，他選擇保持沉默，依舊提早到球場訓練，也會在訓練結束後留下來加強到很晚。

至少，柯爾每場比賽都還有得打。

六個禮拜內，魔術和公牛打了三場比賽，雖然一月十六日那場的上場時間只有兩分鐘，然後這三場加起來，他一共只出手了兩次，但起碼，這對菲爾·傑克森和芝加哥管理層有著提醒的作用：這位射手還在聯盟中，不要忘記他。

另外，回到克里夫蘭比賽時，也有一些被惡搞的樂趣，像他看到一個放打掃用具的櫃子上面貼著「史蒂夫·柯爾採訪專區」，這個惡作劇是騎士隊公關主管鮑伯·普萊斯（Bob Price）的傑作。「好啊！你們真的夠好笑！」柯爾笑著說，然後自己也笑了起來。

值得一提的是，這是柯爾第一次在球隊中可以扮演領導者角色，而且真的在職業比賽中發揮貢獻。

之前騎士隊經驗豐富，所以幾乎沒有什麼機會擔任指導者；太陽隊的菜鳥賽季中顯然也沒有這樣的機會；但在奧蘭多就不一樣了，柯爾已經二十七歲，個人第五個NBA賽季，球隊又以二十歲的新人歐尼爾當作核心，其他主力球員，包括丹尼斯·史考特（Dennis Scott）是二十四歲，尼克·安德森（Nick Anderson）則是二十五歲，柯爾算是經驗比較豐富的學長了。

「他做的很多事情，我們都會試著學習，」安德森說，「我以他為榜樣。」

「他不是刻意想要向其他人展現這些，史蒂夫·柯爾在球場上和球場外表現挺一致的，很多年輕人都把他當做學習的對象。」

裝備經理羅尼．鮑爾（Rodney Powell）也認為，「史蒂夫還算年輕，不過球員們都很尊敬他。」柯爾除了成為後輩的榜樣之外，也跟包括斯凱爾斯、傑夫．特納（Jeff Turner）以及托伯特在內的隊友，相處起來都不錯。而柯爾和托伯特兩人，更因為個性和背景類似而交情匪淺，他們都是南加州圖森出產的球員，同一年加入ＮＢＡ聯盟，都目標以腳踏實地的態度來經營球員生涯。

然而魔術高層在賽季結束前，早早就認定柯爾在這支球隊沒有前途，更嚴重的話，可能不久就會被聯盟淘汰。

一九九三至一九九四賽季，球團沒有討論續留的問題，完全沒有相關的內部會議或對話，更別提七月一日，柯爾成為自由球員後的新合約了。當時，柯爾二十七歲，市場價值下滑如此之快，甚至奧蘭多球團還覺得當初的交易好像是多付了一筆錢。

全聯盟有二十七支球隊，其實柯爾沒有抱著一定有容身之處的幻想，但目前看起來，這應該是成為職業球員以來，前所未有的打擊與考驗。

至少一開始，他進入的球隊相對熟悉，鳳凰城距離加州還算近，隊友也對新人很友善，原本認為自己沒有機會進入ＮＢＡ的，所以能加入太陽，已經是一段相當快樂的旅程；克里夫蘭的三個賽季，讓他成為一個更體面、更穩定的球員；但是現在，被奧蘭多捨棄了，就代表他必須帶著妻子和年幼的兒子，想辦法在幾個月後加入生涯第三支球隊。

令人沮喪的是，這一切沒辦法否認，他的職業生涯看起來要畫下句點了，想再擠出一份合約的希望似乎不可能了。

那年休賽季，柯爾回到圖森幫大學招聘新生，那是一場幫學長姐募款的活動，還是有一群認為他是當地傳奇人物的新鮮人前來參加，當時的困境變成了借題發揮的時事梗。

「我今年二十七歲，」他告訴所有聽眾，「我的職業生涯結束了，一切都完了。」

「我不知道接下來要做什麼。」柯爾說。

他用眾所皆知的自嘲式幽默來了一段有趣的演講，剛好也符合募款的主題，不過認識他的人都知道，雖然這不是正式退休的聲明，但也是一個無法躲避的現實。

由於職業球隊對他缺乏興趣，柯爾七月份開始考慮打電話給奧森，看看有沒有回到大學擔任助理教練的機會。

提前想辦法解決問題，這是典型且合乎邏輯的柯爾式哲學，如果職業球員的生涯要迎來終點，那圖森將會是理想的下一站：因為他知道，自己可以勝任這個項目，城裡的人很喜歡他，同時他也可以從出色的年輕球員中學習新的工作。

如果這樣做成功的話，他就可以從一位不確定未來的職業籃球員，立即轉變成一位更有安全性和保障度的新手教練，很有意義。

柯爾的心中開始產生這個想法，表示他非常認真地思考，在五個賽季之後離開ＮＢＡ。不過，他最終沒有做出行動，沒有向奧森教練提出加入團隊的請求，因為當時的柯爾，還是非常熱愛球場，他還是希望可以繼續穿上球衣拚拚看，即使多數球團高層對他沒有同樣對等的興趣。

這是史蒂夫．柯爾的個性、人格轉變的明顯分水嶺，這一次性格上的大轉變，發生在快要二十八歲的時候，而未來的生活，也因此帶來正面而巨大的改變。

拒絕服輸是柯爾的決心，當然，目前狀況沒有任何樂觀的理由，但也是考驗是不是擁有強大自信心的時刻，他必須在最艱難的時機點上，想辦法找到可以發揮自我的位置。

柯爾列出了一份球隊名單，這些球隊可能需要一名可以投籃、有經驗、願意擔任替補，然後價錢不貴的球員，他目標以一個自由球員身份加入，然後想辦法保持信心，克服那些震耳欲聾的唾棄聲，因為時間不等人，七月進入到八月，然後九月就在眼前，籃球世界呼嘯而過的淘汰浪潮一眨眼就過去了。

風城芝加哥，被柯爾列為理想的落腳點之一，聽起來荒謬卻又明智。

公牛剛剛贏得單季五十七勝，然後連續三年拿下總冠軍，成功寫下公牛王朝，球隊三分命中率排名全聯盟第二，而且九三至九四賽季，應該會留下大部分的球員在陣中。後場，他們有麥可·喬丹、B·J·阿姆斯壯以及約翰·派克森，如果柯爾在勝率大約五成的魔術都沒什麼上場時間，去公牛會有什麼機會嗎？

但從另外一個角度來看，芝加哥後場的深度剛好不太夠，再加上一名控衛以備不時之需，其實也沒什麼壞處，更何況柯爾算是風險較低的球員。

兩位明星球員，麥可·喬丹和史考提·皮朋（Scottie Pippen），需要會投籃的射手來吸引防守者，這點柯爾很符合，就算只是小配角，他也值得信任。

再來，勝利取向的公牛需要可以馬上做出貢獻、具有實戰經驗的球員，而不是要花時間培養和發展的年輕新秀。柯爾在克里夫蘭參加了兩年的季後賽，一共出賽了十七場，或多或少增加了可信度，一旦加入團隊，過去起過衝突的史泰西·金可以肯定，這位射手絕對不會退縮。

柯爾一直在比較他和派克森的相似之處，以證明自己非常適合公牛的三角進攻，這種三角戰術極度依賴外線射手來拉開空間，讓喬丹和皮朋有更多的機會。

他告訴奧森，「如果我能加入公牛，職業生涯將會延長很多年。」

「我不是控球後衛，一直都不是。」

「但如果讓我在空檔拿到球，我會投進，在一支偉大球隊中，創造出自己的一席之地。」

還有一點，新賽季開幕時，柯爾二十八歲，當打之年而且沒有傷痛史，派克森則三十三歲了，合約也要進入最後一年，一九九二到九三年賽季，因為受傷缺席了二十三場比賽，這樣看起來，柯爾不只是一張安全牌，還能順利接棒，成為板凳席中重要的戰力之一。

經紀人馬克．巴特斯坦（Mark Bartelstein）打了通電話給公牛球團，希望在自由市場開市初期，就可以和總經理克勞斯談談，好好說明為什麼三連霸的球隊和MVP麥可．喬丹，需要這位無法上場但擁有實力的球員。

幾個月過去，他們和老鷹、溜馬、快艇以及獨行俠分別談過，但是沒有收到任何有吸引力的報價；柯爾也考慮過要不要去歐洲打球，不過一想到之前騎士隊友費里在義大利度過了一個令人難受的賽季，就更不想離開NBA了。

「我從來沒有幻想過成為聯盟中的頂尖球星，」柯爾說，「我只是想待在NBA。」

有趣的是，柯爾完全不知道，克勞斯早就成為了他的粉絲。

這是可以理解的。長期以來，這位決定公牛球員名單的關鍵人物一直被嘲笑著，因為克勞斯喜歡獨自到大學體育館的小角落研究，為的是不要被人發現任何有關芝加哥的選秀計劃，大家開玩笑地叫他偵探，因為他常常穿著風衣，然後有些看起來很像間諜的東西曾在身上。

克勞斯很少和其他人分享，有時候連球團組織裡面的人也不分享，但他多次向另一支球隊的高層表示柯爾很適合公牛，可是為什麼克勞斯一直沒有動作，沒有向騎士出價，然後自由球員市場早期也沒有回應柯爾的經紀團隊，一直以來都是個謎。

九月二十九日，柯爾與公牛達成協議，以當時聯盟規定最低的十五萬美金，簽下了一份為期一年的短合約，兩邊都得到各自想要的東西。

有點諷刺的是，這位射手曾經因為受傷，被認定籃球生涯結束，現在卻以一個健康的替補後衛身份，加入連霸的冠軍球隊。而對妻子瑪格特來說，她的丈夫是真的「無處可去」，進入公牛隊像是乞討才有的機會。

更殘酷的是，柯爾過去幾個月如此乏人問津，必須面對自己「沒有市場價值」如此失敗的評論，他現在一定得把握機會重振籃球職涯，在理想而適合的體系中好好表現，確保季後賽獎金到手，補上家裡的財務開銷；同時，這幾個月對喬丹來說令人疲憊不堪——關於賭博陋習，以及父親被謀殺的問題像潮水般湧來。

從公牛球團的角度來看，這或許是另一個選擇的機會。傑克森在交易前跟柯爾確認，他非常有機會可以加入，而克勞斯也告訴柯爾應該沒問題，但沒有特別保證。

「我們有一個非保證的位置，史蒂夫·柯爾想要試試看。」

他終於等到一個機會了。

第七章　OKP

幾個月前，菲爾・傑克森就發現問題的存在了。因為世界上最偉大的籃球員麥可・喬丹承受著巨大的壓力，準備提前退休，身為總教練，傑克森知道也支持，父親詹姆斯・喬丹（James Jordan）被謀殺的衝擊，讓陣中超級球星決定在一九九三年的秋天離開球場。

這對公牛和教練團都非常不利，於是傑克森提出了一個方案，讓喬丹跳過例行賽，等到季後賽再回歸，但喬丹拒絕了這樣的提議。

傑克森認為這樣做是幫助喬丹，盡可能從各個角度去衡量這個決定，甚至不惜以傳教士之子的身份來說服空中飛人，說退休是錯的，不能夠浪費上帝賜予的籃球天賦。

「基於某種原因，」喬丹這樣回答他，「上帝告訴我要往前看，我必須繼續前進，人必須要學習，沒有什麼是永久不變的。」

十月六日，喬丹在貝托中心＊舉行退休記者會的時候，才加入公牛的柯爾其實一點也不關心，他真正的擔憂是一個禮拜以前，原本是以增加板凳深度為目的才加盟，現在卻變成了核心陣容變動的應對方案之一。

然而，時間一分一秒地走，注意力自然而然地轉向了下一個未知的路途。

九月二十九日，柯爾那時只想延續球員生涯的想法，現在突然變成一支球隊必須考量的關鍵交易，這一切過於現實而可笑，不過當初那個保障最低薪加入的球員，已經從奢侈品變成必需品了。

三連霸球團遭到晴天霹靂的打擊，而柯爾卻可以暗地裡悄悄地慶祝，雖然球團在確認喬丹退休之後，簽下了另外一位後衛彼特・邁爾斯（Pete Myers），但在派克森不確定是否健康的狀況下，柯爾在三角進攻體系中更為重要，很大機會能夠進入總教練傑克森輪換的固定陣容當中。

「嘿！這個時機出現地剛剛好，對吧？」他和另一位自由球員，中鋒比爾・溫寧頓（Bill Wennington）在訓練營第一天就達成共識，和周圍大多數球員不同的地方是，柯爾是喬丹退休中的絕對受益者。

不過，沒有什麼是理所當然，過去幾個月，從退出輪換、考慮轉職，到交易達成，每一次風向的轉變，都讓柯爾汗流浹背。

「史蒂夫會看報紙並尋找菲爾的評論，」瑪格特說。「如果看到：『是的，史蒂夫今天訓練表現得很好。』他會因此感到開心和興奮。」

一開始在芝加哥的生活很辛苦，這對夫妻和十一個月大的尼可拉斯在貝托中心附近租了一間商旅小套房，每隔一個禮拜，他們會告訴櫃檯下一週會不會續住；如果天氣不好，或者瑪格特需要用車，柯爾就會帶著一大包裝備，從郊區搭乘火車到市中心，然後再搭計程車到芝加哥球隊主場比賽。

傑克森對進入季後賽充滿信心，所以開季前做了一個隊內的秘密預測，不管其他人怎麼看或怎麼想，就算相較之前的成功，這季公牛很可能會付出痛苦的代價，但這位總教練認為，四十九勝，是一個合理的目標，他相信近年來建立的團隊精神，將帶領這支冠軍球隊挺過過渡期，他們還是有足夠的核心人物來保持競爭力。

這些核心人物包括後來加入的邁爾斯，一個可以防守和傳球的後衛，還有另一位新秀前鋒東尼・庫克奇（Toni Kukoc），一個可以投籃和控球的歐洲長人，雖然還不知道，庫克奇是否夠強壯，可以從歐洲籃球適應ＮＢＡ的強度，成為關鍵時刻的持球者。比較起來，柯爾和溫寧頓應

＊ Berto Center，公牛球團位於芝加哥郊區的訓練中心。

該都不是傑克森會相信公牛隊能夠保持戰力的原因。

但是，助理教練特克斯・溫特（Tex Winter）卻看到了柯爾的可能性。

德州出生的溫特在南加州大學打球時，和未來的名人堂成員比爾・雪曼（Bill Sharman）及艾力克斯・漢能（Alex Hannum）是隊友，也和加州大學洛杉磯分校的傑奇・羅賓森（Jackie Robinson）打過籃球，原本要參加一九四八年奧運會的撐桿跳項目，卻因為受傷而無法比賽，他在二十八歲的時候成為總教練，幾十年來一直是大學比賽中最受推崇的戰術研究者。

一九九三年秋天，他創造了聞名的三角進攻戰術，讓傑克森應用而奪下了三次NBA總冠軍，這種進攻方式需要擁有外線能力，以及比賽中能快速調整的聰明球員，溫特從柯爾身上看到具備這兩項的潛力。

最初，克勞斯希望溫特的創新思維，能夠提升芝加哥的板凳戰力，當時他是道格・科林斯（Doug Collins）的助理教練，後來在一九八九年傑克森取代科林斯成為總教練時，也欣然接受了溫特的存在，因為傑克森認為，他是整個球團中，唯一敢說真話，坦率表達自我觀點的人。

溫特在傑克森和克勞斯兩人心中都擁有一定程度的尊敬，這讓他在工作上具有令人羡慕的地位，但也不是完全沒有缺點，因為傑克森和克勞斯的關係日益惡化，讓夾在中間的溫特感到不太舒服。

不過，當公牛隊進入到後喬丹時代的第一階段，陷入滿滿的挫折困境中時，溫特還是保持一定的敏銳性，他以開放態度認為，柯爾可以成為重振球隊的關鍵球員。

對柯爾來說，一開始加入公牛隊是一種奇怪的存在，喬丹偶爾會出現在球場觀看訓練，那種陌生的神秘感，好像一種潛在而真實的提醒，提醒大家這支球隊已經完全不一樣了，接下來的芝加哥公牛必須重塑形象，總教練傑克森應該掌握了絕對的控制權。

「那時候，真的有點像菲爾的個人球隊，」柯爾這樣說。「雖然之前我不在隊上，但我肯定總教練佔據了主導地位，你可以強烈地感受到他的存在。麥可退休後，公牛就完全地變成菲爾的球隊了，這是無可避免的。」

「史考提．皮朋，球隊的新王牌，沒有打算去取代那個位置。他是大家都喜歡的隊友，但有個原因是他比較沒主見，」柯爾說，「但菲爾就很有主見了。」

這樣的情況，對剛加入的柯爾來說也是個機會。克里夫蘭時期，柯爾和一群經驗豐富的球員一起成長，奧蘭多時期，還擔任過隊友導師的角色，沒有過於強勢的聲音，讓柯爾能夠成為休息室的潤滑劑，慢慢地成為隊上的領導者。

九三至九四年新賽季開始，大家也了解到，真的有人缺席了。

三連霸的王牌坐在場邊，參加了主場開幕戰頒發戒指的儀式，喬丹告訴大家，他將永遠是公牛隊的一員，未來也會全力支持這些「隊友」，結果那場開幕戰的比數是九十五比七十一分，公牛慘敗給邁阿密熱火，一些地主球迷堅持到第三節中段就提前離場了。

「如此大比分輸球，讓坐在最前排的球員們知道，他們不能再指望麥可來拯救他們，有什麼比這更好的方法來認清這一切呢？」傑克森這樣看待著。

開季第一個月，柯爾並不是一個穩定的射手，隨著比賽進行，得分也不夠多，無法幫助球隊解決最大的問題：補上喬丹的進攻火力。但至少，柯爾快速確保自己的戰力，足以成為固定輪換的一位成員，這是在令人失望的魔術賽季後，最成功的地方。

不出所料，克勞斯開始感到驕傲，雖然某些人覺得沒有必要大驚小怪，但這筆小交易讓這位總經理很得意且積極邀功，不斷強調休賽期間獨具慧眼去簽下第四名後衛。矛盾的是，很長一段時間，克勞斯都無視積極想要引起公牛球團注意的柯爾，只是在說法上，克勞斯很堅持一直對這位自由球員很感興趣，長時間都在關注史蒂夫・柯爾。

公牛球團每個人都認為，這就是典型克勞斯會做的事，因為他一直渴望被欣賞。整體來說，克勞斯是對的，從一開始相信球隊應該圍繞喬丹去打造適合的陣容，聘請了傑克森成為助理教練，後來升為總教練，從阿肯色州中部挖到了小前鋒皮朋，然後不斷通過交易、選秀以及自由球員市場，補強了球隊需要的部分。

問題在於，他是一個公關災難，球員們不喜歡他，很常嘲笑他。

克勞斯身高五呎八吋，體重卻有兩百六十磅，經常穿著皺巴巴的衣服，上面還沾黏著最近用餐的菜渣，常常被兇的喬丹私底下就戲稱他「菜渣」（Crumbs），每次克勞斯進到球員休息室的時候，喬丹會故意帶領球員一起發出牛叫聲，搭配哼著「綠色田野」的主題曲。

對柯爾來說，這感覺非常不舒服，「你能想像詹姆斯・沃錫（James Worthy）這樣對待傑瑞・韋斯特（Jerry West）嗎？」布奇勒曾經這樣說。

更麻煩的是，克勞斯一直被當成反派，因為他積極想要向全世界證明，可以在沒有喬丹的情況下，組成一支拿下總冠軍的隊伍。他深深了解到，賽爾提克在賴瑞・博德（Larry Bird）時代選擇了忠誠，而不是求勝，為了保住精神指標性巨星，付出了大量的重建時間。

很多人都看出克勞斯的目的，不過那時喬丹還在公牛隊，個人獎和冠軍一個接一個地拿，想要在一個擁有全世界最受歡迎球員的球隊中擁有說話地位，幾乎是不可能的事，他自己在球隊休息室都不受歡迎了。

一九九三到九四年賽季是克勞斯的大好機會，雖然柯爾簽約加入時，喬丹還是公牛頭牌巨星，但總經理一直私下誇口說，柯爾才是最適合公牛隊的理想球員：有智慧、抗壓性高、迅速掌握複雜的三角進攻，以及擁有一項重要技能——投籃。在克勞斯眼中，柯爾就是所謂的ＯＫＰ，同類人（Our Kinda People）。

即便七月、八月，一直到九月都沒有簽下合約，但這絕對是一種高度的稱讚。性格開朗、活力四射的柯爾，跟「偵探」克勞斯剛好是相反的存在。後者疏遠了球隊，讓球員在高層的壓力之下比賽，而柯爾絕對不會虛情假意地低頭，整個職業生涯，每一站都忠心地效力自己的所屬球隊，他也滿足了公牛隊當初的需求，成為一個合格的職業球員，用OKP縮寫來肯定一點也不過份。

當喬丹跑去小聯盟，幫老闆傑瑞·雷因斯多夫（Jerry Reinsdorf）另外一支職業隊芝加哥白襪打棒球的時候，柯爾慢慢奠定了自己在球隊中的位置，隨著比賽進行，總教練傑克森也漸漸證明自己開季前預測是合理的，雖然進攻退了一大步，但防守依舊是聯盟頂尖的球隊，主場開幕戰大敗沒關係，公牛隊整個球季穩扎穩打，還有三週才結束例行賽的時候，就達到了傑克森的魔術數字：四十九場的勝利。

芝加哥公牛最終以五十五勝二十七敗，東區排名第三的戰績作收，跟上個賽季相比只少贏兩場而已；皮朋、阿姆斯壯、霍爾斯·格蘭特（Horace Grant）都入選明星賽，皮朋還入選了年度第一隊和年度防守第一隊，看起來似乎成功地擺脫了喬丹的陰影。

柯爾的貢獻也很重要：他打滿八十二場比賽，上場時間、出手數、投籃命中率，還有場均得分，都創下個人職業生涯新高，充分利用如果喬丹還在就不會出現的機會，成功地打出成為籃球員十五年以來最好的一年。

公牛隊晉級季後賽，柯爾的獎金也順利到手，不過球隊最後在東區四強賽中輸給尼克隊，這個系列的第三戰尤其關鍵，球星皮朋拒絕在最後一點八秒上場，為了抗議總教練把最後一擊的機會給了庫克奇。

那個備受爭議而不被理解的時刻，大大傷害了皮朋的職業生涯，不過整體來看，九三至九四年賽季公牛算是取得巨大的成功，他們克服了逆境的反應，找到了關鍵替補陣容，其中柯爾從幾個月前不被信任變成了重要的板凳戰將，並且和傑克森建立了非常重要的互動關係。

「我認為，史蒂夫和菲爾之間有著特殊的情感，兩人真正相互了解對方。」溫寧頓說。「史蒂夫是一個理智的球員，而菲爾本人也非常聰明，他們之間充滿智慧的討論非常有效率。」

「史蒂夫常常在思考，」訓練員奇普．謝佛（Chip Schaefer）說。「NBA聯盟中，這樣的人沒有很多，讓他顯得非常稀有。」

「我認為那些發展全面的人，對他們來說，人生當中不只有運動，毫無疑問，菲爾和史蒂夫都對籃球非常熱情，但有的時候可以適當地抽離。」

「擁有其他興趣，像是音樂、藝術、文學，以及所有其他的東西，我認為這才是他們兩位知識份子真正可以聯繫彼此的原因。」

人際關係方面，柯爾在芝加哥的第一個賽季就適應地非常理想，證明了自己在前一年的夏天對傑克森執教的看法是對的。一九九四年賽季結束，派克森退休，柯爾如同外界預測地順利接班，而不是沮喪地退休，或是以一個被淘汰者的身份前往歐洲，反而把握了人生的轉捩點，讓籃球事業更上一層樓；那個賽季，克勞斯不需要被喬丹針對，但是公牛球團內部爭吵依舊非常嚴重，柯爾順勢融入，成為球隊穩定性的象徵。

派克森和喬丹已經離開芝加哥，克勞斯想要用頭號球星皮朋當作籌碼，去交易重建所需要的選秀權，但沒有成功，而且還引起傑克森的反彈，總教練蔑視總經理的情況變得眾所皆知，互看不爽也無所顧忌。

作家羅蘭·拉森比（Roland Lazenby）採訪了傑克森，寫了一篇有關球隊休賽季訓練狀況的文章，當拉森比把即將發表的報導給傑克森檢查正確性時，傑克森只改了一個地方，就是克勞斯的體重，劃掉了兩百六十磅，把數字換成了兩百八十磅。

九月，球隊搬到新主場前的最後一場比賽，喬丹回到了芝加哥體育館，參加皮朋主辦的慈善表演賽，空中飛人又一次在籃球硬木板上飛翔，賽後喬丹彎下身體親吻地板，並且否定了要復出的猜測，他沒有打算要重返NBA，那個夜晚，氣氛變得現實而殘酷，當地球迷的希望落空，再次被取笑。

喬丹的二十三號球衣在「向麥可致敬」的活動中引退，新場館聯合中心預計會設立一座青銅雕像，原本應該是克勞斯慶祝事業有成的歡樂之夜，球迷卻報以噓聲來表達心中的不滿。

總教練傑克森不願意相信喬丹的NBA生涯就這樣結束。一九九三年夏天，他有著同樣的直覺，覺得喬丹可能會離開，一九九四年秋天，他又有感覺，可能會出現戲劇性的變化。

事情就是這麼奇妙。

雖然一九九四年大聯盟罷工事件*，沒有直接影響到喬丹和小聯盟其他隊友，但這位超級籃球巨星在亞利桑那州春訓的時候，開始擔心球團會把自己當作交易的籌碼；更糟糕的是，如果罷工持續下去，他必須成為替代球員才有機會進入大聯盟。喬丹不想花時間面對這棘手的問題，一九九五年三月十號，宣布從職棒界退休。

消息釋出後的幾週，公牛球團內部不斷討論喬丹回歸的可能性，球員們也開始期待而興奮，特別是那些沒有跟喬丹搭擋過的新隊友。

謝佛和柯爾、路克·隆利（Luc Longley）以及賴瑞·克里斯托維亞克（Larry Krystkowiak）

---

* MLB美國職業棒球聯盟勞資雙方協商破局，九月十四號宣佈賽季取消，世界大賽冠軍從缺。

共進晚餐時，形容這些球員就像小朋友一樣期待這件事，「我記得坐在那裡，聽那些球員聊著，心裡就想：『天哪，你們根本不知道和喬丹一起打球有多辛苦。』」

當然，他們早就聽說這位惡魔球員的鬥性極強，但不管過去有沒有交過手，任何在上個賽季加入公牛的新球員，都不知道和喬丹同隊是什麼感覺。

「他偶爾會來練球，」柯爾說，「對於我們這些沒有一起打球的人來說，你只會知道這是喬丹，很難去接近他。」

「你知道的，他是一個挺有壓迫感的人，特別是當你不認識他的時候。」

「你不會走到麥可・喬丹旁邊打招呼說：『嘿，如何？』他好像在，又好像不在，我們隊上沒什麼人可以了解他。」

就像謝佛說的一樣，必須親身同隊去經歷，才會理解那種感受。

喬丹認為，隆利缺乏殺手特質；而威爾・波度就是「威爾・范德貝特」，因為不夠好的球員，姓氏可以隨便套上任何十大學校的名字；另外有一次，喬丹直接當著格蘭特的面尖叫大罵：「你是個白痴，我們每個戰術都被搞砸了，你笨到記不得球隊的打法，我們真應該把你踢出去。」

對於格蘭特，喬丹不是唯一一個嚴厲批評的人，總教練傑克森也認為格蘭特的心靈過於脆弱，所以在球場上常常因為害怕對手而被欺負，甚至有一次比賽，因為跟教練團爭吵而哭出來。

兩位前公牛球員，丹尼斯·霍普森（Dennis Hopson）和史蒂夫·寇特（Steve Colter），也都因為扛不住喬丹嚴格的要求，最終都被交易，帶著受傷的心靈離開了芝加哥。

至於庫克奇，在喬丹眼中是一位享受掌聲但不夠認真的球員。這位歐洲帥哥還有很多沒有被開發的潛力，其實非常可惜，喬丹常因為庫克奇這樣的個性感到憤怒，「我常會氣到想要掐住東尼的脖子，然後告訴他，這是屬於你的機會，最好他媽的給我把握住。」喬丹說。

「天下第二人」史考提·皮朋，同樣受到一定程度的攻擊，雖然喬丹很欣賞這位最佳幫手，但也表示皮朋這兩個賽季，沒有稱職擔任起領導角色，「他需要有人在身邊帶著，就像一個小弟弟一樣。」

那柯爾呢？喬丹會因為他投籃命中率低，或是在場上缺乏侵略性而不高興，不過其實就像之前那幾支球隊的隊友一樣，只是希望柯爾在得分方面可以更有自信一點，完全不會發生過度的人身攻擊。喬丹對柯爾沒有嚴重的不滿，因為他知道，柯爾不像庫克奇或聯盟中許多球員那麼有天賦條件，他每天都專注於增進自己。

「柯爾有心。」喬丹說，「他發揮了全部的潛力。」

可能是善於外交的個性，或理解喬丹是完美的現實主義者，柯爾把喬丹的嚴厲批評轉變成一股正面能量，認為他惡劣地對待隊友們「可能是一件好事，因為他迫使我們全力戰鬥和競爭，克服自身的弱點而不是接受它，努力克服所有困難，提升自己。」

不要去想為什麼格蘭特可以在九一、九二和九三年成為冠軍公牛隊的先發陣容，或是柯爾是不是會變成像喬丹那樣吹毛求疵的球員或教練，將心態轉成積極正向即可。

而最惡毒、最難聽的言語霸凌，想當然爾地留給了公牛總經理，因為喬丹和克勞斯的關係一直很糟糕。

一九八五到八六球季，喬丹一直記得，當年克勞斯要他好好休息，把腳傷養好。「你現在是公牛隊的財產，聽我們的照做就對了。」喬丹永遠不會忘記，自己被稱作「財產」，在那個令人沮喪、生涯的第二個球季，感覺是被貶低而不是支持。

兩年後，兩人之間緊張的關係變本加厲，因為球團把喬丹最愛的好朋友查爾斯・歐克利（Charles Oakley）交易到紐約尼克，換來中鋒比爾・卡萊特（Bill Cartwright），然後喬丹發現卡萊特技術跟體能明顯退化時，他就更不爽這筆交易，只能選擇讓格蘭特取代歐克利原本大前鋒的先發位置，令人更憤怒的是，克勞斯沒有覺得吃虧，反而對外公開表示這是人生中最滿意的交易之一。

一九九五年三月第二個禮拜，所有籃球迷都在瘋狂猜測，空中飛人是否要重返芝加哥，他所代言的公司股票，幾天內增加了二十億美金的價值。

傑克森不得不告訴喬丹，不要參加三月十六日的球隊訓練，因為大大小小的媒體已經在貝托中心旁邊等待，只要看到喬丹肯定不會放過，隔天對上公鹿隊的比賽也是，一切都太難控制了。

最後，喬丹拒絕了許多不同版本的新聞稿，三月十八日，在經紀人大衛・福克（David Falk）面前，拿了一張紙寫下自己非常簡潔的復出聲明，然後印在FAME（Falk Associates Management Enterprises）的文件紙上，透過媒體服務總監宣佈：「我回來了。」（I’M BACK.）

柯爾終於等到一九九三年簽約時所期待的機會：和喬丹一起打球，或者可以說，幫助喬丹打球。

一直以來他所希望的，是以一個全聯盟都不想要的球員出發，幫助球隊拿下最好的戰績並且做出貢獻，所以柯爾和喬丹是一種互惠互利的關係，現實主義者所追求的都是那樣，柯爾也一直都是這樣。新的得分後衛勢必會吃掉他的上場時間，但他相信自己的外線跳投具有威脅性，讓防守球員不能夠離太遠，因此給喬丹和皮朋更多空間去單打，同樣的，有兩位巨星，他的機會肯定比在其他球隊還要多。

天時地利人和，他成功熬過沒有喬丹的情況，度過了一個賽季，向球團證明了自己的價值，現在一個巨大的機會到來，柯爾得到了最初最理想的角色，和喬丹互補以發揮戰力。

雖然對接下來的配合感到興奮，但柯爾很快被一種誇張且吞噬精神的力量嚇到了，就算他曾經在槍林彈雨的國家生活、青少年時在破爛不堪的場地和成年人打球，還一度和高他二十公分的史泰西起過衝突，但喬丹展現出那種高傲凌人的氣勢，讓他感到震驚。

「我們完全無法想像，」柯爾幾十年後回憶著。「他很激烈，很多時候都有種居高臨下的感覺，大家都覺得不舒服。」

「喬丹每天都會用讓人害怕的方式主導練球，不是身體上，是情感上的，不管我們願不願意，他會強迫我們互相競爭，你知道的。」

柯爾記得，謝佛上次吃飯時說的就是這個樣子，球員們感到疲累的時候，喬丹會取笑、揶揄他們，甚至有時候會吼罵他們。「這很難，讓人很受不了。」柯爾說。

不過，喬丹也是這樣誇張地要求自己，特別是剛復出的那幾週，這讓柯爾了解到，喬丹的動機很純粹：回到球隊就是為了勝利，任何阻礙的人，後果自負。

第一次成為喬丹的隊友，了解到這點就很足夠了。柯爾過去的籃球世界充滿了陽光，友情式的高中校隊，到亞利桑那州的大學時光，再到NBA職業聯盟，充滿希望的太陽隊，支持成長的騎士隊，然後年輕活力的魔術隊。之前的公牛是傑克森主導，但是現在領導者是麥可・喬丹，過去柯爾可以花時間培養、累積，但現在，喬丹要的只有勝利。

三月十九日，對上印第安那溜馬，當時公牛隊戰績是三十四勝三十一敗，喬丹復出的首戰攻下了十九分。對喬丹來說最重要的是，接下來必須靠著大量的訓練來恢復身體對籃球的記憶，因為這和棒球所使用的肌肉完全不同。一個禮拜過去，喬丹還在努力達到足以應付比賽的最佳狀態，練球之後刻意留下來，獨自一人加練額外的折返跑衝刺。

對NBA球員來說，例行賽進入最後一個月應該要保留體力，但對喬丹來說，他是一邊加強自己，一邊去挑戰公牛隊的球員們，有些隊友在投籃，有些隊友在收操，而喬丹沿著邊線衝刺了一組，然後再衝另一組，柯爾和布奇勒原本在練習罰球，看到喬丹這麼認真地折返衝刺，他們自發性地放下球，到底線加入，旁邊其他的公牛隊友也陸續跟著他們一起開始跑。

一個月後，季後賽登場，公牛隊最終以四十七勝三十五敗完成例行賽，柯爾再次打滿八十二場比賽，而且三分球命中率再次領先全聯盟，更重要的是，這是在籃球大帝喬丹重新回到公牛隊之後的表現，向傑克森證明了這位射手值得信賴。

東區第一輪，芝加哥公牛三比一淘汰了夏洛特黃蜂，下一輪面對奧蘭多魔術，要先打兩場客場，喬丹在系列戰第二場比賽砍了三十八分，公牛球團當然感到開心，因為過去的王牌不只是上場時間夠久，身手也慢慢回到三連霸時期。

不過，公牛在接下來四場比賽中輸掉了三場，被魔術淘汰，球季劃下了句點。在這個系列賽中，你看到喬丹一度倒在地上，絕望地伸手想拿回在關鍵時刻被撥掉的球，變成一個難以被遺忘的畫面，大家都會永久記得。

公牛用一種奇怪而尷尬的方式結束一九九四至九五賽季，但柯爾和喬丹應該沒有意識到，這樣的發展連球場外的事務都影響到了。

一九九五年的冠軍決賽，休士頓火箭擊敗了奧蘭多魔術，連續兩年搶下聯盟總冠軍金盃，身為球隊在球員工會的代表，柯爾把心思放在造成NBA史上第一次封館的勞資糾紛上。他很適合這份任務，而且也是一個很理想的溝通橋樑，在大多數球員不願意擔任的情況下，柯爾願意付出時間，讓球員們了解最新的情況，在必要時向媒體傳達工會的觀點和需求。

「球隊中有麥可・喬丹，自然會吸引很多媒體關注，所以勞資問題在芝加哥顯得更加重要，」工會主席查爾斯・格蘭漢（Charles Grantham）說，「如果管理階層和勞工之間發生任何問題，應該要不斷地開會討論，柯爾這方面做得非常出色，因為喬丹就在同一支球隊裡。」

身為聯盟頂級球星的一員，喬丹希望能夠和資方達成協議，取消球員最高薪資上限，但是同時，聯盟中大部份的球員，包括中產階級的柯爾，都比較傾向大多數人得利而站在超級球星的對立面。

勞資糾紛一直到九月終於告一段落，新球季沒有受到影響，球員的薪資上限也還是存在。當公牛球員再次展開集訓的時候都發現，喬丹感覺更專注、更激烈了，好像輸掉對上魔術那個系列賽之後，他整個夏天都在發誓一定要復仇。喬丹當時三十二歲，過去兩年多沒有拿到總冠軍的感受非常陌生，特別是那尷尬的失誤一再被球迷討論，大家沒有把重心放在討人厭的總經理身上，反而是關注這位MVP等級的球星，能否再次取得隊友和球迷的信任。喬丹自己最清楚，下一個賽季將是生涯第十一年，時間真的不多了。

喬丹沒有太多的耐心，那種緊迫感的火苗好像在訓練中被點燃一樣，燒到每個人都明顯地察覺。

「季前訓練營很瘋狂，競爭激烈到無法想像。」柯爾說。「麥可上個季後賽打得沒有很好，以他的標準來看，今年才是一個全新的復出賽季，他必須證明自己依舊是巨星，所以積極地去調整比賽狀態，每一次練習，好像都在打一場戰爭一樣。」

從喬丹的角度來看，「這些隊友中，很多人都沒經歷過也沒有待過拿下總冠軍的球隊，我只是想辦法加快這個過程。」一九九五至一九九六賽季開始了，因為喬丹的嚴厲存在感實在太高，讓刻意把頭髮染成公牛黑紅配色的丹尼斯·羅德曼（Dennis Rodman），都沒有太多的討論版面。

或許，柯爾接受喬丹的憤怒發洩，比其他公牛球員都來的多，雖然柯爾已經準備進入在芝加哥的第三個賽季，得到了教練團的賞識，得到了制服組的認可，更獲得OKP這樣的肯定，但對喬丹來說，才一起打了二十七場比賽而已，他還是一個「新來的」。

因此，不管其他人的感受是什麼，柯爾都必須在最嚴厲的領導者前證明自己，更困難的是，他還必須在勞資爭議和封館等煩人情緒中，想辦法面對喬丹；還有一點很重要，兩個人打的位置都是得分後衛，練球的時候常常對位互守，喬丹的憤怒老是讓柯爾覺得，他們比較像敵人而不是隊友。

訓練營第三天，傑克森不在球場，因為總教練必須到辦公室去開一年一度的季前會議，跟全國各地的媒體記者討論新賽季，這是強制性的。

球場這邊持續混戰，先發球員對上替補球員，兩隊展開激烈的身體對抗，喬丹狂噴垃圾話，並且用小動作不斷影響對手，而柯爾選擇了反擊。

「菲爾不在肯定有影響，當時情況有點失控。」柯爾記得。

喬丹嘴巴繼續狂噴，就算柯爾不會用語言攻擊對手，內心也已經怒火中燒。某一球，柯爾被喬丹犯規之後，用非持球的左手直接打出一記拐子，喬丹惡狠狠地瞪著他；接下來一次進攻，柯爾切入禁區，喬丹手臂馬上架了出去，柯爾不甘示弱地回送出拐子，喬丹立刻毫不客氣地送出拳頭，「那攻擊跟《侏羅紀公園》裡面的迅猛龍一樣快速，」替補球員其中之一的布奇勒是這樣形容的。

「我根本沒機會還手，」柯爾說，「當下很混亂，我們互相大罵。」

「謝天謝地，隊友們都衝進來把我們拉開，但我明顯地還是被打了一拳，因為眼睛黑了一圈，我甚至不記得他什麼時候出拳的。」

喬丹憤怒地離開球場，而總教練傑克森趕了回來，跟還沒走人的柯爾溝通，勸他盡可能去修補隊友之間的衝突。其實柯爾也不想跟球隊任何人進行長期鬥爭，也很難想像個性陽光的他會和任何人發生這麼嚴重的衝突，但無論如何，他很聰明，知道這是一支能夠拿下總冠軍的球隊，也知道在芝加哥，最好不要跟麥可．喬丹敵對。

令人意外的是，回到家之後，一切問題都迎刃而解了，因為柯爾在答錄機上聽到喬丹的道歉留言，其他隊友在知道之後感到非常震驚。

「以前麥可打人從來不道歉的。」史泰西．金說。「不同之處在於柯爾有還手，其他人沒有，因為其他人害怕會被交易。」

「柯爾接受了喬丹的男子氣概測試，有點像是：『嘿，兄弟，我沒有這麼好欺負，我也不在乎你對我出拳一百次，我會反擊第一百零一次。』柯爾就是這樣，所以成功贏得麥可的尊重，因為喬丹發現他還蠻有種的。」

事實上，當時有位公牛球員打電話給《芝加哥論壇報》的山姆．史密斯（Sam Smith），並且轉述衝突事件的過程，目的當然就是希望媒體報導，讓更多的人知道，喬丹原來是個不斷跟隊友衝突的惡霸。史密斯也撥了電話給柯爾確認，在詳述了細節之後，柯爾提出一個出乎意料的要求：請這位聯盟中最受尊敬之一的記者，不要把喬丹動手打人的消息公開出去。

「聽著，我只是努力想留在這支球隊裡，我必須學會跟這個人和平相處。」柯爾說。

其實柯爾很擔心會被交易或是直接被裁掉，也不知道這樣處理是否恰當，還是反應過度，但他很快地了解到，這場衝突，讓喬丹變成了一個懂得欣賞自己的仰慕者。

柯爾的擔心是可以理解的，因為當時他在公牛隊沒有地位，還沒有辦法用球技說服其他隊友，更別說喬丹和喬丹的拳頭了。但不管為什麼這樣要求，史密斯同意了，而這是一個永遠不會後悔的決定，史密斯喜歡柯爾，同時認為有義務去保護這名球員職業生涯，後來他們倆也成為非常要好的朋友。

隔天，當記者們看到柯爾臉上的傷痕時，他就用各種不同的版本解釋：「沒什麼大事。」「不小心吃了一記拐子。」但事實上，這一切感覺還是有點尷尬，不過史密斯替他的黑眼圈找了台階，報導中描述了喬丹與新隊友，在第一次訓練營中互相激勵而產生了火花，大家將怒氣化成場上拚搏的動力已經好幾個月了，那場衝突不過就是球員之間的發洩，很快就結束了。

雖然柯爾接下來幾十年都一直開玩笑地說，這是他人生中唯一一場拳擊賽，輸得又快又慘；但實際上，這場衝突真的大大影響了他的籃球人生，一個關鍵且重要的正面影響，甚至可以說是一個轉捩點，就算右眼周圍的烏青褪色之後也不會改變的事實：他贏得了喬丹的信任，一個無法用言語去形容的成就。

在許多史蒂夫．柯爾的故事中，這是一個很難被超越且令人難以置信的時刻：待在易怒的籃球第一人身邊，還敢直接嗆聲挑釁，被一拳打在臉上之後，接受了從來不向任何人低頭、好勝心極強者的道歉，最終，成功進入了喬丹的世界。

事發後二十三年，在沒有人問的情況下，柯爾隨意地開起了自己玩笑，用調侃的語氣說著挨揍的事情：「順便強調一下，是我狠狠教訓了喬丹。」

搞笑歸搞笑，一九九五到九六賽季，公牛確實因為這次事件而變得更強大。

喬丹說這次衝突「對球隊有巨大的正面幫助」，傑克森也認為「這是整個團隊的關鍵轉折點」，一部分原因是喬丹對他的隊友感到滿意，包括「柯爾展現出了膽量」，以及「百分之百發揮了潛力」，另一部分，是喬丹承認了自己的錯誤，展現出以往看不到的成熟態度。

就像一九八六年世錦賽上的膝蓋傷勢一樣，被視為要結束大學生涯的意外轉變成為好消息，被喬丹揍竟變成柯爾生涯經歷過最好的事情之一。

論技術或運動能力，柯爾永遠無法跟喬丹相提並論；不斷換球隊找機會，也不能跟喬丹完成三連霸，成為聯盟統治第一人相比，但勇敢地面對校園惡霸，展現出和喬丹一樣願意為了勝利犧牲一切的戰鬥意志，讓柯爾站上了相同的水平。這次衝突是球隊練球時發生的，不可能在比賽中出現，這意味著他證明了自己無所畏懼，而喬丹特別欣賞這種無所畏懼的精神。

進入一九九五至九六年例行賽，激烈火花延續到真正的比賽中，喬丹整個夏天的訓練也有所反饋，芝加哥公牛強勢地確立了他們在聯盟中的地位——前二十場比賽中，拉出三次至少五場以上的連勝，在聖誕大戰前，取得二十三勝二敗的絕佳成績，然後一月份風城大軍取得十四勝零敗的完美戰績，預測跟期待的聲量水漲船高，大家都在看他們是否能打破洛杉磯湖人在一九七一到七二球季創下的單季六十九勝紀錄。

所有對手的競爭性不夠，公牛變成要跟看不見的敵人比賽。「他們是我見過最好的球隊。」一九九一年退休的湖人名將魔術強森，在一九九六年復出後的第二場比賽這樣說，「現在的公牛和當年的冠軍湖人一樣出色，比當初他們那支三連霸的球隊更可怕、更有威脅性。」

為什麼公牛的檔次像是來自另外一個宇宙，喬丹這樣說：「你的每一步、每一個動作、每一個決定，都是有自信而且正確的。」

事實上，例行賽前面三個月如此具有主宰力，讓傑克森有點擔心球隊衝得太快，可能到了季後賽時期，沒辦法維持住應有的能量，因此開始思考讓幾名球星輪休，刻意去打破現在連勝不止的節奏。

另外一個傑克森不希望看到的情況發生了。皮朋因為膝蓋肌腱發炎，缺席了五場比賽，羅德曼因為用頭頂撞裁判，被禁賽了六場比賽，但沒想到，傷兵並沒有影響到這支氣勢如虹的球隊，三月份公牛以十二勝二敗的戰績繼續贏。喬丹談到那些沒有跟他一起奪冠的新隊友時感到非常開心：「很多人從來沒有這種經驗，我替他們感到高興，包括柯爾、蘭迪．布朗（Randy Brown）、路克、賈德，對他們來說感受一定非常棒。」

喬丹最欣賞的隊友，一直到了十二月才找到屬於射手的進攻節奏。在那之前，柯爾為了突破低潮，故意在芝加哥飛往奧蘭多的班機上喝個爛醉，希望灌倒自己後的嚴重宿醉，可以讓他停止思考，不去想球場上的進攻與防守，結果隔天頭痛欲裂，跑到高爾夫球場晃來晃去，還要溫寧頓和隆利去救。

但這個方法好像有點效果，柯爾開始找到節奏，從緩慢的熱機中恢復了，他的三分球命中率一路提升到全聯盟第二，達到百分之五十一點五，而芝加哥公牛，以七一二勝十敗的戰績寫下了歷史新紀錄。

一直到季後賽登場，喬丹才發現，原來他跟柯爾之間有著類似的悲情連結，雖然喬丹自認自己很關注籃球消息，柯爾的背景故事也多次被當地媒體和新聞報導過，但他還是在他們成為隊友一年又兩個月之後才知道。

《芝加哥太陽時報》的專欄作家瑞克・泰蘭德（Rick Telander）寫道，柯爾父親遭到槍殺，就像另一位公牛球員邁爾斯的父親，在一九七八年被槍殺一樣，還有喬丹前隊友威廉斯的父母親也是在槍擊事件中喪生。

「我一直都不知道，」喬丹說，「我只知道他和他母親很親近，但我不知道他父親發生了什麼事，他也沒說，我也從來沒有問過。」

東區季後賽第二輪，公牛對上的是尼克，其中之一的休息日，喬丹思考著：

「我確定柯爾和我的感受應該很像，沒有爸爸在身邊提供意見，只能靠自己去面對所有的事情。比較不同的是，我三十二歲之前都還有父親，當時我已經成年，也確定了自己未來的道路，但柯爾呢？我猜那時他還是個高中生吧？就要面對許多成年人的問題，並且想辦法解決。我有時候會在比賽前想著我父親，假設性地問：『我應該積極主動還是消極被動？』他總回答：『展現領導力，保有侵略性。』」

儘管喬丹對柯爾展現出罕見的禮遇眾所周知，而柯爾也以尊重回敬喬丹，但兩人比較像是商業夥伴，而不是好朋友，除了團隊活動，像是練球、比賽、移動到各大城市之外，他們是生活在完全不同世界裡的人。

柯爾都坐大眾運輸工具到主場比賽，而喬丹經常開著名車，走甘迺迪高速公路的路肩來避開塞車時段，而且會把公牛隊的籃球證或門票帶著，以防路途上被攔下來；另外，喬丹長達七年沒有坐一般飛機，因為他很不喜歡被當作名人，他也無法在不被注意的情況下，在湖岸街道上好好散步。

喬丹和柯爾都曾經夢想去加州大學洛杉磯分校，但學校方面沒太大興趣，就算喬丹是北卡羅萊納州備受注目的潛力球員，兩人本來有機會在洛杉磯的大學當隊友，還有雷吉．米勒也有機會，不過後來喬丹決定在北卡大三賽季後投入選秀，而柯爾則是花了五年讀完大學才參加NBA選秀。

兩人職業的定位也完全不同，一個是必須努力，盡全力為球隊做出貢獻來證明自己；而另一個是走在芝加哥街上都會引起騷動的天生巨星。就像柯爾一開始說的那樣，商業上的合作夥伴，是大多數公牛球員和喬丹之間的最近距離了。

即便喬丹也有柔軟的時刻，不過一旦上了球場，柯爾就發現所有公牛球員都必須進入「喬丹宇宙」，而且不能有任何質疑，因為飛人希望可以將柯爾、布朗、隆利和布奇勒帶進冠軍大家庭，而且的確也做到了。

靠著球場上一貫的兇猛，喬丹帶領公牛在季後賽輕鬆過關，擊敗邁阿密熱火和紐約尼克，並且在東區冠軍戰遭遇奧蘭多魔術，然後靠著柯爾對上老東家的精彩演出，順利晉級最終決賽，對手是西區冠軍西雅圖超音速，這是柯爾第一次打總冠軍賽。

超音速總教練喬治·卡爾（George Karl）專門聘請曾經在底特律活塞擔任助理教練的布蘭登·馬龍（Brendan Malone），一個對喬丹再熟悉不過的幫手，在季後賽徹底研究公牛隊的打法；同樣來自北卡羅萊納州的卡爾嘗試用各種方式贏球，總冠軍系列戰第四場比賽，特地邀請過去幫北卡籃球隊做飯的女廚師到現場觀戰，喬丹看到她與對手在一起時，顯得驚訝又緊張，這就是卡爾想要的，果然那場比賽，喬丹十九次出手有十三球沒進，公牛輸給超音速多達二十一分。

雖然超音速第五戰再次拿下，但公牛第六戰還是關門成功，柯爾在六月十六日父親節那天生涯首次嚐到ＮＢＡ總冠軍滋味。

「在這天拿下總冠軍很有意義，相信麥可和我都這樣認為，」柯爾說。「每年父親節對我來說還是有點感傷，而麥可父親一直陪伴他籃球生涯中的每一個重要時刻，所以我了解他一定很想念缺席的爸爸，我完全感同身受。」

喬丹精疲力盡地倒在公牛主場聯合中心的硬木地板上，在全場球迷的面前，把球緊緊地抱在胸口，幾分鐘後，焦點轉到休息室，許多隊友在球場上慶祝時，一台攝影機拍到喬丹躺在地毯上啜泣的畫面。

不過攝影師沒有拍到柯爾哭，因為一直以來，他都樂於享受當下的喜悅，當球場響起《甜蜜的家芝加哥》的音樂時，他和其他公牛球員一起站在紀錄台上，笑得非常開心，兒子尼可拉斯也加入這難得的父子時光。

慶祝之後，柯爾在進入休息室的時候心裡就發誓，要永遠記住一九九六年這一個特殊的節日，是一個永遠不可能忘記的奪冠父親節，同時他也顧及到喬丹矛盾的情緒，他懂奪冠的欣喜和想念的悲傷是可以互相抵消的，而老婆瑪格特和球員們的妻子聚在一起，手裡拿著雪茄，衣服被香檳淋到濕搭搭的。

公牛隊史第四冠，是喬丹自身天賦和隊友的完美結合，也是傑克森多年督促下所希望看到的。ESPN*專業分析師，同時也是名人堂教練傑克．拉姆席（Jack Ramsay）在總冠軍戰之後就強調：

「喬丹的強大鬥志激烈到難以想像，他能激發每個隊友，去超越各自的極限。」

「你看史蒂夫．柯爾，他本來被視為一個防守普通，投籃出色的定點射手，但現在，他不但能投三分球，還可以在防守端做出貢獻，去挑戰對位的每個敵人，他毫不畏懼去緊貼，就算可能會吃拐子，也不會因此而退縮，甚至現在，柯爾可以運球突破並且創造自己的投籃空檔，這可是

---

* Entertainment Sports Programming Network，二十四小時專門播放體育節目的美國有線電視頻道。

他以前從來沒有做過的事，由此可知，喬丹對所有公牛隊的球員影響有多巨大。」

和喬丹合作的第一個完整賽季，柯爾的價值完全被低估了，三角戰術大師溫特應該最了解，因為他已經把柯爾換上場這樣簡單舉動當作一種武器，這位射手根本不需要投籃，只要讓他待在球場上，就足以給對手在對付喬丹和皮朋的時候，再加入一種新的威脅。

「角色球員讓未來名人堂成員打得更輕鬆寫意。」這句話聽起來好像講相反了，但在史蒂夫・柯爾身上就是如此，這是他NBA生涯中，獲得最高的讚賞與肯定。

第八章　我會準備好

上午九點三十分，史蒂夫．柯爾聞到了大西洋城（Atlantic City）最難聞的氣味，那是一種令人難以忍受的惡臭，從巴士到飯店大廳都一直圍繞在身上，這證明了前一晚，布奇勒、羅德曼，以及羅德曼幾位好友的暢飲派對是成功的。

重要的是，一九九六到九七年球季被禁賽三次的「小蟲」羅德曼，靠著這次距離約兩百公里的往返旅行，在紐澤西沿海地區重新和球隊建立起良好關係。

「禪師」傑克森看到巴士離開，也在酒店餐廳看到柯爾和布奇勒，原來總教練早就知道了這個「派對計畫」，兩名球員特意跟他討論，準備想個好計畫來管理容易失控的羅德曼，傑克森甚至鼓勵二年級生前鋒傑森．卡菲（Jason Caffey）也加入。

「團隊意識精神上，丹尼斯有點走遠了，」柯爾說。「菲爾認為，我們隊友們需要把他帶回來，在投其所好的情況下，就是一票人帶他出去好好玩一下。」

柯爾的內心也在想：有多少ＮＢＡ教練會告訴隊內子弟兵，你們現在的任務就是跟羅德曼出去狂歡？不過這樣的計畫還是有缺點，就是羅德曼回歸後的訓練效率奇差無比，糟糕到總教練在開練後四十分鐘決定取消訓練，然後隔天晚上的比賽，公牛輸給戰績只有十八勝四十四敗的紐澤西籃網。

作為一位總冠軍球隊的成員，柯爾第一個冠軍賽季常常在拯救隊友，特別是那些大牌球星。大多數公牛球員很少會進入到羅德曼的世界，更別說會跟這位行徑古怪的隊友一起放肆地暴飲暴食，大家一般都會覺得羅德曼是個尷尬且迷失的靈魂，只能用奇裝異服去掩飾自己個性上的缺失。

喬丹和傑克森也一樣，大部分隊友都沒有參加上個賽季在芝加哥俱樂部舉辦的羅德曼生日派對，一些搖滾歌手和貴賓們在珍珠果醬樂團（Pearl Jam）的帶領下，一起大唱生日快樂歌。不過儘管沒有參加，這些球員也知道休息室化學效益的重要性，所以柯爾和布奇勒才建議，以凝聚團隊的名義去大西洋城，和羅德曼好好享受酒精和賭桌上的樂趣。

除了難搞的羅德曼，柯爾也用傳統的方法，多年來不斷地幫助喬丹和皮朋。

柯爾會主動讓媒體找到他，無論是練球後的電視節目拍攝採訪，或是與在休息室走來走去，需要在賽前截稿的平面記者們聊天。公牛隊上最好訪的就是柯爾和溫寧頓，他們兩人時常接受採訪，不管是冗長回答、深度觀察，或是帶點辛辣的消息，這兩位大哥都可以滿足媒體的需求，就這方面，柯爾讓喬丹和皮朋覺得輕鬆不少。

對柯爾來說，這不是一件麻煩事，反而得心應手，因為早在亞利桑那州休息室，他就以大學生身份接受記者詢問有關父親被謀殺的問題；進入ＮＢＡ後，在克里夫蘭新人球季幾乎是來者不拒，自願接受任何採訪請求；奧蘭多時期上場時間不多，他和媒體有的是時間交談聊天，早就打好了關係。雖然公牛王朝時期，媒體的關注度完全不同等級，但成為公認的板凳貢獻和名符其實的冠軍成員之後，柯爾依然樂意幫忙，《芝加哥論壇報》作家Ｋ．Ｃ．強森（K.C. Johnson）不諱言地表示，他應該要分一部份薪水給柯爾，因為實在太常訪問這位三分球射手了。

「史蒂夫什麼都懂。」作家拉森比說，「經常會在有關公牛隊的書籍和雜誌中出現。」

「他可以花很多心思在重要的大事上，也因為自身的幽默感十足，可以自在地從小事中找到樂趣，不過他不會冷嘲熱諷，造成別人的不舒服。」

「他會用一種獨特的方式去形容事物，有點像外科醫生，就好像是一種天份，他知道怎麼樣去幫助記者，如何與媒體交談，在基本信任的情況下，分享許多有趣的內容，史蒂夫應該也是整個ＮＢＡ聯盟中最會自嘲的球員了，分寸拿捏地恰到好處。」

一九九六到九七賽季，衛冕軍公牛獲得越來越多球迷的支持跟喜愛，柯爾和溫寧頓受訪的機會，也可以說無形的貢獻，跟著增加。

裝備經理約翰·利格曼諾斯基（John Ligmanowski）已經習慣看到攝影機鏡頭鎖定在這兩位球員的身上，他會把手臂交叉在胸前，手指放在肩膀上，然後迅速拍打雙手來取笑這兩人，意思是他們很像飛蛾，老是往鎂光燈的方向飛過去。

溫寧頓和柯爾會成為好朋友並不意外：他們個性相似，都很聰明成熟，而且都有在國外生活的經歷；比賽中全力以赴，但也花心思在球場外的世界；更巧的是，兩人都在一九九三年九月以自由球員的身份加入了公牛隊。這兩位替補中鋒和替補後衛常常開自己的玩笑，說他們很認真，認真到都是最後一個離開球場的，「因為沒有人願意留下來接受訪問。」溫寧頓笑著說。

溫寧頓在當地一家商店買了一個約六十公分高的獎盃，上面刻著「年度最佳飛蛾獎」，讓兩人可以隨時頒獎給對方，有時候還故意在另一人接受採訪的時候，試著製造一些效果，這個獎盃大約兩個禮拜會換人拿，表示這段期間很認真地接受媒體提問。

這是球隊內部的愚蠢小遊戲，增加了球員之間的交流。其實他們也不清楚，甚至有時候根本忘記獎盃到誰手上了，也有時候新的得主會突然發現，怎麼自己的置物櫃裡面擺著這個「年度最佳飛蛾獎」。

柯爾繼續在場上做出貢獻。一九九六至九七球季比過去任何一個賽季都來得重要，第一，哈波在休賽季期間動了膝蓋手術正在復原；第二，皮朋參加了那年亞特蘭大奧運，傑克森想讓主力休息調整；第三，喬丹這個球季將要滿三十四歲，體力負荷也是總教練的顧慮之一。

於是，三十一歲的柯爾獲得機會好好表現，他成功利用足夠的上場時間，成為一名可靠的射手，連續四年在芝加哥打滿八十二場例行賽，甚至回到克里夫蘭，參加明星賽週末的三分球大賽，順利擊敗眾家好手拿下冠軍。

「對史蒂夫來說，那是一段有點叛逆的時期。」溫寧頓記得。「他變得沒那麼拘謹，好像放開了一些，非常不像平常的他，我不確定那種感覺持續了多久，好像不是整個賽季，但那肯定是段快樂的時光。」

「放開打之後，一切變得很順利，他似乎也明白有時候就是這麼自然。」

柯爾想到當初在克里夫蘭訓練時的倉促感，所以在比賽球鞋上寫了「F. I.」（Fuck it），提醒自己「他媽的別想太多」。他還刻意留了山羊鬍，為的就是完全拋開束縛，雖然多年之後柯爾也覺得這造型看起來像個瘋子，「聽起來很瘋狂，但我曾經一度帶著山羊鬍上場比賽。」

「我不想說他很緊繃，但他的確有些緊張。」溫寧頓說，「史蒂夫對自己要求很高，他常常是自己最大的敵人。菲爾有幾次因為他空檔沒有放開投或是不夠果決而不太高興，但每次到了關鍵時間點，史蒂夫就會稍微放鬆然後說：『嘿！我告訴你，現在我要上場做我該做的事了！別擔心。』」

柯爾以百分之五十三點三的投籃命中率進入季後賽，這是進入NBA九個球季以來最好的成績，也是他職業生涯的單季新高，另外三分球的命中率全聯盟中排名第二，數據都顯示出這位頂級射手的威力。三月三十一日，亞利桑那大學拿下了NCAA冠軍，公牛當時的戰績也相當出色，六十二勝九敗，最終他們以六十九勝十三敗，史上第二高的勝率完成例行賽。

季後賽第一輪，公牛三比零橫掃華盛頓子彈，然後第二輪四比一擊敗亞特蘭大老鷹，柯爾在前兩輪累積三十七次出手，投進了十九球，命中率百分之五十一點四，三分線外二十投十中，命中率百分之五十，狀況相當理想，所以東區冠軍戰對上邁阿密熱火的五場比賽中，雖然命中率只有百分之三十三點三，但大家會認為，那只是短暫的失常而已。

沒有想到的是，那年總冠軍系列戰對上猶他爵士，柯爾的狀況變得更加低迷，可能是生涯九年來最糟糕的一刻。

第一戰在芝加哥主場展開，柯爾只上場七分鐘而且沒有出手；系列賽第二場機會比較多，打了十九分鐘，但六投僅兩中；移師到鹽湖城的第三戰，他出手了六球，其中三次順利入網，算是系列賽中比較正常的一場。

第四戰前夕，狀況急轉直下，公牛團隊陷入瓦解崩壞的邊緣，首先是總教練的合約快走完，有許多潛在的新球隊積極接觸傑克森而影響軍心，再來是喬丹和克勞斯的關係越來越緊張，已經到水火不容、公開互嗆的地步，同時，所有球員還要跟爵士許多經驗豐富的老將抗衡，柯爾的情緒飽受影響。

第四戰登場了，現場氛圍比上個賽季在超音速主場更加敵對，爵士主場充滿了球迷、音樂，還有賽前介紹用來炒熱場子的摩托車聲。猶他粉絲們情緒高漲，十天前的機場共有兩萬人湧入，一起迎接剛剛擊敗休士頓火箭，拿下西區冠軍的英雄們回歸。的確，季後賽的爵士調整地非常理想，而鹽湖城可以說是聯盟最難打的主場之一。

柯爾有個不錯的開始，第一次出手就命中一記十八呎的跳投，但接下來四次在三分線外的出手全部落空，第二節兩球，第四節兩球，其中最後一次出手時，比數是七十三比七十四，柯爾原本有機會在讀秒階段，剩下二十九秒時幫助球隊逆轉超前，可惜沒有完成。

接下來的第五戰，就是喬丹經典的「流感之戰」（The Flu Game）——空中飛人生涯中最具代表性的比賽之一，在重感冒的情況下，上場四十四分鐘，拿下三十八分和七個籃板——幫助公牛隊以系列戰三比二的優勢回到芝加哥。

曾經在一九九三年瀏覽當地報紙，尋找公牛隊總教練傑克森如何評論自己的柯爾，特別在乎別人怎麼評論，總冠軍賽期間他甚至不讓家裡出現體育版的報導，「史蒂夫對批評非常敏感。」瑪格特說。

總冠軍系列賽的大低潮，好像變成一九八八年亞利桑那和奧克拉荷馬的職業版本，柯爾情緒持續低落，連妻子瑪格特也沒辦法讓丈夫離開臥室。「為什麼我總是沒辦法投進關鍵的致勝那一球？」他埋怨著，這反應跟年輕時的暴躁不太一樣，五場比賽下來二十一次出手，其中有十四球沒進，只得到十九分的挫敗感，讓他開始懷疑、開始恐懼。

相反地，他的教練沒有動搖。

聽牌的第六戰回到主場，傑克森還是在第一節末段把柯爾換上場取代喬丹，這是信任球員的表現，也是證明柯爾在整個季後賽非常重要的依據，甚至喬丹休息完再次上場時，他依舊留在場上和喬丹合作，打完整個第二節，當時犯規次數兩次，比得分零分還來的多。

第三節充分休息後，傑克森第四節再次找上他，柯爾沒有讓教練失望，決勝節終於命中了兩球：一個在比賽剩十分五十秒時，進了一顆中距離跳投，另一個是比賽剩八分五十二秒時，命中了一記二十四呎的三分球。雖然接下來兩次出手都沒進，但傑克森在比賽剩下二十八秒時喊了暫停，在八十六比八十六平手情況下，再次將柯爾換上場。

湯米·詹姆斯和尚德爾（Tommy James & the Shondells）的《莫尼，莫尼》在主場暫停時播放，球員們邊聽邊思考怎麼突圍，這時喬丹眼神轉向柯爾，暗示約翰·史塔克頓（John Stockton）有可能會包夾防守，柯爾坐在喬丹左邊的座位上，用右手食指快速戳了一下。

「如果他過去，我會準備好。」柯爾堅定地說。

喬丹從皮朋手裡接過球，時間還剩下十一秒，然後在罰球線左側帶了幾步後準備跳投，正如他們所預料的，史塔克頓進行包夾，柯爾無人防守。

柯爾那場比賽四投二中，整個系列賽二十四投八中，整個季後賽七十六投三十二中，爵士認為不需要擔心這位低迷的射手，麥可．喬丹才是總冠軍戰關鍵時刻最危險的殺手。在不讓拜倫．羅素（Bryon Russell）一對一單防的情況下，史塔克頓過去支援，而柯爾立刻移動位置，完美地把握了接近的時機，在罰球線附近等待傳球，喬丹晃動之後沒有選擇投籃，因為他發現對手開始包夾，所以將球傳給右邊接應的柯爾。

進攻時間只剩一秒，柯爾發射，右手腕一甩，球在空中劃出一道美麗的弧線，這一記關鍵跳投，讓他的人生和現場的球員形成了奇特的交叉點：史塔克頓在岡薩加大學招募時無情切割，一度讓柯爾擔心自己無法進入大學賽場，現在卻放他空檔；何納塞克曾經是柯爾練球時模仿的球員，現在只能無助地看著他出手；同樣來自亞利桑那州的布奇勒、飛人喬丹，以及禪師傑克森，真沒想到他的職業生涯會發展到如此夢幻而驚奇。

就這麼剛好，球員生涯中最偉大的時刻，籃球生涯中最重要的轉折點，是柯爾很久以前就接受，自身略帶缺點的投籃方式，只是這一次，出手釋放那瞬間身體些微向左飄移，右腿比左腿更彎曲傾斜。

「我跟教科書等級的射手差很多，」柯爾曾這樣評價自己的投籃動作。「我太過依賴左手的輔助，這不是最正確的，所以不建議小朋友學我的投籃。」

「有很多射手的動作很漂亮，像是艾迪·強森（Eddie Johnson）、馬克·普萊斯、戴爾·柯瑞（Dell Curry），不像我有時候投出去的球跟蝴蝶球一樣亂跑。」

這記關鍵致勝球，後旋地很漂亮，是他練習不下數千次的跳投：正向籃框、罰球線附近的中距離、隊友被包夾後傳球的出手。一切都是柯爾最舒服的節奏，接球後踩穩腳步，把重心平衡好，搭配敏捷的投籃速度，短短幾秒鐘內發生的這一切，在芝加哥主場留下永恆不朽的經典時刻。

「哇！完了！」何納塞克內心這樣想，因為當球脫手在空中飛的時候，在十呎外的他就已經知道，沒錯，球進了。

比賽時間剩下五秒，柯爾幫助公牛取得八十八比八十六領先兩分，他沒有過多的反應或慶祝動作，不過觀眾席上的球迷已經陷入瘋狂，芝加哥主場聯合中心外的粉絲很可能也準備要開趴了。柯爾再次用食指向喬丹示意，這次是左手，似乎呼應著之前在座位上的承諾兌現，他冷靜地接受喬丹的雙手擊掌，在爵士隊喊暫停的時候平靜地走向板凳區，好像一般練球後休息一樣。

羅德曼慢跑過去和柯爾擊掌，布朗快速的擁抱，布奇勒輕拍了後腦勺，再加上其他隊友的快速慶祝，然後柯爾用一條白毛巾擦了擦臉和頭頂，這位新英雄和公牛團隊知道，爵士球員還是有足夠的時間來反擊，他們有五秒鐘來計劃一次有效的進攻。

芝加哥本地人吉姆．萊斯過去是柯爾的對手，特地從沙加緬度飛來看比賽，他說服了購買季票的哥哥，坐在大約第二十排的中場座位上。萊斯是第二輪選秀後段加入NBA，同樣缺乏運動能力，靠著頭腦和出色投籃能力一共打了七個球季，而現在，他正在欣賞同類中的一位超級巨星在冠軍賽場上拚戰。至於長期以來，一直支持喜愛柯爾的騎士隊總經理安布里高興歡呼，前隊友伊洛當時在老家拉伯克市，也馬上打了電話，留下恭喜的訊息。

密爾瓦基公鹿助理教練鮑伯．溫豪爾說：「整個職業生涯中，只要不是對上我們球隊，某些球員你會下意識地支持他。」他過去是亞利桑那大學籃球隊總教練，柯爾在父親去世後曾被溫豪爾帶過。

隨著爵士在暫停之後發生失誤，皮朋抄截後把球撥給庫克奇完成扣籃，最終比數九十比八十六，柯爾像把匕首插入心臟的中距離兩分球出現後過了幾分鐘，公牛才開始真正的慶祝活動，喬丹甚至發自內心地擁抱了克勞斯。

相較之下，很少人比柯爾更沉浸在狂喜之中，因為光是冠軍賽這一系列中，他就經歷了最低谷和最高峰，然後成為今年賽季這座城市的代表性人物。如果第四戰在鹽湖城那記空檔失手後五天，公牛輸掉了第六戰，那柯爾接下來的職業生涯，應該會在無限循環的沮喪情緒中度過。

「因為第四戰，柯爾一直和自己戰鬥著，」喬丹感動地說，「由於錯失了贏球的機會，有好幾個小時，他都把頭埋在枕頭裡；大家都知道，柯爾可能是比賽中最好的射手之一，他有機會幫球隊一把但沒有投進，所以非常失望。」

「從我的角度來看，我所尊重的隊友在第六戰沒有退縮，展翅飛翔，我對他有信心，所以把球傳出去，他也把握住那一擊。他拯救了自己，因為如果那次出手又落空，我猜他整個夏天應該都無法入睡，我為柯爾感到高興。」

三天後，一九九七年六月十六號，公牛隊在芝加哥市舉行了冠軍遊行，終點是佔地三十六萬坪的格蘭特公園，總教練傑克森一向不習慣這種戶外派對，因為面對廣大人群他會感到有點不自在。相反地，喬丹機靈地利用這個機會，用半開玩笑的口氣傳達了一個正經的要求，他希望老闆雷因斯多夫保留整隊成員，用同樣的陣容進入一九九七到九八年賽季。這種被要求的感受其實不好，就算那個人是麥可．喬丹，老闆還是有被冒犯的感覺。

不過這種尷尬，不影響喜劇演員史蒂夫．柯爾在舞台上的演出，他掌控全場。

柯爾穿著黑色冠軍T恤和米色短褲，心情非常輕鬆地說：

「很多人一直在問我，到底第六戰關鍵暫停時發生了什麼？」

「大家可能有些誤解，所以這邊我想要清楚地解釋一下。」

「我們在比賽還剩二十五秒的時候喊了暫停，然後聚在一起討論，菲爾告訴麥可：『麥可，我要你投最後一擊。』麥可回他：『菲爾，這種情況我覺得不太自在，也許應該換個方式。』然後史考提加入：『菲爾你也知道，麥可在廣告裡面說過，他失敗過二十六次的最後一擊，我們為什麼不讓史蒂夫試試看呢？』」

現場球迷大聲鼓譟，公牛隊職員包括喬丹和傑克森，在他後面笑著鼓掌。

柯爾繼續說：「那時候我心想：好吧！我想我必須再次拯救麥可了。」他聳了聳肩，露出得意的笑容，「反正我已經罩他罩了一整年了，你知道的，再多一次也無妨。」「不管你們怎麼想，球最後進了，而這是當時發生的事，也是我會一直堅持的說法。」全場鼓掌歡呼，柯爾完美地轉身離開講台。

沒有什麼比「在逆境中戰鬥、準備、抗壓，然後用輕鬆心態去迎接成功到來」還要更好的描述並定義柯爾了。

隨著時間慢慢演進，他把那記致勝的投籃，視為職業生涯中所有美好事物的轉捩點，包括從來沒想過的知名度、退休後電視台的網羅，還有執教和管理球員的機會。

作為一名球員，柯爾有足夠的資歷，而且他面對鏡頭和麥克風方面相當出色，所以在電視台的老闆們眼中，他就是一個天生的分析師。從一九九七年六月十三日那個神奇的夜晚開始，許多的球隊都已經認為，柯爾在場邊擔任教練或是擔任總經理都會有不錯的發展，不是因為那記致勝跳投，而是他和人溝通的方式，對比賽解讀的高水準，還有職業精神和高尚道德。

休賽季，柯爾拿到的報價跟上一份合約一樣，為期一年價值七十五萬美金，是當時老將底薪的三倍左右。看起來並不理想，主要原因是公牛球團經歷了一個充滿爭議的夏天，管理階層似乎被迫將同一支冠軍球隊留住，完全不能研究自由球員市場。

有傳言，公牛試圖把皮朋交易到波士頓賽爾提克換來選秀權，他們有注意到最近的高中畢業生崔西・麥格雷迪（Tracy McGrady），也知道這位天下第二人走完最後一年的合約很可能不會留在芝加哥。

「跟這支球隊相關的交易八卦，絕對比龍捲風能捲起的牛還要多，某些可能真的會發生。」隆利這樣說，「過去的三個賽季裡，這支球隊遇到更多的爭議，我們必須把事情拋到腦後才能進行練球。」

最大的爭議應該是總經理克勞斯宣布，一九九七到九八年賽季，將是傑克森在芝加哥的最後一季，這引起喬丹的反彈，表示寧願退休，也不願意替另一位總教練效力。

「在芝加哥，無論走到哪裡，大家都會問我們：球團怎麼可以拆散這支冠軍隊伍呢？」柯爾說，這是他一生中為數不多的幾次，公開反對管理階層，「老實說，我們也完全不了解為什麼。」

克勞斯在媒體日強調球隊重要性大於球員時，把自己在隊內的形象推向新低點，以至於柯爾和隊友們在例行賽後期，一起譴責高層交易卡菲的決定，同時柯爾也認為這樣的決策是錯誤的，為什麼一支二連霸、即將建立王朝的總經理，一直攻擊球員，甚至連王牌麥可．喬丹都沒有想要留住。

除了受傷的皮朋和還沒簽約的羅德曼，公牛隊和柯爾搭上搖滾巨星巡迴演出時坐的七四七飛機，前往巴黎參加季前熱身賽，要和義大利、阿根廷、希臘、西班牙和法國等國交流切磋。

「就某些方面來看，這不是什麼獎勵，」傑克森談到原本季前訓練被打亂，冠軍公牛隊變成NBA行銷世界的工具時這樣說。

「喬丹像國王一般，等待著挑戰？」法國主要體育日報用如此聳動的標題來吸引人。

「麥可．喬丹在巴黎！」「這比教皇還棒！是上帝本人！」「進入球場的年輕巴黎人，今晚肯定會做個美夢，因為他們的英雄降臨。」法國各家媒體輪流這樣報導，還有一位作家奇怪的寫著：「麥可戴著貝雷帽，表示我們可以叫他米歇爾（Michal）。」

十三歲的北韓人朴恩（Pak Un）是瑞士大使館官員的兒子，這位害羞的學生常在不同的場合和籃球明星合照，像是庫克奇和科比・布萊恩（Kobe Bryant），他在紐約的公寓裡，有一個房間擺滿了籃球紀念品、多雙耐克球鞋，還有喬丹的鉛筆素描。

當時，他們家開車開了六百公里，從瑞士首都前往巴黎，為的就是看朴恩心愛的公牛隊，雖然不清楚他是看十月十七日，公牛擊敗法國俱樂部巴黎PSG那場，還是看第二天，柯爾得到十分，幫助球隊擊敗希臘奧林匹亞科斯隊而獲得冠軍的那一戰，但重點是朴恩曾經出現在巴黎綜合體育館，因為幾十年後，人們才知道，這位在瑞士留學的少年，就是北韓領導者——金正恩（Kim Jong-Un）。

回到美國，羅德曼在例行賽開始前完成簽約，再次加入到公牛團隊，大家開始意識到，一九九七到九八年球季，將是五度冠軍原始核心（喬丹、皮朋和傑克森）合作的最後一個賽季，再加入過去兩年完成二連霸的部分班底（柯爾、哈波、羅德曼、溫寧頓和布奇勒）。

「當意識到可能是這個陣容最後一次的合作後，球員們之間產生的共鳴讓大家緊密地聯繫在一起。」傑克森說，「我們好像在執行一項神聖的使命，一種超越名利的榮耀力量驅使著球隊前進，這樣是為了再次感受一起打拚的樂趣，特別神奇。」

不過，這是喬丹復出回歸後最艱難的一個賽季，公牛開季沒辦法在差距接近的比賽中拿下勝利，前十四場只能以八勝六敗的戰績排在東區第八位。此外，皮朋在飛往西雅圖的班機上面喝醉了，然後在前往酒店的路上和總經理克勞斯大吵一架。剛好聖誕節到了，傑克森思考著是不是該恢復贈書的傳統，送一本《任何白痴都能管理》給克勞斯，但最後還是沒送，「我沒有買任何書給他，因為實在找不到可以增加他價值的東西。」

柯爾這邊的貢獻更是微乎其微，開季的十一月和十二月，他因為大腿骨折缺席了十場比賽，回來大約一個月左右，又因為費城七六人中鋒戴瑞克．柯曼（Derrick Coleman）蓋火鍋時壓到他身上，導致左邊鎖骨骨折，再缺席了十九場比賽，令柯爾更沮喪的是，他認為柯曼其實可以避開這次衝撞的。

過去四個賽季都打滿八十二場例行賽，九七到九八賽季卻只打了五十場，這是柯爾自一九九一到九二賽季以來，出賽場次最少的一年，令人失望的是，整體投籃命中率下滑到百分之四十五點四，三分球命中率也下降到百分之四十三點八。

往好處想，他有足夠的時間，利用最後四分之一的例行賽程，在季後賽來臨前恢復節奏和找回比賽狀態。

三月八日，在麥迪遜廣場花園對上尼克的比賽，柯爾在自己最喜歡的客場之一復出，這對他算是個額外的加分，第一節末段換上場之後，這位射手有點反常地在第一次拿到球時就瞄準籃框出手，跟過去慢慢在場上找到比賽節奏之後才進攻有些不同，那場比賽，公牛隊輕鬆獲勝，賽後記者們針對這一點提出疑問。

柯爾表示，他覺得自己像溫寧頓，就是那個會互相頒飛蛾獎的夥伴，因為溫寧頓常常急著出手，喬丹還給他取了一個「彈簧手」的綽號。那天晚上，柯爾第一球就命中三分，全場五次出手進了三球，總教練在他休息七個禮拜之後，刻意讓他多打一些，一共上場二十六分鐘，希望他快點恢復比賽狀態。

「受傷的時候，你會有很多時間去思考。」柯爾說。「我真的仔細思考了目前自己在這裡的處境和接下來的計畫，賽季初我可能有點壓力，因為明年即將成為充滿不確定性的自由球員，沒有人知道未來會發生什麼。」

「我發現自己可能只剩下二十場比賽，然後還有季後賽，但誰知道?也可能沒有季後賽可以打，所以我必須積極一些，把傷養好，享受接下來所有的比賽。」

傑克森好像也有同樣的想法，所以為了珍惜剩下的相聚時光，季後賽開打前，公牛球隊特地開了一次會，總教練希望球員和工作人員能夠寫一段話，形容該賽季對他們生活的影響，任何話都可以，也可以是一段歌詞或詩句。地點，傑克森選在訓練中心的影片會議室，為了表示這裡的特殊性，他稱這個地方為「部落室」，裡面擺了一些美洲原住民的飾品，像是熊爪項鍊、貓頭鷹羽毛，以及剛出生的白水牛照片等，他還會敲原住民的鼓來提醒球員注意。

大約有一半的球員按照要求，帶著寫好的感言出席會議，其中包括喬丹以一首非常動人的詩，稱讚了球隊的奉獻精神，並且希望這種隊友連結可以永遠持續下去。柯爾有點驚訝，這頭曾經向他發起攻擊的迅猛龍，竟然也有如此溫柔的話語。

意外之餘，柯爾也口頭分享了他的喜悅，包括以公牛球員的身份成為父親，帶著四歲小球迷尼可拉斯到休息室和喬丹、皮朋、羅德曼見面。大家的感言分享完之後，所有紙張都揉一揉，丟進了咖啡罐裡，傑克森把燈關了，點燃了罐子裡的紙團，公牛球員都感動得熱淚盈眶。

「我永遠不會忘記那一刻，」傑克森後來回憶著，「會議室很安靜，黑暗中燃燒著火焰，我們靜靜地坐在一起看著火逐漸熄滅，那時候感受到一種強烈的情感，我認為我們團隊之間的連結，從來沒有這麼緊密過。」

公牛隊第一輪以三連勝過關，擊敗籃網，第二輪以四比一淘汰黃蜂，他們把強烈的情感連結帶到了球場上。東區冠軍戰對上溜馬，系列賽前兩場也順利贏球，雖然印第安那球員們把系列戰一度扳平，但芝加哥隊贏了最後三場比賽中的兩場，完成東區季後賽的試煉，他們要在總冠軍系列戰中和爵士再次交手，猶他戰隊在西區橫掃了湖人，獲得十天的充分休息，並且在總冠軍戰擁有主場優勢。

傑克森形容，鹽湖城球場的噪音，已經超出一般人的忍受範圍，想到上個賽季，回到自己房間的時候，耳朵會嗡嗡響好幾個小時，除了摩托車的聲音之外，還有一些更難受的炸彈、照明彈，以及氣球聲，陸續爆炸出來，他甚至擔心造成耳朵永久性的損傷，所以戴上了耳塞。

回想一九九七年總冠軍賽，柯爾到最後一刻才跳出來，一年後，這位射手幾乎無處不在。第一場比賽中，總教練大膽讓柯爾去防守史塔克頓，結果立刻付出代價，史塔克頓在延長賽剩下九秒左右，在柯爾的防守下，投進一記九呎的高難度致勝拋投，那是他延長賽攻下七分當中的重要兩分，一切的感覺好像回到岡薩加大學那次測試賽。

兩天後的第二戰，比賽剩下四十八秒，公牛隊落後一分，柯爾在爵士隊板凳區前出手，這記四十五度角的快攻三分球沒有投進，但他積極往籃框跑動，在六呎九吋的馬龍以及六呎六吋的羅素中間搶下進攻籃板，「那是一種真正對於贏球的渴望。」喬丹說。柯爾馬上發現籃底下另外一邊出現空檔，送出一記傳球助攻，讓喬丹完成一記三分打，幫助公牛以八十七比八十六分超前取得一分領先，而且關鍵讀秒階段，柯爾兩罰都進，最後公牛以九十三比八十八，扳平了系列戰。

和上個賽季一樣，柯爾在第六戰的關鍵時刻依舊待在場上，只是這次喬丹獨立完成，剩五秒時，以一記經典的十七呎跳投，吃掉羅素逆轉戰局，成功終結了爵士隊，公牛四比二拿下冠軍，完成三連霸，柯爾不用再次拯救喬丹了。

格蘭特公園的封王派對上，他向成千上萬的球迷們說：

「今年我的故事沒有那麼令人興奮，但無論如何我還是想跟大家一起分享。」

「比賽剩下四十五秒的時候我們落後三分，暫停時我心裡想，這是一個投進三分球去扳平比數的大好機會，所以我跟菲爾提出這個想法。」

「菲爾用嫌棄的眼神看著我說：『史蒂夫，我們面對現實吧！去年只是僥倖而已。把球傳給麥可，然後別擋他的路。』我就是這麼做的，而你們也知道接下來發生了什麼事，不過值得一提的是，我認為我做得非常出色，完全沒有擋到麥可的路。」

柯爾說完感謝，一樣瀟灑地轉身回到舞台的座位上。一個進攻籃板，加上關鍵助攻，柯爾意想不到的貢獻，為自己在芝加哥的球員時期，畫下一個不可思議的句點。

五個賽季伴隨著三個冠軍，加入公牛隊之後改變了柯爾的職業生涯，從不受歡迎、只想簽下合約的板凳，到和傑克森的長期合作，最後成為公牛王朝的一份子，他確信人生將走上一條完全不一樣的新道路。

或許，公牛隊上有許多人，生涯的表現足以進入名人堂，但在冠軍陣容隔年解體，大家開始邁入下個階段的時候，有一個很難否定的奇怪事實，那就是喬丹第二度三連霸中，獲得最多正面影響的球員，如果柯爾是第二，可能沒有人可以當第一。

第九章　民事訴訟〇一——一九九四

一九九八年的夏天，一切都發展地非常順利，連續三年封王和連續兩年總冠軍賽的優秀表現之後，柯爾對任何事情都充滿了信心。

當時因為勞資糾紛從七月一直持續談到九月，讓許多球員沒辦法簽新的合約，有些跟他同樣狀況的，陷入沒有薪水可領的窘境。

不過，適當休息對柯爾來說也是當務之急。一九九七到九八賽季，他因為受傷只出賽了五十場，再往前推三個賽季，包括季後賽在內，總共出場了兩百七十二場，這對任何人來說，都是相當巨大的工作量，更何況對一個三十三歲的球員來說，更是不輕鬆。所以被迫休息不是柯爾所要的，但就時間點看起來，好像也不完全是壞事。

聯盟無限期延後九月二十四日的訓練營，然後取消了二十四場的熱身賽，接著又在十月五日宣佈取消接下來剩餘的所有熱身賽。三天後，勞資的談判會議沒有取得任何進展，例行賽前兩週的賽程被迫取消。

十月二十二日，在拉斯維加斯，一共有兩百位球員參加的一場工會會議上，其中包括前隊友喬丹和歐尼爾，大家聚集在一起希望可以展現出球員團結的一面。柯爾記得，這是他擔任球隊工會代表四年以來，第一次看到「球員情緒非常激動，會議上聽到許多憤怒激動的聲音」，儘管還沒有解決辦法，但他們展現出高度關心。

到了一月六日，也就是聯盟宣告會取消整個賽季的最後期限前一天，勞資雙方才達成協議，而且每個人都明白，現在所有計畫都要加速啟動，縮短一切時間表、縮短訓練營、縮短例行賽，變成五十場而不是八十二場。

對柯爾來說，沒有太多時間跟空間做出改變，結果也告訴他，一切不是問題。

由於芝加哥職業生涯的飛速發展，他希望能夠談成一份價值三百五十萬美金的三年合約，像是中了頭獎一樣，馬刺願意提出交易，給柯爾一份五年總價一千一百萬的巨額大約，所以柯爾在某次練球前公開表示，本季MVP最有價值球員，他要投給經紀人馬克·巴特斯坦。在最需要的時刻，柯爾不但身體獲得充分的休息，荷包也獲得充分的補給。

至於芝加哥，總經理克勞斯終於有機會重新打造所謂的「冠軍球隊」。一月十三日，喬丹在聯合中心球場的記者會上，宣布第二次退役，並認為百分之九十九點九，職業球員的最後一次上場已經打完了，在球迷議論紛紛且猜測不斷之下，三連霸的公牛團隊正式解體了。

一月二十一日，柯爾如預期地到馬刺報到；好朋友布奇勒隔天轉隊去活塞；幾小時之後，皮朋去了休士頓；一天後隆利轉去太陽；沒有合約在身的羅德曼，一月二十一日被釋出，變成自由市場球員；提姆．佛洛伊德（Tim Floyd）取代了傑克森，可憐的溫寧頓、哈波，以及克勞斯最喜歡的庫克奇留了下來，即將面對其他球隊渴望已久的復仇。

「這麼多年來，他們一直在摧毀其他人，現在是還債的時候了，」灰狼隊前鋒山姆．米契爾（Sam Mitchell）說，「其他球隊不會在意麥可．喬丹或是史考提．皮朋不在，他們只會看到芝加哥公牛的球衣，能贏五十分就贏五十分，如果可以用六十分的差距擊敗他們，那就更好了，一堆人等著看公牛被教訓。」

對於柯爾個人而言，這種變化肯定最具有戲劇性，從內部爭鬥混亂的芝加哥，到平靜穩重的聖安東尼奧，特別是他剛剛經歷充滿高低起伏的五個賽季，很可能會跟接下來在馬刺的五年形成強烈對比。

馬刺陣中的明星球員也是如此：大衛．羅賓森具備了海軍學院教育給予的成熟和紀律，提姆．鄧肯（Tim Duncan）來自加勒比海區，擁有島嶼式的寧靜氣息，跟這些隊友比起來，柯爾的個性變得像在公牛的羅德曼一樣古怪。不過最幸運的是，馬刺陣中有他最喜歡的隊友之一，前亞利桑那明星尚恩・艾利耶特。還有一點，就是他不用再擔心類似克勞斯和傑克森之間的言語鬥爭，因為隊上的總教練和總經理是同一個人，格雷格・波波維奇。

雖然柯爾從來沒有公開批評公牛隊的內部怪聲，也感謝這支球隊和這座城市為他所做的一切，但很快地，他就承認聖安東尼奧是一個更輕鬆舒服的城市，而且這跟德州沒有太大的關係——他早已經習慣適應新的環境，包括洛杉磯的人群、埃及的沙丘、芝加哥的通勤、圖森的環繞沙漠，還有法國南部以及克里夫蘭的生活。重點是團隊，不是市場規模，回到崇尚謙遜、智慧，以及幽默的環境，史蒂夫非常喜歡這座沒有毒害的城市。

值得一提的是，這是自高中以來，他第一次不需要在團隊中證明自己。

從太平洋帕利塞德區以來，他去每一個地方幾乎都會被貼上標籤——吊車尾加入的大一新生、選秀會的第二輪、兩次的交易籌碼、只要獲得一份底薪就可以的球員，但現在，柯爾在馬刺隊完全不同，他只要擔心射手角色有沒有表現機會，因為他們的總經理兼總教練認為三分球只是商業聯盟的噱頭。

「我討厭三分線，」就算是三分線已經設定很久了，波波維奇還是這樣認為，「對我來說，這不是籃球，但必須使用，因為如果你不用，那麻煩就大了，有時候我甚至覺得投三分球像是在作弊。」但別忘了，馬刺內線有鄧肯和羅賓森雙塔，波波維奇在被迫的情況下，會偶爾依賴球隊的三分球來支援。

一九九八到九九年賽季，終於在二月五日展開，比平時晚了大概十三個禮拜，柯爾平均每場都打將近或超過二十分鐘，看起來，潛在的三分球擔憂消失了，不過波波維奇的進攻體系，讓這位射手不太舒服。

轉隊之後，新球員需要時間來適應新體系的情況並不少見，而且該賽季又是縮水的特殊情況下更是正常，但柯爾也不能輕忽這個危險信號，因為他如果投不進，那場上的價值就完全消失了，這是柯爾必須去解決的問題。球季初幾場比賽累積下來，四十四次出手只投進十五球，三分線外是二十三投只中六球。（唯一稍微安慰的是，籃球之神好像安排好了，在他迷航的這段期間，打得最好的一場比賽，剛剛好就是他回到芝加哥球場的老東家戲碼。）

不需要任何人提醒，柯爾在球隊到美東打四場客場比賽的時候，堅持找了助理教練麥克·布登霍澤（Mike Budenholzer）討論，兩人在飯店的房間一起看比賽錄影帶，仔細掃描柯爾轉到馬刺隊之後的幾場比賽，看能不能透過影片找到哪裡出錯。

「他非常深入地研究細節跟時機的掌握，」布登霍澤形容，「幾乎就跟教練一樣。」他們兩人反覆地觀看，從比賽到暫停，再到比賽，再到暫停，來回分析球員們的進攻和防守，希望找出任何可以調整的地方，布登霍澤對柯爾如此投入和如此自我要求的態度刮目相看。

因為賽程壓縮，季前開訓的時間變少，柯爾付出了代價，而且無法融入馬刺團隊的情況非常明顯，很容易感覺這筆合約對雙方來說，都不是個理想的選擇。

柯爾一直很欣賞「禪師」強調球的流動以及球員不斷移動的進攻體系，儘管有時候會限制喬丹的得分爆發力；而馬刺隊體系是以內線的鄧肯和羅賓森為中心，把球給低位然後拉開空間讓雙塔發揮。

雖然柯爾不會公開抱怨，但有些跟他比較熟的朋友都知道，這樣的進攻模式很明顯地不適合這位新加入的球員。「史蒂夫討厭這樣，」其中有位朋友這樣說，「他覺得這樣的模式很糟，完全沒辦法發揮。」整體來說，柯爾在公牛五個賽季下來，已經習慣了芝加哥的攻守體系和打法，也在傑克森的幫助下表現出色，所以一開始，跟波波維奇的配合沒有很順利。

進攻端的不適應，在馬刺開季只拿下六勝八敗的情況下更加明顯，處於混亂狀態的聖安東尼奧在三月一場主場賽事對上爵士輸了十四分之多，球團內部危機意識瞬間提升，因為一九九八到一九九九年賽季較短，要找到攻守節奏的時間比過往少上許多。

造訪休士頓那場比賽意義重大，因為這段時間，球迷對執教第二個完整賽季的波波維奇存在著非常多的懷疑和顧慮，而轉播單位的球評又剛好是波波維奇過去的子弟兵道格·瑞佛斯（Doc Rivers）。

瑞佛斯一九九六年退休，是一位受歡迎且受尊敬的控球後衛，生涯最後兩個賽季在聖安東尼奧大都擔任替補，大家都看好他是未來的NBA總教練，而現在他可以用球評的角度去分析和批評，一旦上工，柯爾和其他球員都會感到壓力。

不過，馬刺的先發控球後衛艾佛利・強森（Avery Johnson）在休士頓客場作戰前召集了所有球員開會，發表了一段改變柯爾想法並且激勵人心的言論。

強森對波波維奇的看法和柯爾對傑克森的看法非常類似，因為這位教練拯救了他的職業球員生涯，從被淘汰邊緣到冠軍班底，當然還有數百萬美金的高薪待遇，唯一不同的是，波波維奇以勇士助理教練的身份幫助了強森，而柯爾加入公牛時，傑克森已經成為總教練了。相較之下，波波維奇的說服力不夠，所以強森希望透過馬刺球員的團隊會議，讓大家齊心協力幫助球隊贏球，作為馬刺的後場指揮官，這也是他工作的一部份。

隔天晚上，馬刺十七分大勝火箭，用行動來回應強森，另外一場也是在客場大勝，大贏獨行俠十六分，球隊勝率也終於回到了五成，這一波連勝一路拉到九場，而且接下來二十場比賽，馬刺狂贏了十八場球，波波維奇慢慢地、穩穩地控制住球隊的節奏和信任，這對聖安東尼奧來說是一個關鍵的發展，對於柯爾來說也非常重要，因為他差點失去人生中最重要的一段關係。

柯爾的新教練波波維奇來自印第安那州梅里維爾（Merrillville），位於芝加哥東南部大概七十二公里處，他是一名軍人，一九七〇年的空軍，比賽中他也展示了播放國歌時的習慣，兩隻手臂緊緊貼在身體兩側，腳趾的方向會維持部隊要求的四十五度角，腳後跟互碰成V字形。隊上的明星中鋒羅賓森也會這樣，他是一九八七年的海軍，跟總教練不同的是身上穿的是球衣，賽前唱國歌時會想到那些為國捐軀的戰士們，大家都叫他「海軍上將」。

波波維奇不是五旬節派教徒，他不會在球隊戰績不佳的時候，在休息室燒鼠尾草來改運，而是和傑克森一樣，認為溝通是第一順位，球員可能因為各種原因而失去專注力，這點跟其他只關心籃球的隊伍形成難得反差。

雖然，柯爾對波波維奇的進攻體系感到無奈，但他發現這位新教練擁有和傑克森相同的天賦，懂得和來自不同背景的球員建立關係，而柯爾自己也是在不同文化中嘗試成長，這樣的共同點，有助於兩人溝通和理解。

球隊在休士頓開了會之後，馬刺勢如破竹地在接下來的三十六場比賽當中贏了三十一場，然後季後賽前十四場比賽只輸了一場而已，包括西區第二輪四比零擊敗湖人。離開公牛的傑克森獨自開車去加州參加一場演講活動，隨著荒涼的景色，他用收音機收聽了聖安東尼奧和洛杉磯系列戰的第三場比賽。

旅途中，傑克森在愛荷華州的一家酒吧暫作休息，剛好透過電視機知道芝加哥贏得了一九九九年選秀狀元籤，看到克勞斯在台上揮舞著胖胖的拳頭慶祝，他忍不住大笑而引起其他顧客的注意，結果，他被請了自己一個月都喝不完的啤酒，代價當然就是公牛隊相關商品的簽名。隔天，他在飯店觀看了馬刺在第四戰完成橫掃，但過去的愛將柯爾在第三跟第四場比賽都沒有上場。

馬刺在最終決賽以四比一擊敗尼克，獲得隊史第一個總冠軍，柯爾成為唯一一個不是穿著賽爾提克球衣，卻連續四年拿下NBA冠軍的球員，同時也是聯盟中第二個在不同球隊完成背靠背奪冠的球員。

芝加哥的五個賽季，柯爾例行賽每場時間平均至少有二十二分鐘，但在馬刺的第一季，上場時間下降到十六點七分鐘，季後賽更只有八點八分鐘，第一次在封王球隊貢獻如此渺小。除此之外，他所屬球隊變成了傑克森攻擊的對象，曾經如此欽佩的總教練認為馬刺本季封王沒什麼，因為是縮短賽季，這年的總冠軍應該打上星號。

那年夏天，傑克森的經紀人和湖人球團達成協議，在休息一個賽季之後，即將到洛杉磯帶領這支缺乏化學效應的球隊，得知這個消息時，傑克森正在阿拉斯加西南部一個偏遠的小村莊裡和兒子們釣魚。七月十六日，比佛利山莊的記者會介紹了湖人新教頭，對於柯爾和其他前公牛冠軍成員來說，是個令人開心的消息，因為他們終於有機會重聚，例行賽五十場比賽機會實在太少了。

一九九九年，喬丹退休，傑克森休息，羅德曼在洛杉磯待的時間也不長，錯過了馬刺和湖人三場比賽的交手，柯爾只跟休士頓的皮朋和留守芝加哥的哈波有交集，不過柯爾在聖安東尼奧的第二個賽季，賽程將會恢復到八十二場例行賽，每支球隊至少會交手兩次，同屬西區的球隊更會交手四場，包括洛杉磯湖人，以及新任總教練和新的先發後衛哈波。

所以，一九九九年到二〇〇〇年那個球季開始後，柯爾除了期待和老朋友見面之外幾乎無事可做，因為例行賽前三個禮拜，他總共才上場九分鐘，第一個月才出賽三場比賽，打的時間少之又少或根本沒打，看起來，總教練波波維奇應該都不會用他，而這支衛冕冠軍在沒有他的情況下，還是以令人印象深刻的效率快速搶勝，清楚地顯示，他並不是勝利方程式中的固定輪換。跟之前所有賽季相比，一個更大的職業生涯挫折出現了，而這次柯爾沒辦法用剛到一支新球隊來解釋。

簡單來說，選擇聖安東尼奧是一個糟糕的決定，身為一名自由球員，過去在芝加哥他用簡單扼要的方式證明了自己，接下來考量薪資和環境是可以理解的，但成為一個教練團不優先考量的人選並且沒有機會表現，雙方應該都感到痛苦。同樣地，馬刺對柯爾沒有什麼幫助，當初希望借助他三連霸的冠軍經驗，所以提供一份為期五年的長約，但現在很明顯地可以察覺，雙方對彼此都不合適。

一月三十一日，湖人隊在主場迎戰馬刺隊的前一天晚上，洛杉磯教練團到柯爾家共進晚餐，傑克森發現過去子弟兵非常痛苦。「史蒂夫也快三十四歲了，他的妻子和孩子都喜歡聖安東尼奧，他很感激這裡提供的安全感。」傑克森說。隔天的比賽結果證明，柯爾沒有透露任何消息給客隊，馬刺在他上場四分鐘的情況下，大勝湖人二十四分。

就在情況好轉時，壞消息也跟著來了——柯爾二月份得到了真正的發揮，上場時間接連達到兩位數以上，三分線外也有貢獻，結果他的右膝軟骨撕裂，在三月二十二日動了手術，賽季提前報銷。

傑．霍華德（Jay Howard）建議柯爾在養傷期間做個新的嘗試：擔任轉播賽事球評。過去幾十年來，柯爾跟媒體的關係一直很好，從學生時期算是亞利桑那大學的發言人，到克里夫蘭時期，採訪機會增加而更理解媒體需求，因此奧蘭多時期，公關人員會詢問他對NCAA四強和NBA季後賽的看法與分析，更別提芝加哥時期，他以樂於助人的精神和記者們友善地互動。如果媒體需要些什麼，柯爾都會早早地告訴他們不需要猶豫，直接提出來，他會想盡辦法幫助，因為他是真心喜歡以作家和球評的角度去剖析比賽，從《潮汐線》體育編輯那時候就開始了。

不過，戴著耳機坐在場邊，分析場上球員的一舉一動，發揮快速的觀察力去配合霍華德的節奏，對柯爾來說是全新的考驗，而其他時間，他都還是馬刺隊的一員，包括賽前訓練和中場休息，以及賽後向平面與電子媒體記者分享任何他覺得舒服的事情。

當霍華德向總教練尋求批准時，得到一個令人不意外的答案，相較一個只出賽三十二場比賽且確定球季報銷的板凳球員，更需要關心的是陣中王牌鄧肯膝蓋的傷勢，而且馬刺準備在西區第一輪面對太陽。「我他媽的為什麼要在乎這個？」波波維奇這樣回答。

結果，馬刺一比三不敵太陽，遭到淘汰而結束賽季，柯爾很自然地開始思考，自己能否勝任這份未來可能的工作。霍華德認為，這很像把球評的位子搬到教練旁邊，從球員的角度，在不過度透露比賽相關戰術和策略的情況下，進行講解和分析。

當廣播中霍華德不小心發生錯誤的時候，柯爾會利用過去收聽湖人名人堂轉播員奇克‧何恩（Chick Hearn）的經驗來救援，適時修正回來並且幫助霍華德更融入比賽，有些時候，柯爾也會利用總教練波波維奇在中場休息時激勵球隊的內容，像是大幅落後的上半場，馬刺球員應該不要想太多，就上場把三四兩節完成，其他就交給籃球之神等言論，無縫接軌地運用講評當中。

「他很本能地完成解說，」霍華德說，「他太適合這份工作了，我們從來不用在賽前或賽後坐下來說：『我們應該這樣做才對。』從來都沒有必要討論，一切都配合得超好。」但柯爾還是謙虛地追求進步，要求一些如何更好的建議。

下個新賽季，柯爾的上場時間還是不多，但至少，他和波波維奇的關係因為籃球場外的想法類似而有所改善，總教練會依照球員們的政治偏好去分隊，除了共和黨和民主黨會對抗練習之外，還讓全隊一起觀賞總統辯論會，這是柯爾最喜歡的記憶之一。

「我認為這最真實，」波波維奇談到柯爾後來也用類似的方式時說，「這是個人的信念和價值觀，籃球畢竟不是全部，我們生活中還有更多真正有意義的事情，包括你的家人、你的朋友，以及你所相信的一切。」

「這些力量一直支撐著你，當某些日子不是那麼順利時，就是展現自己信任和堅持的重要性，展現自我人格，你會發現這些難關跟人沒關係，不是你特別倒楣或可憐，而是人生。」

「你會照著自己的個性繼續前進，照這樣的方式去撫養孩子，也會把這樣的想法傳承下去給子孫們，即使我們長大成人，這樣的想法也應該要持續下去，基本上，你的人生哲學比其他任何事物都來的重要。」

繼亞利桑那大學籃球隊和芝加哥公牛隊之後，柯爾人生中第三度，加入了一支似乎不太需要他的球隊，然後偶然地和教練維持一輩子的良好關係。

這一段關係非常成功，讓馬刺總教練特別在乎柯爾的感受。二○○一年夏天，聖安東尼奧和波特蘭進行交易談判的時候，波波維奇一直很有禮貌地提供當下最新的狀況，就是希望如果協議達成，柯爾不會沒有準備。

七月二十五日交易達成，史蒂夫・史密斯（Steve Smith）去馬刺，德瑞克・安德森（Derek Anderson）去了拓荒者隊，這則頭條新聞中也包含了次要的交易籌碼柯爾，波波維奇在一通電話中確認了這個消息，由於柯爾的受歡迎程度，他說自己可能無法回家，因為老婆會因為瑪格特和柯爾的離開而生他的氣。

於是，柯爾人生中一段獨特而艱難的時光就這樣開始，就算有著幾十年磨練經驗的球員也是如此。

波特蘭休息室裡像一座充滿食人魚的水族箱，這是柯爾從來沒有經歷過的，也沒有任何其他人經歷過，不管是球員被逮捕，或是違反聯盟規定的頻率，都高到難以置信，以至於四年前他們就被貼上「監獄拓荒者」（JailBlazer）的綽號。

「一直以來，我很驚訝波特蘭球迷可以為他們的球員加油，那些場上跟場外所表現出來的行為，竟收到當地人的支持，」菲爾・傑克森表示，「也許他們買票進場就覺得，應該要支持自己城市的球隊，支持扛著自己城市名字的球員。」就連柯爾也曾經嘲笑過這支新東家的形象。

瑪格特和孩子們決定返回具有安定感的聖地牙哥，而柯爾獨自一人待在波特蘭，所以二〇〇〇至二〇〇一年，他必須同時面對遠離家人和適應新球隊的雙重挑戰。還有很重要的一點是，拓荒者該賽季由一個菜鳥總教練莫里斯・奇克斯（Maurice Cheeks）率領。在拉斯維加斯的夏季聯賽中，奇克斯在休息室吩咐球員：防守、卡位、積極強硬，這些是我們必須要做的。柯爾的反應是：「很有道理。」是的，這位菜鳥教頭掌管拓荒者兵符。

除了適應全新的生活環境之外，還有一個家庭問題要面對，就是柯爾的母親和兄弟姐妹，花了好幾個月的時間討論，是否就梅爾康的謀殺案對伊朗提起民事訴訟。不管法律上的要求有沒有效，案件申訴過程中，全家人都明白，在不確定有回報的情況下，會揭開大家曾經被觸痛的傷疤；而且，即使柯爾家贏了，伊朗願意賠償的可能性很小，政府那方甚至有可能跳過訴訟，不承認案件的合法性，這對於一家人來說不只令人沮喪，甚至會造成二度傷害。

對柯爾來說，他希望能夠略過情緒上的折磨，但弟弟安德魯是那個第一時間抵達現場的人，也是一直想找出殺害父親兇手的人，更是多年後與媽媽住在一起，並且聽到她偷偷哭泣的人，而安德魯希望的是，以在國家安全委員會工作的身份，將謀殺案和伊朗聯繫起來，因此，柯爾和其他家族成員雖然傾向避免更多的心痛，不過最終還是支持安德魯。

安把申訴視為對抗邪惡的善良力量。對她來說，梅爾康一開始接受這份工作，其實是在捍衛理念：「美國一直最有自信且堅持的教育體系、道德價值觀以及責任制」，而安德魯和叔叔道格希望有人負責，即便是那些在幕後不會露面的人。一邊是情感上的抒發，另一邊是公理上的爭取。

柯爾一家人從二〇〇一年九月上旬就採取法律途徑，希望可以先發制人，但蘇珊後來發現，這一步在訴訟還沒開始之前，就讓他們筋疲力盡。

三十六小時後，九月十一日，蘇珊正在英國家中享受一個陽光明媚的下午，同時和美國密西根州的約翰通電話，他們都同意解決的方法並且一起努力研究法律上的規則，在華盛頓的律師麥克・馬丁尼茲（Mike Martinez）則在距離五角大樓約五公里的辦公室裡。這原本是個令人舒服的時刻，蘇珊和她的小兒子一起花了一個小時從鄰居的樹上摘下蘋果，然後開車去學校接哥哥們，接孩子的時候，有人告訴她美國遭到了恐怖攻擊，這讓蘇珊陷入恐慌之中，「柯爾有沒有可能是潛在的目標？萬一他們又來攻擊我們怎麼辦？」她這樣想著。

混亂的瞬間，她胡思亂想著，會不會家裡人的居住地址被發佈在網路上面，那些槍手會潛入他們在英國東部村莊的家中？她唯一能做的，就是阻止自己將這次申訴轉變成為陰謀論，這不會是現實生活中少見的大屠殺。

蘇珊和兒子們開車回家時，收音機裡不斷傳出消息，而且情況越來越糟，他們心情被層層的焦慮所侵蝕，最新的消息是，一架飛機墜毀在賓州的一塊田地裡，這是自一九八四年，安打電話告訴她梅爾康被槍殺以來，第一次無法控制情緒而歇斯底里地尖叫。

加入拓荒者的史蒂夫，距離球隊開訓還有三個禮拜，家人也都沒有在美國東岸受到恐怖攻擊影響。蘇珊後來表示：「我們家的每個人，都對罹難者家屬所面臨的情況感到了解而難過。雖然我們沒有失去任何家人，但那種創傷感和不真實感，和多年前記憶中的感覺一模一樣。」

九一一恐怖攻擊事件對家庭的直接影響，就是安德魯更加堅定地繼續對伊朗提起訴訟，這是一項艱難的獨立行動，沒有其他家族成員的幫助，雖然母親、兄弟姐妹、父親那邊的親戚都是支持他的。

柯爾保持一貫的低調，蘇珊形容他私底下不喜歡跟人爭吵，之前也沒有去談論九一一事件對於案件的潛在影響，不過，他在聖安東尼奧打球的時候，確實用行動表示了自己的立場。柯爾去了當地一家中東主題餐廳，看起來是消費用餐，但不久後，他在一個廣播節目上直接詢問聽眾，是否不希望所有美國人都被認為是奧克拉荷馬市炸彈襲擊者提莫席・麥克維（Timothy McVeigh），用這種反問的方式，告訴大家並非所有阿拉伯人都是恐怖份子。

差不多的時間點，媽媽安邀請了一位來自葉門的客座教授，入住到帕利塞德區的家中客房，因為她知道這位名叫穆罕默德，皮膚黝黑，留著鬍鬚的男子，在美國找地方住會受到什麼樣的對待，穆罕默德也坦承，任何人問他來自哪裡，他一律回答：斐濟。

柯爾家族指控伊朗的案件，在二〇〇一年九月二十日，於美國哥倫比亞特區地方法院起訴，法官是湯瑪斯・潘菲爾・傑克森（Thomas Penfield Jackson），在接受雷根總統任命後已進入第十八個年頭。起訴內容被翻譯成波斯語，然後轉發給日內瓦的瑞士特使，再轉交給伊朗首都德黑蘭的安全部門，過程中沒有任何回覆，也沒有任何媒體公開評論。

隨著法律程序緩慢且秘密地進行，柯爾同時也在適應波特蘭的生活。

拓荒者球員有著奇怪的二分法，像克里斯·達德利（Chris Dudley）、米丘·巴特勒（Mitchell Butler）、戴爾·戴維斯（Dale Davis）以及柯爾等人，都被歸類為優良模範生，跟球隊叛逆形象完全搭不上邊。

奇克斯對於柯爾一開始只是好奇，認為這位球員應該是交易中的附屬品，並不重要，但有一點很關鍵，就是柯爾是從馬刺隊過來的。他有一些特殊的吸引力，讓總教練常常找他和皮朋討論戰術，不管是進攻方式、防守陣型，或是球員之間的配合。

「我知道柯爾是一位優秀的資深球員，我也知道他可以讓我更順利地去帶領球隊，讓一切變得容易許多，因為他經驗豐富，而且還是多次NBA總冠軍的成員。」奇克斯說，「我和他相處時，就了解到他是什麼樣的人，一定會幫助我非常多。」奇克斯甚至覺得柯爾有點像沒有頭銜的助理教練。

十月三十一日，球隊開幕戰之夜，拓荒者的對手是菲爾·傑克森率領的湖人，奇克斯在新球季的第一場比賽就確認，需要這位「助理教練」的幫忙。

當洛杉磯紫金軍團在下半場喊了一次暫停時，奇克斯找上柯爾，要求他設計下一波湖人進攻的防守站位，柯爾在戰術板上，簡單寫了歐尼爾的位置，還有布萊恩繞過去擋拆的路線，以及接下來可能的走位，結果對方打法完全照著柯爾預料的那樣。十六個球季之後，成為總教練的史蒂夫·柯爾也使用了類似的方式，從各個角度聽取意見，並利用暫停來選擇合適的球員上場，執行奇克斯教練的戰術。

非正式助理教練的職責之一，就是指導新秀查克·藍道夫（Zach Randolph），這位第一輪被選中的新秀在十幾歲時曾犯了法，不過聯盟中大多數人都認為藍道夫是被壞朋友拖累的，所以加入拓荒者的天才大前鋒，也很有可能被隊上一些具有危害性的聲音所影響。於是，老將達德利和柯爾多次嘗試幫助他走往正確的方向，藍道夫也很受教，都有把前輩的提醒聽進去。

沒多久，靠社會福利金養大的非裔美國人、來自富裕太平洋帕利塞德區的白人後衛，以及第三代耶魯畢業生的白人中鋒，三位好朋友一起坐在團隊飛機上的畫面變得稀鬆平常。柯爾有次看到藍道夫戴著一條華麗的項鍊，就問多少錢，「大約一萬美金。」菜鳥回答，結果學長直接開嘲諷回嗆：「好便宜喔！我必須也來一個。」

某種程度上，兩位學長想幫助藍道夫，不要被球隊中負面的東西影響，而這些力量成就了一個長達十七年的職業生涯。

「我不確定是有意還是無意的，」達德利說，「但我們就很自然地熟了起來，常坐在一起，喜歡互相陪伴。我們來自不同的地方、擁有不同的背景，這當然也要肯定查克，他是認真地想學習，想了解世界上不同領域，接觸不同事物，一切就自然而然地發生了。」

同時，奇克斯觀察到，柯爾對每個人都很親切，「如果不說，你不會知道他有四枚冠軍戒指，他對自己和他人的相處模式，你很容易去想像，如果未來他成為一名教練，絕對是相當優秀的教練。」

那年賽季末期，柯爾在一段低潮期嘗試讓拓荒者球隊重振旗鼓，給大家都留下了深刻的印象，雖然在比賽中，他上場時間跟發揮作用有限，但每次在主場練完球之後，柯爾都會在球隊開會時大聲發表自己的看法，達德利更確認自己眼中看到的就是一位未來NBA教練。

波特蘭最後繳出四十九勝三十三敗的戰績，奇克斯承認自身缺乏經驗，讓球隊少拿了五到六場的勝利，不過沒有關係，柯爾還是很享受這個賽季，儘管和上個賽季在聖安東尼奧一樣，不是扮演主要的角色，而且跟老婆瑪格特和孩子們聚少離多，但更重要的是，跟球隊的刻板形象相反，他和波特蘭球員們相處起來非常愉快，即便後來離開了拓荒者，他還是這樣認為。

當時許多隊友也都肯定柯爾的說法，像是拉希・華勒斯（Rasheed Wallace）和魯本・派特森（Ruben Patterson）私底下都很大方，即便現實生活中的確製造了一些麻煩事。柯爾認為，因為他、達德利、巴特勒和里克．布朗森（Rick Brunson），讓過去幾季比較瘋狂的情況稍微理智了一些，充分利用了獨自待在波特蘭的自由時間。

柯爾真心喜歡這支球隊和這座城市，也希望在合約最後一年，也就是二〇〇二到二〇〇三賽季，可以繼續待在這裡，因為很有可能，這是他高掛球鞋前的最後一個賽季。

他在那年夏天的休賽期間打了電話給總經理鮑伯．惠斯特（Bob Whitsitt），想了解球團那邊是不是也有同樣的想法，希望確認之後，把家人帶到波特蘭，通話結束後，他有一種強烈的感覺，認為自己會繼續留在波特蘭。

據柯爾所說，球團方告訴他，他的名字沒有出現在交易談判中，所以不會有變動，可以計劃讓瑪格特、尼克、瑪蒂還有馬修搬過來一起住，他也準備好過幾個禮拜後，在搬家前再跟球團更新確定，但事情沒有走到那個階段。

跟總經理通完話之後才過一個禮拜的時間，拓荒者宣告了交易，他回到了聖安東尼奧，再次成為了馬刺隊的一員，同樣的，柯爾依舊是這筆交易中的小附屬品，有點像是五十三個禮拜之前，他從馬刺轉到拓荒者時那樣的地位與重要性。

柯爾感到驚訝和憤怒，覺得自己遭到背叛，交易進行時，甚至沒有人及時通知他。

季前訓練開始前大約兩個月時，他的家人還待在聖地牙哥，但這不是重點，重點是他被誤導了，以為自己不會離開，這是一九八三年岡薩加大學招生之後，再一次在籃球上面受到羞辱。

或許是柯爾聽錯，也或許是惠斯特說錯，然而某些拓荒者的球員，後來證實柯爾的說法是正確的，但不管怎麼樣，這樣的操作對任何球員來說應該都很合理，特別是他意識到自己在球隊中的處境：一支目標奪下冠軍的球隊，過去兩次季後賽都是第一輪被淘汰（兩次都是三連敗遭到橫掃），這樣的情況下，陣中幾乎所有球員都可以當作交易談判中的籌碼。尤其，他只不過是一個已經三十六歲，平均上場時間只有十一點九分鐘的板凳球員。

還有一點，就是柯爾的合約即將進入最後一年，這對很多球團來說特別吸引人，他們希望找到一個可以貢獻部分數據但又不需要長期合約的人，顯然地，柯爾是個非常好用的交易籌碼。總經理記得，經紀人馬克．巴特斯坦明確地表示：他的客戶待在波特蘭很滿意，如果真的要交易，聖安東尼奧應該是首選城市。

像一九九二年騎士隊的安布里一樣，惠斯特其實蠻器重柯爾的，所以如果交易成真，起碼目的地能讓被交易的球員感到舒服，惠斯特說：「一般來說，我會將球員交易到比較糟糕的球隊，因為身為總經理，必須首先考量球團的最大利益。」

「但如果在這個前提下，我能幫助到一些好球員，我一定會嘗試這樣做，至少，可以讓史蒂夫回到一個比較適應的環境，這會讓我感覺好一點，而不是刻意把球員送到聯盟最糟糕的球隊，讓他們一場比賽都贏不了，然後生活上也難以應付。」

對柯爾來說，聖安東尼奧當然是一個好的選擇，他熟悉也喜愛這個充滿積極能量的城市，他尊重教練團，同時也熟悉球隊體系，事實上，馬刺的確比拓荒者有更好的機會去贏得另一座總冠軍。攤開陣容來看，他們有之前當過隊友的提姆．鄧肯、大衛．羅賓森、丹尼．費里、馬利克．羅斯（Malik Rose），然後還加入了凱文．威利斯（Kevin Willis）、史蒂夫．史密斯、布魯斯．包溫（Bruce Bowen）、馬努．吉諾比利（Manu Ginobili），以及十六年前，其父親在法國夏季巡迴賽中招待過亞利桑那大學籃球隊，年紀輕輕的東尼．帕克。

如果必須再次轉隊，馬刺是一個理想的地方，即使柯爾的角色不會因為改變城市而增加重要性。實際上去考量的話，他是板凳末端的角色球員，而總教練波波維奇只會運用這樣的球員來吃些垃圾時間，確保球隊主力都能以充沛體力去應付季後賽，這意味著柯爾在聖安東尼奧的上場時間不會比波特蘭來的多；但同時，馬刺是一支有實力爭奪總冠軍的球隊，對一個三十六歲的球員來講挺重要的，因為有機會以最完美的結局宣告退休。

二〇〇二到二〇〇三球季例行賽展開了，對於馬刺傳奇人物羅賓森來說，同樣也被認為是退休前最後一個NBA賽季，隨著客場比賽進行，綽號「海軍上將」的羅賓森收到許多其他球隊的禮物，還有隊友和工作人員一共十萬美金的捐款，協助他在聖安東尼奧為貧困兒童創立的全獎學金學校，校方每年都會提供八千美金的獎學金，在接下來的二十五年，持續幫助需要幫助的學生。

羅賓森這樣模範公民的行為，讓ＮＢＡ主席大衛・史騰（David Stern）特別舉辦表彰會，宣布未來聯盟設立的社區協助獎得主，將可以獲得大衛・羅賓森獎牌一面。表揚會上，柯爾進行致詞的時候，他又開玩笑地說，他的獎品應該會是一手六瓶裝啤酒和一大袋爆米花。

有趣的是，馬刺在十一月十六日到克里夫蘭打客場，柯爾生涯最後一次以球員身份造訪騎士隊，他和另一名也即將退休的前騎士隊球員費里一起進入休息室時，發現他們的椅子上都放了六瓶裝的啤酒，衣櫃也都有一袋爆米花，這玩意兒又是他們的朋友，克里夫蘭公關主管普萊斯所安排的。

一個月後，十二月十六日，柯爾還在球隊固定輪換的陣容當中，他們到洛杉磯作客對上快艇，在打了二十一分鐘之後，馬刺隊繼續北上造訪西雅圖超音速隊，而柯爾則往東走，同時也跟球團約好，如果有任何球隊外的人詢問去向，一律以個人因素缺席比賽來解釋，因為柯爾不想要「四屆ＮＢＡ總冠軍球員槓上伊朗」的訴訟案件被大眾關注或討論，波波維奇也很快地同意了這個決定。

民事訴訟〇一－一九九四，隔天在美國哥倫比亞特區地方法院開庭審理，安與四個孩子，以及梅爾康姐姐桃樂絲・柯爾・傑薩普（Dorothy Kerr Jessup）一同出席旁聽。

安德魯當時的憤怒已經舒緩了一些，他放棄一開始想要殺害兇手為父報仇的念頭，因為他知道父親不會希望這樣做，但他依舊希望可以朝著兇手的膝蓋一槍打下去，讓他們忍受疼痛、變成跛腳一輩子，「像我們一樣承受」，他認為這樣的處置「可能」是一個更好的選擇。

如同預料中一樣，十二月十七日，開始作證時，辯方席上一個人都沒有。第二天，首先作證的是安：「我的每一個孩子都做得非常好，他們每個人都經歷了這一切，然後用自己的方式克服了，他們找到了伴侶，結了婚，對我來說，這是最值得欣慰的事。另外，他們也都找到了滿意的工作，做父母的，不管在哪種情況下都希望如此，特別是發生這樣的事情，並沒有阻礙他們繼續在人生的路上往前走，不斷前進。」

第三天，十二月十九日上午十點十二分，法庭重新召開，柯爾宣誓後坐上證人席，以他愛開玩笑的個性，面對嚴肅的任務，特別引人關注。

「能不能簡單地描述一下你的教育背景？」首席律師麥可・馬丁尼茲（Michael Martinez）一開始先提問，就像之前要求其他證人提供簡短介紹一樣。

「好的，」柯爾回答，「應該很快。」法庭發出笑聲。

「我以優異的成績從帕利塞德小學畢業，然後，」笑聲再次爆發。

「一九八八年，亞利桑那大學畢業。」

「好的，」馬丁尼茲說，「你拿到了學位，對嗎？」

「是的，」柯爾回答。

「好的，那你能告訴法官，目前的職業是什麼嗎？」

「我是一個正在變老的職業籃球員。」

後來，當柯爾被問到為什麼要參加這起訴訟時，他回答：

「嗯，因為安德魯要我參加的。」但馬上，他就認真地說：「有幾個原因，最主要的是當我們家開始討論這個議題時，我想要成為其中一部分，我想要支持大家。」

「其實這件事沒有引起我多大的興趣，因為想到辯方席上不會有人，陪審團也不會有人，我覺得應該不會有多滿意法庭上的內容。」

「而且，有些遺憾的是，沒有人真正會被判刑或承擔後果。」

「不過，我依然因為我們家做了這件事而感到非常驕傲，很自豪大家都站出來發表看法，我這樣做是為了支持整個家。」

儘管沒辦法得到滿意的答案，但柯爾還是很高興，因為他可以聽到桃樂絲描述年輕梅爾康的點點滴滴，並利用自己在證人席上的機會向媽媽安致敬：「妳是將家庭凝聚在一起的力量，同時也在自己人生中取得許多的成就，成為一個偉大的母親和祖母，我們愛妳，我們很幸運有妳，謝謝妳。」

最後，訴訟能夠繼續下去，柯爾感到欣慰，他相信不管判決結果如何，應該都會有些正面的消息。在律師和法官提出四十六個問題之後，柯爾完成了任務，這其中有些問題很基本，大部份是關於跟梅爾康一起成長的內容，以及失去父親的損失和影響。

哥哥的感受安德魯很贊同，雖然這次庭審感覺上很像「一種對正義無能為力的嘗試」，但他也認為：「我們家庭關係真的是對父母親的一個肯定，一路走來大家都很努力且成功，我們真的很感激爸媽，相信很多人、很多家庭都四散各處，可能都各自過各自的，但我們不但團結在一起，而且關係非常親密，這對柯爾家來說意義重大。」

傑克森法官在第三天下午三點三十八分，結束民事訴訟〇一——一九九四的證詞部份：「非常好，案件已提交完成，深感謙卑與榮幸能和這個家庭的成員認識，你們是真正值得欽佩的人，我會永遠記得。」

這位「正在變老」的職業籃球員在十二月二十一日歸隊，迎戰再次復出的麥可．喬丹和華盛頓巫師隊，他只上場七分鐘而已，然後接下來的比賽，再次回到之前熟悉的時間，從板凳出發，打超過十分鐘以上。

柯爾家族控訴伊朗伊斯蘭共和國案的裁決結果，在二月十一日公佈，當時馬刺隊正在波特蘭打客場比賽。傑克森法官指出，證據充分證明伊斯蘭聖戰組織，受到了伊朗政府的教唆，也得到政府的後勤和財務支持。

為了補償家族的損失，依據經濟學家的證詞和演算，確定了梅爾康在美國貝魯特大學擔任校長十三年，直到六十五歲退休這段時間的薪水和退休金。法官判決，梅爾康的遺產執行者，應該獲賠八百零二萬五千兩百九十六美金，並直接給予安總共一千萬美金，柯爾家的四個孩子，一人賠償三百萬美金，桃樂絲還有梅爾康已故的姊姊瑪麗安各一百五十萬美金。

自謀殺案發生相隔了十九年又一個月之後，法院才做出了宣判，柯爾家人們也都知道，這筆錢有可能一毛都拿不到，但至少，內心得到了一些情感上的滿足。

例行賽進入尾聲，柯爾的上場時間越來越少，季後賽開打時，他在第一輪對上太陽的系列賽中，六場都坐在板凳席上，下一輪對上湖人的系列賽，六場比賽他也只上了三場，西區冠軍戰跟獨行俠的對決中，他前兩場都沒有打，而接下來的兩場，出場時間非常的少，也可以說是幾乎沒有上：第四戰他只上了最後三秒鐘，因為達拉斯球員被迫必須犯規凍結時間，柯爾因為罰球線上的可靠性而待在場上。

馬刺教頭波波維奇對於媒體一直問為什麼柯爾沒有上場的問題感到厭煩，第五戰結束後又有記者再次問到柯爾為何沒有上場的時候，波波維奇轉頭看向旁邊的媒體負責人湯姆．詹姆斯（Tom James）問：「我真的必須回答這些狗屁問題嗎？」詹姆斯點了點頭。

五月二十三日，馬刺作客達拉斯，準備打第六場比賽，在這之前，柯爾在十七場季後賽中只打了五場，累積在場上的時間加起來只有十二分鐘五十七秒，如果加上例行賽末段的話，他最近二十三場比賽中，有十五場沒有站上球場。這種非自願的休息讓柯爾開始叫自己泰德．威廉斯（Ted Williams），這位棒球傳奇強打者在十一個月前去世時，就被保存在冷凍櫃裡，所以很多隊友都聽柯爾說過：「我被冷凍了，叫我泰德！」

雖然柯爾認清了眼前的事實，但同時也幫波波教練講話，他告訴大家自己不需要上場。「我已經三十七歲了，不但跑得慢，而且防守也不好。」他知道，達拉斯有相對的策略來針對，只要他在場上，六呎八吋的沃特．威廉斯（Walt Williams）就立刻打點。

柯爾說：「很多人不知道我國小六年級的時候是超級大鎖，顯然獨行俠也不知道這一點，所以一直打點我，我不上場是有原因的，因為我不是個出色的防守者。」

但是，隨後先發控衛出了點問題，因為前一天晚上飯店餐點的焦糖布丁，讓帕克食物中毒而感到不適，波波維奇告訴柯爾，隨時準備好。比賽開打前大約九十分鐘，柯爾進行了一貫的賽前練投，然後和助理教練麥克．布朗（Mike Brown）進行了一對一對抗。

第六戰開始，他等待了三節，還是沒有任何上場的機會，那場比賽帕克身體不舒服，表現不理想，主場的獨行俠一度領先到兩位數，有些球員已經開始考慮兩天後，決定性的第七戰了。終於，絕望的第三節，還剩三分四十四秒的時候，總教練把柯爾換上場，比數是四十八比六十三，馬刺隊因為突破不了達拉斯的區域防守，陷入十五分的落後，從例行賽上一次出手命中算起來，他已經四十三天沒有投籃進球了，而且整個季後賽，他也只出手三次而已。

第一次出手，第三節還剩一分四十秒，二十三呎外的三分跳投，柯爾這球外線命中，將落後的差距縮小到五十六比六十五，看著對手不斷對鄧肯進行雙人和三人包夾，讓他想起當年公牛的冠軍隊友們，在對手針對喬丹進行同樣密集防守時的準備，每次他往禁區看，都發現有三名防守者圍繞在鄧肯周圍。

第二次嘗試，第四節還剩七分十一秒，柯爾又把握住機會，投進二十五呎的三分重砲，將比數扳平，七十一比七十一平手，儘管如此，達拉斯獨行俠還是繼續使用區域防守，禁區內不斷內縮來防堵鄧肯，這表示外圍應該繼續留有空檔機會。

第三次開火，第四節還剩六分二十八秒，射手柯爾再次投進了二十五呎外的三分球，幫助聖安東尼奧馬刺超前，取得七十四比七十一領先，馬刺教練團裡的布登霍澤心裡只有一個念頭閃過：「謝天謝地！我們此時此刻非常需要他。」

而獨行俠教練團這邊，助教保羅．莫克斯基則是沮喪到癱軟在椅子上。

十三年前的騎士隊，他就是那個鼓勵隊友柯爾果決出手放膽投的人，現在看起來這份鼓勵代價極高。更麻煩的是，柯爾上場之後，他明確交代達拉斯球員必須貼身防守，不給任何機會瞄籃，逼迫史蒂夫下球或是傳球，巔峰時期的柯爾本來就不擅長自己創造出手機會，現在職業生涯晚期的他更不可能，但沒想到，莫克斯基眼前看到的是，這位擅長接球後出手的專家，竟然擺好姿勢等待著，只要球一傳過來就投籃。

第四次命中，又是另一記三分球，距離二十四呎，時間剩下五分十三秒，這記外線讓馬刺的領先優勢擴大到七十九比七十一，最終比分，九十比七十八獲得勝利，四比二晉級總冠軍戰，對手是東區冠軍紐澤西籃網。

波波維奇認為，這是柯爾職業生涯的完美謝幕，退休已成定局，但柯爾不確定地表示高掛球鞋只是可能而已。

「這是人生中最美妙的感覺，」他不斷重複，「最美妙的感覺。」反觀，莫克斯基在場上恭喜祝賀對手時，腦海中全部都是現在看起來那個糟糕至極的建議——以克里夫蘭隊友的身份鼓勵了柯爾。

充滿勝利滋味的休息室裡，柯爾沉浸在超現實的喜悅時刻之中，搞笑酸人的自信重回到一九九七年在格蘭特公園那樣，他告訴波波維奇，球團需要好好跟他談一下延長合約，這樣馬刺才有機會再次打進總冠軍戰；另外，當TNT轉播頻道主播爾尼・強森詢問他對這場關門戰的感想時，他故意感謝泰德・威廉斯，讓他暫時在低溫冷凍櫃待了一陣子再逃出來。

公關負責人詹姆斯，在賽後約十分鐘左右，帶著柯爾回到球場接受NBC分支電視台訪問，記者唐・哈里斯（Don Harris）在桌上看到了他「純真如孩子般的歡樂笑容」，好像一個在少棒聯盟冠軍戰打了致勝全壘打的小學生一樣，等待連線的幾分鐘空檔，他一直對哈里斯強調：「我只想把握住一個機會，讓一切準備有所回報。」

哈里斯也注意到，直播之前柯爾手臂上的汗毛豎了起來，脖子上也起雞皮疙瘩，採訪開始時也是這樣，雞皮疙瘩繼續冒出來。柯爾沒有去掩飾內心的激動，他就真的像少棒聯盟的致勝英雄一樣，不斷重複採訪前所分享的內心話：「我只想要一個機會去證明，這個夜晚對我來說是個完美結局，一個完美的告別方式，我證實了一直以來的信念，堅持不懈最終肯定有回報。」

這股「美妙的感覺」一直延續著，在飛往聖安東尼奧的航班上、回家的路上，以及深夜放鬆後，柯爾依舊興奮不已，他躺在床上，眼睛盯著天花板，久久無法入睡。

也許是奇妙的巧合，對於一個總是能夠把壞消息轉變成為美夢的人來說，球員生涯第二重要的夜晚，不旦是個緊張系列賽的結束，也是職業生涯的句點。

不管是哪個階段的柯爾精華，應該都無法跟六年前擊敗爵士隊，改變球員職涯軌跡的那震撼一擊相提並論，但在達拉斯球場下半場奇蹟地復活，也成為他球員時期的代表作之一，從第三節末段到決勝第四節，他就是球隊的超級巨星，這次不是只靠一次的關鍵投籃。

回顧二〇〇二到二〇〇三球季，柯爾從例行賽那可有可無的板凳保險，轉換到聖安東尼奧六場系列賽中奪得總冠軍的致勝功臣，五月二十九日，絕對是馬刺隊史上重要的經典時刻，也象徵著一位傑出球員的華麗退場。

史蒂夫．柯爾以巔峰狀態，五次總冠軍的球員身份離開舞台，職業生涯三分球命中率依舊是NBA史上第一，同時也是這個世代最受尊敬和喜愛的球星之一，更是歷史上不被看好卻戰勝命運的成功故事，二〇〇三年八月七日，柯爾正式宣布退休。

這個決定大多數人都已經預料到了，當時，只剩下另一位一九八八年選秀的球員羅德．史崔克蘭（Rod Strickland）還在聯盟打球，而同一年進入NBA的後衛球員中，打超過一個賽季以上的，沒有人三分投籃命中率比他的百分之四十五點四還高，選秀順位在柯爾前面十位當中有五個人，出賽場次不到二十五場，而在他之後被選的十位球員中，有六位最後根本沒加入NBA。

「我在聯盟打了十五個球季，實際上，以我所擁有的條件跟能力，這可能比我原本應該有的足足就多了十五年。」柯爾在最後的球員時光裡這樣說。「我的職業球員生涯算非常順利，甚至可以回推到大學時代，我選擇了亞利桑那大學，有幸能為奧森教練效力，然後在ＮＢＡ最高殿堂，替威肯斯和傑克森總教練打球，甚至還可以和麥可．喬丹以及提姆．鄧肯等如此偉大的球員一起比賽，真是太不可思議了，我不確定是什麼原因，但我知道自己努力奮鬥過，而且運氣也不錯，我總是能在正確的時間，找到適合的球隊。」

至少，在性格上面，柯爾離開ＮＢＡ時和進入時一樣，有自知之明、謙遜有禮、充滿感激。不過其他的一切，接下來都發生了變化。

第十章 演說與爭吵

宣告退休後，柯爾完全沒有考慮復出的可能性。這樣說好了：對一個三十八歲、沒有速度的白人後衛來說，回歸球場沒有什麼市場價值。相反地，柯爾生活出現了一系列戲劇性的變化，他進入全新的職業領域成為轉播員，而且在前公牛隊友布奇勒的說服下，搬到了家鄉聖地牙哥，在加利福尼亞州南部，距離媽媽安的家只有大約兩百四十公里而已。

當初那個在太平洋帕利塞德區海灘玩著長板和趴板衝浪的小男孩，搬過去不久後就買了一塊板子開始衝浪，同時，為了滿足強烈的競爭企圖心，柯爾也全心投入到網球的行列中，兩個小時的硬地比賽下來，對他的膝蓋造成不小的負擔。

進入電視台是柯爾退休後非常合理的第一選擇，在所有工作中，沒有一項比給柯爾一支麥克風更適合，吃這行飯的才能，從他年輕時就展現出來了：從打電話惡整廣播直播節目，到模仿霍華德·科塞爾（Howard Cosell），用誇張的音色進行高中美國歷史報告。他天生對媒體感到自在無比，很輕鬆能夠把戰術轉化為富有觀賞性的對話，還帶有一種嘲弄的幽默感，唯一不同的是，二〇〇三年的秋天，他開始出一張嘴就可以領到薪水。

然而，柯爾自己認為進入這個領域的原因是錯的，他通常會說，能得到這個工作機會是因為一九九七年總冠軍賽中，投進那記關鍵球助公牛奪冠而產生的漣漪效應，但其實不然，TNT電視台會聘用他不是因為那記跳投，而是職業生涯十五個賽季的累積，任何電視台的高階主管都知道，柯爾這份履歷價值是明星級別的。

事實上，如果真的要說，很多人都認為，柯爾最終被兩家電視網聘用，成為全職NBA賽事球評，後來還到福克斯體育頻道講解NCAA大學賽事，可能是因為二〇〇三年擊敗獨行俠隊後，在TNT的採訪中提到了泰德·威廉斯和冷凍櫃，而不是六年前幫助芝加哥獲得總冠軍。

二〇〇四年，柯爾受邀參加公開演講的次數獲得大幅度成長，第一個NBA賽季的講評結束時，他回到亞利桑那大學的畢業典禮，為畢業生進行演講，當初那個前往圖森挑戰的十七歲少年，變成被請去給予年輕人建議的三十八歲前輩，那種歲月飛逝的諷刺感讓柯爾自己特別有感。

地點是完美的，現場氛圍也是，正經的典禮中帶著亞利桑那大學獨特的輕鬆氛圍，像是用墨西哥煎餅當作飛盤丟來丟去，有些煎餅掉在地上後變得很髒，有另外一些因為乾掉變得很硬，打到人身上還會痛。有一年，一個煎餅飛盤打到校長彼得．利金斯（Peter Likins）的臉上，校長立刻氣得停止這個傳統，而二〇〇四年柯爾準備講話時，校方開始對畢業班的學生進行搜身，要沒收那些容易造成失控的煎餅。

有趣的是，這位準備到校園裡演講的本地傳奇不但沒有提供幫助，甚至還加油添醋：「我覺得很棒啊！」柯爾在演講前幾天這樣說，「我會在台上做好接飛盤的準備，還會自帶一些起司醬，這樣就可以在演講的時候順便吃個點心。」

如果可以選擇，在正常的情況下，整個學校（而不只是籃球項目）一般是在第一選擇失敗的時候才會邀請柯爾，校長利金斯一直在等待喬治．布希的回覆，看能不能在五月十五日來參加畢業典禮，如果可以，那畢業典禮將會從籃球館舉行的兩場，改成在足球場舉行一場，因為總統願意造訪，將是其他人無法相提並論的光榮。

當白宮拒絕學校邀請的消息確定，就像幾十年前的凱文．強森、瑞吉．米勒，跟其他潛在候選人一樣，那個過去圖森常常聽到的「史蒂——夫！柯爾——！」，再次回到了麥凱爾體育館，那件二十五號的球衣依舊懸掛在高處，柯爾成功地填補了畢業典禮中的演講角色，因為有他，即使校方進行了嚴格控管，典禮上依舊保持著喧鬧有趣的氣氛。

這次演講引起各方討論，是五年前國務卿瑪德琳．歐布萊特（Madeleine Albright）來過之後，受到關注最大的一次，亞利桑那大學的球迷和校友們開始向學校詢問能否參加，為的是參與早上九點三十分的畢業典禮，或是下午一點的再次演講，然後柯爾就會立刻飛往加州，準備擔任晚上馬刺湖人季後賽的球評。

現場看球的兩萬五千人當中，也有些是稍早特地跑去聽演講的，其中包括從洛杉磯飛來的教育家安·柯爾，她完整跟上了兒子的行程，見證了五千零四十三名學生成功拿到學士和碩士學位。

「你們很多人可能已經聽過這個故事了，」柯爾在講台上說，「十一月的時候，利金斯博士打電話給我，問我是否願意給畢業生演講，雖然我有點緊張，但還是接受了邀請，可是三個禮拜之後，他又打電話過來說：『我感到非常尷尬且抱歉，現在自由世界的領袖有機會來演講，但還不確定總統是不是有空，如果我們等到他確認後再通知你，不知道你能不能夠接受？』我回答利金斯博士，奧森教練說的算，我怎麼樣都沒問題！」

對上爵士的光榮第六戰，柯爾講了兩大段，內容從對奧森教練的尊敬開始，然後轉到自嘲，再讚揚他的父母親，然後酸了前隊友羅德曼，最後講到中東的恐怖主義和當年有名的「布朗控訴教育局」案（Brown v. Board of Educatioin）。

柯爾甚至拿奧森當主角嘲諷，因為一個月前，野貓在NCAA錦標賽第一輪遭到淘汰：「順便告訴你們這些畢業生，現在你們可以叫他小奧，之前都只能叫他奧森教練，但現在可以叫他小奧、小森，或是其他名字，去年我還叫他另外一個綽號，不過那又是另外一段故事了。」籃球員柯爾好像從來沒有在亞利桑那體育館裡，達到演講者柯爾的嘴砲靈活度。

「你知道，」他繼續說，「我在NBA第四年的時候，在克里夫蘭騎士隊效力，當時有一位先發的隊友受傷，所以我被迫在對芝加哥公牛的比賽中補上先發陣容，那時候的教練是威肯斯，他在比賽前告訴我去防守麥可・喬丹。」

「一直到現在，我都覺得那是一生中最緊張的時刻，我知道自己無法和史上最偉大的球員對抗，而今天，我也在想自己是不是可以在麥凱爾體育館，替你們一共五千位優秀的亞利桑那大學畢業生進行畢業典禮演講，但想一想，當年那場比賽很慘，公牛以三十分的優勢擊敗了我們，我只得到兩分，喬丹砍了四十八分，比較起來，今天應該會比較順利一些吧！」

柯爾的意思到了，但數據細節上記得不是那麼清楚，那場比賽公牛贏了二十八分，喬丹得到的分數是四十四分，而且其實大多數不是柯爾的鍋，因為他只打了十五分鐘而已。

「我還要感謝利金斯博士和學生理事會給了我這個機會，」柯爾繼續，「這是一個我從來沒有想過的機會，如果你們看了我一九八三年，第一個學期的成績單，我想你們肯定也不會想到。」

「另外，我的父母親帶我見識了一個充滿異國文化的全新世界，他們教育我，要理解他人、要富有同情心、要尊重他人；他們也告訴我，雖然很多人可能說話或穿著很不一樣，然後習慣跟信仰的差異也很大，但重要的是，我們應該要多花時間去了解，還要心胸寬大地接納這些人，這些事情我一直記在心裡，多年後在公牛碰到丹尼斯．羅德曼的時候，真的發揮了作用。」

演講的後半段，著墨在永遠改變柯爾命運的部份，他則變得較為嚴肅。

「我們生活在一個充斥文化和宗教分歧的時代，需要互相交流和理解，世界各地的人們常常用自身經歷的痛苦悲劇去學到教訓，不管是因為恐怖攻擊或戰爭，許多人因此失去了親人。」

「我在這裡念大學的時候，也經歷了這種痛苦，我父親梅爾康．柯爾，是貝魯特美國大學的校長，因為恐怖分子他們對在黎巴嫩的駐美軍隊感到憤怒和不滿，暗殺了我的父親，那是二十年前的事情了。所以我每次閱讀到有關勇敢軍人和伊拉克平民死亡的新聞，或者有關恐怖主義、宗教極端主義等報導時，我就會想到我爸爸都離開了二十年，這些國家跟政治的關係不但沒有改善，甚至更加惡化，真的令人感到悲傷。」

當羅伯特．薩弗（Robert Sarver）秘密計畫要收購鳳凰城太陽隊的時候，柯爾在亞利桑那州的過去變得更加重要。因為薩弗是奧森家族的朋友，一九九八年，當波碧．奧森在匈牙利診斷出晚期卵巢癌時，薩弗慷慨地提供幫助，第一時間就用自家小型飛機把波碧送回圖森接受治療，而當時老公奧森教練正在夏季籃球訓練營執教。

二〇〇四年，薩弗想成為ＮＢＡ球隊的老闆之一，奧森就介紹薩弗給柯爾認識，認為或許有機會安排，引薦給聯盟總裁大衛．史騰（David Stern），這些人不知道史騰相當主動積極，對任何有興趣購買球隊的老闆們都很願意交流，要他從曼哈頓的辦公室直搽殺到亞利桑那沙漠，和那些銀行賬戶數字漂亮的潛在買家會面，一點問題也沒有。

不確定柯爾是否是中間介紹人幫忙牽線，那年七月，薩弗以四億美金的價格買下了太陽隊之後，柯爾獲得了百分之一的股份，除了他和聯盟打好關係的幫助之外，史蒂夫．柯爾這個名字和亞利桑那州的任何有影響力的組織連結在一起，就商業角度來看是絕對有好處的。結果證實，柯爾和太陽真正的緣分，是退休之後成為球團的非正職顧問，而不是一九八八年的選秀。

二〇〇四年的休賽季期間，柯爾接受雅虎體育（Yahoo Sports）聘請，成為NBA專欄作家，就像爸爸梅爾康在中東寫作和編輯了五本書，並常常寫信和距離遙遠的親朋好友保持聯繫，而媽媽安習慣寫日記和教書，也寫了一本以她在黎巴嫩經歷為中心的書籍，兒子史蒂夫跟父母親一樣，深深被寫作吸引，這是一個最佳的機會，剛好跟熱愛的籃球結合。

他寫下了在球場上的那些故事，目的只是希望保存這一段個人的特殊時光，並沒有打算出版成書，而且柯爾成年後熱愛分析，會花時間和其他作者討論敘事方式和張力，天生對各種話題都有不變的強烈好奇心，算是一個博學多聞的人，跟其他一般興趣比起來，坐在鍵盤前面寫作最吸引他。

雅虎跟他簽約有點像是請克里斯・卡特（Cris Carter）來分析美式足球聯盟（NFL），以及傑克・麥克道爾（Jack McDowell）和瑞恩・桑伯格（Ryne Sandberg）去分析棒球的行銷策略，但很快地，公司就發現柯爾跟其他人不同。

高級編輯喬・拉荀（Joe Lago）有時候會代筆或修正，因為有些專欄作家在截稿時間內所安排送出的文章或影片不是那麼可靠，但柯爾從第一天開始，就像一位經驗豐富的記者，準時發送沒有錯誤的內容，以五次NBA總冠軍的高人氣為背景，用聊天對話的口吻，照著公司希望的那樣，提供客觀的意見。

雖然，這是他電視工作之外的斜槓兼差，一般來說每個禮拜寫個兩篇文章即可，但柯爾對專欄投入非常多時間，經常認真地詢問哪些話題的流量最多，方便自己把最重要的想法，成功調整讓觀眾吸收。

「我還沒打電話給他，他就已經打過來跟我提出想法了，」拉荀說。「新聞一出來，我甚至還沒來得及拿電話，他已經傳訊息過來跟我說：『嘿，我正要去機場，我看到某人要簽約或者其他別的事情，已經想好怎麼寫了，在飛機上我會完成大約八百字的文章，然後一下飛機就發給你。』這根本是夢裡才會發生的事，有哪個作家可以做到這樣呢？」

「他是一位不世出的天才，很難想到籃球歷史上，有誰可以做到他能做的事，」柯爾那年在討論達拉斯大前鋒德克・諾威司基（Dirk Nowitzki）時這樣寫道。「他會讓我想到賴瑞・博德，但諾威司基跑動更快；奇奇・范德威格？或許有點像，但德克更高大，球也控得更好；詹姆斯・沃錫？他的投籃範圍更大。」

「勇士隊不行，」柯爾在二〇〇四年十二月八日的文章中，把金州勇士排在全聯盟倒數第四，「等他們有改善的時候，我會告訴你。」

「籃網比勇士好一點點，而傑森・基德的到來，會提供一些幫助，我現在就能想像：基德帶領快攻，理查・傑佛森（Richard Jefferson）在他的右側跟進，然後其他的球員都被他們甩在後方四十呎那麼遠。」

柯爾的專欄有時候會給球迷一種嘲諷感，雖然文章還是在分析，但少數人知道，當初被波特蘭交易回聖安東尼奧，他內心不是很好受，所以談論到紐約尼克高層，也是NBA傳奇名將艾賽亞・湯瑪斯（Isiah Thomas）的人事安排時，他保持懷疑態度，認為明明球隊已經有了史提方・馬布里（Stephon Marbury），卻又弄來同樣佔球權的傑莫・克勞福（Jamal Crawford）。

「艾賽亞好像在追隨幾年前波特蘭拓荒者隊的總經理鮑伯・惠斯特，計畫就是找十二位最有天賦的球員，然後讓教練團解決問題，設法贏球。可以去問問兩位曾經執教拓荒者的總教練，麥克・鄧李維（Mike Dunleavy）和莫里斯・奇克斯，他們對球員陣容的看法。」柯爾沒有大肆批判，因為這次紐約客必須解決問題的教練，是他球員時代最喜歡的其中之一，萊尼・威肯斯。

二○○六到○七賽季，柯爾在雅虎的專欄工作上投入相當多的時間與心力，季後賽期間幾乎每天都出，稿費計算方式不是照文章數量也絲毫不影響，因為他實際上是帶著熱情，滿足自己在寫作上的需求。

那年季後賽的其中一場，柯爾前往奧克蘭擔任TNT轉播比賽球評，那是金州勇士擊敗達拉斯獨行俠，完成老八傳奇的第六戰。

當主場球隊拿下勝利，許多觀眾聲音都啞了還繼續喊，全場球迷好像想用那個誇張而榮耀的噪音把甲骨文球場震垮一樣，那個畫面一直留在柯爾心中多年，以至於二○一四年他接下勇士兵符時說：「那是我一生中感受過最棒的球場氛圍，不管是轉播人員或是球員，我經歷過NCAA的最後四強和NBA五次總冠軍戰，不是在炫耀，但這些經驗都不是空蕩的足球場或棒球場，那真的是我一輩子沒有見過的場面。」

同時，太陽隊那年以六十一勝二十一敗的戰績成為分區冠軍，麥克・丹東尼（Mike D'Antoni）擔任總教練還兼任總經理，他們第一輪擊敗湖人，但是第二輪對上馬刺的系列賽落敗。對於擁有一小部分股權的柯爾來說，這樣幕後的角色他挺滿意的，而幕前他在轉播單位的工作也很開心。

他知道，自己設定的目標是未來擔任球隊教練，不過要等到幾年之後，等孩子們長大離家出社會才開始，而當時，太陽老闆薩弗認為丹東尼需要協助，所以二〇〇七年的夏天就不斷說服柯爾來幫忙，無論是想保護自己的股份，還是被迫接受來報答薩弗，柯爾最終答應了，六月二號，新任總經理走馬上任。

柯爾立刻全心投入到新崗位工作中，參加了籃球運營會議，商業面的會議也沒有錯過，就像球員時期他都會告訴新球隊，如果需要幫助，特別是媒體方面，隨時找他沒問題，這位新任總經理迅速且有效地向球團內各個部門發出相同的信息，表明自己現在是球隊其中一位高階主管，如果知名度可以幫助到太陽隊，他會毫不猶豫地善加利用，首席助手大衛·葛里芬（David Griffin）就說：「史蒂夫是整個太陽球團裡最棒的行銷業務。」

那個時候，柯爾在亞利桑那的史考茲谷只有一間老舊公寓，主要用來觀看比賽、休息睡覺和偶爾吃東西的地方，他經常往返聖地牙哥，保持和家人的聯繫。拓荒者時期他就發現，當時球隊老闆保羅·艾倫（Paul Allen），還有總經理惠斯特，都是居住在西雅圖附近，然後在波特蘭租房子，這讓當地球迷不太高興，或許是因為波特蘭跟姐妹城市西雅圖相比之下有種自卑感。柯爾知道身為管理階層，形象跟公開傳達的信息很重要，他也知道，不管是惠斯特或是自己，只要球隊能拿下冠軍，不管住哪裡都會被當作英雄。

關鍵就在總經理這份工作上的表現了。

在老闆指示下，柯爾被迫減少球隊薪資的支出，他把選秀會上用第二十四順位選進的魯迪·費南德斯（Rudy Fernandez）賣給了拓荒者，太陽就不用支付一份有保障的薪水；九天後，他用關鍵替補球員克特·湯瑪斯（Kurt Thomas），加上兩個首輪選秀權，和西雅圖超音速交易，但也沒得到什麼，只換了一個第二輪的選秀權，原因就是薩弗希望財務優先，爭冠沒有那麼急迫；再來，柯爾簽下了自由球員市場上的老將格蘭特·希爾（Grant Hill），但球團跟四度入選明星賽球員尚恩·馬里安（Shawn Marion）的合約談不攏，導致柯爾上任總經理的首次夏季訓練開始時，馬里安要求被交易。

賽季開始了，柯爾出乎意料地沒有準備好，原本的豐富經驗以及休息室文化了解完全消失，他在輸掉一場球之後走向丹東尼，建議球隊應該要為阿瑪雷·史塔特邁爾（Amar'e Stoudemire）多設計些內線戰術，總教練對於被指導如何執教非常不爽，而且才吞下一場敗仗，不太想馬上討論，於是回嗆了柯爾。

本來只是一個新手總經理的無心之過，在特殊的時期，變成了一個嚴重的導火線。

這是丹東尼在NBA執教的第六個賽季，之前在義大利也當了八年的總教練，一個資歷豐富的教頭要和一個菜鳥主管報告工作，而且這個總經理位置本來還是自己在做的，丹東尼不免開始猜測，因為他非常清楚柯爾被聯盟各方看好，未來可以勝任總教練工作，加上助理教練丹·丹東尼（Dan D'Antoni）在兄弟旁邊加油添醋，雙方關係日漸緊張。事實上，他們雙方都知道，不管是總教練還是總經理，都是球隊上最受尊重且歡迎的人，必須要在這個充滿壓力的行業中保持冷靜，但沒有獲得太多的改善。

丹東尼和身邊人馬不相信柯爾當時對執教沒有興趣，而柯爾心裡的計畫是要等到孩子長大離家之後才考慮，而且他也絕對不希望，是用取代自己喜歡並有才能的人來成為總教練，他只希望丹東尼願意接受調整。

還有一點很重要，就是影響柯爾極大的馬刺總教練波波維奇，當初就是用這樣的方式上任，馬刺換新老闆之後，他以新總經理的身份開除了鮑伯・希爾（Bob Hill），然後用自任方式，拿到人生中第一個總教練工作，這都讓大家合理地去推測柯爾的心態；再加上，柯爾顯然也是新老闆薩弗的愛將，假如有一天老闆指派去場邊調兵遣將，好像也非常合乎邏輯。

不過，就算柯爾可以預見自己未來在場邊指揮比賽，但在二〇〇七到二〇〇八賽季，他絕對不會主動追求這份工作，最好的方式，就是不要承受任何交接職位的壓力。

十一月雙方口角爭吵之後，就再也沒有出現任何公開的衝突，柯爾和丹東尼的職業素養和友善幽默的個性，讓他們沒有像傑克森和克勞斯在芝加哥那樣，而是能夠和平相處，繼續合作，兩人的關係獲得改善。

柯爾發現：「我們在互相信任方面，取得非常明顯的進步。我喜歡這個人和他的風度，很少有事情能讓他真的動怒，而且背景資歷也很豐富，包括在義大利的經驗，還有那堅持不懈的努力，另外，我們的政治理念很接近，也蠻好的。」

然而，有些事情還是不會改變。那年賽季後期，有人問丹東尼，柯爾是否有再次建議或質疑球員在比賽中的調度狀況，丹東尼笑了笑，擺出厭惡的表情說：「如果他想活得久一點，就不應該再來問了，行不通的。」

在丹東尼的支持下，柯爾完成了和熱火的交易，將尚恩・馬里安和馬克斯・班克斯（Marcus Banks）送到邁阿密，得到俠客・歐尼爾。

先不管歐尼爾在職業生涯末期移動明顯緩慢，和太陽的快打旋風有多不適合，當時球隊戰績是三十四勝十四敗，柯爾認為，這是馬里安要求交易的情況下必須採取的行動，同時也可以針對西區強權馬刺來試試其他組合的打法了，因為快速進攻沒有成功贏下冠軍，是時候打造身材上面的優勢了。

二月六日這筆交易完成，柯爾在第二天下午搭飛機到聖地牙哥，趕上兒子尼可拉斯在五點的新生籃球比賽，然後和家人共進晚餐，在自己床上睡了一覺，隔天一大早返回鳳凰城。

新中鋒加盟之後的前五場比賽，都因為臀部和腿部受傷而沒有上場，這也是歐尼爾在熱火缺席比賽的原因，而交易後的八場比賽，太陽輸掉了一半，這提醒了柯爾，他交易來的是一位已經三十五歲、年薪高達兩千萬美金，而且還上不了場的傷兵。

「我唯一贏的方式，就是我們贏球，」柯爾表示，「球團決定這樣做，我總經理的名字就必須打出來負責，所以有可能會出現『把史蒂夫．柯爾的頭取下來』之類的說法，但沒關係，我知道俠客可以為球隊帶來什麼幫助，而且，我不想隨波逐流，跟其他人用同樣的方式做事情。」典型的柯爾，總是準備好回答任何問題，不過，反彈聲浪比他想像更加嚴重。

輸給費城七六人的比賽之後，還有交易後六場比賽中輸掉第四場的那天晚上，柯爾對球迷殘酷的行為感到震驚，他收到一封電子郵件，寄件者的信箱是「死亡—小老鼠—貝魯特—公司」（dead@beirut.com），標題是「你的父親」，內容在咒罵柯爾，竟然送走湯瑪斯、馬里安、詹姆斯．瓊斯（James Jones）等好球員，然後還選進不怎麼樣的阿蘭多．塔克（Alando Tucker），結尾還故意寫上PLO（巴勒斯坦解放組織）來酸他；第二封電子郵件內容類似，但語氣更嗆：「史蒂夫，你就是個白痴！亞利桑那州的球迷早就知道這點了！貝魯特！貝魯特！貝魯特！」

「我知道，這個位置會有些壓力，但還真的沒想過，有人會這樣來攻擊我。」柯爾說。

柯爾和保羅．魯本（Paul Rubin）分享了這些極不友善的信件，魯本在《鳳凰城新時報》（Phoenix New Times）寫了一篇文章，敘述了這位總經理的困境，「這非常傷人，已經超出我的理解範圍了。」魯本沒有透露信裡最糟糕的內容，因為柯爾刻意請求，不要公開那些指責梅爾康得到報應的尖銳言詞，以保護他的家人。

幾十年的職業球員生涯，他一直受到人們的關注，如今四十二歲的柯爾，從來沒有面對過這樣殘酷且直接的批評，他也沒有處於像總經理一樣，必須成為追究責任的對象。

亞利桑那大學大四那年，可能是比較接近的一次，當時他是一支爭冠球隊的精神領袖，而一九八七到一九八八年，野貓隊全隊和這位富有勇氣的後衛，一起創造了一個激勵人心的故事，許多正面能量讓他在最後四強賽中，即使投籃失手比平常多了一倍，但他依舊是大家心中的英雄。

接下來職業階段，要嘛不值一提（太陽隊新人球季、魔術隊、拓荒者隊），要嘛是在許多更大牌的球星旁邊擔任配角（騎士隊、公牛隊、馬刺隊），又或者他表現出色，不太可能受到批評（TNT賽事球評）。

二〇〇七到〇八賽季，這一切不一樣了，柯爾突然站在交通繁忙的十字路口，成為太陽團隊的眾矢之的，他的名字沒辦法跟老闆薩弗脫離關係，還跟上個賽季帶領球隊打出戰績和觀賞性的教練起衝突，造成球隊產生些許裂痕，現在又透過交易，大膽冒險地引進老將中鋒歐尼爾。

同意和魯本共進晚餐和接受採訪，給柯爾帶來新的風險，因為一切內容都會被記錄下來，印刷給所有球迷看到，可能會遭受更大的嘲笑，不過柯爾還是自願前去市中心的半月運動餐廳

（Half Moon Sports Grill）見面。

幸運的是，魯本安排了一個靠近電視的桌子，那時候太陽處於五連勝，轉播的也剛好是球隊造訪西雅圖，對上超音速隊的比賽，訪問結束後，柯爾獨自留下來吃飯，喝點小酒邊看比賽，慢慢有些客人認出了他，直到球隊完成六連勝，坐在附近的年輕人開始高喊：「史蒂夫．柯爾！史蒂夫．柯爾！史蒂夫．柯爾！」雖然聲音不像麥凱爾體育館拖得那麼長，但他依舊面帶微笑地回應這些球迷。

「非常感謝，謝謝你們。」柯爾說著，刻意停頓了一下，「但我敢打賭，兩個禮拜之前，你們肯定不會高喊：『史蒂夫．柯爾！史蒂夫．柯爾！』對吧？你們喊的應該是：『這史蒂夫．柯爾到底他媽的在幹什麼啊？』」這群球迷聽到都笑了出來。

隨時接受責備，也隨時把握機會，任何時刻都可以成為證明自我的時刻，典型的柯爾風格，就是在特別艱難的時刻，將危機化為轉機去尋求勝利。

如果自己職業生涯中最偉大的時刻，可以說成是幫助膽小的喬丹解圍，如果短暫的正常發揮後，可以嘲諷地向馬刺隊要求延長合約，那連續六場勝利，轉變成直接打臉球迷的難忘回憶，對柯爾來說根本不算什麼。他擁有終極的優勢，那就是一開始就沒有費多太的努力就得到鳳凰城太陽總經理的職位，而且也沒想要長期做這份工作，所以最壞的情況發生，大不了就是被解僱。或許對大多數人來說，失去工作都是很糟糕的，但對史蒂夫來說，這意味著他可以從眾多邀請中，選擇一支球隊去擔任教練，或者回去做賽事講評。

「他會花時間幫孩子們做煎餅，然後用用電腦，打個電話聯絡是不是有關於俠客的交易，或者做其他事情，」他的母親安說，「他是一個非常負責任的父親、顧家的好丈夫。有些人說，這筆交易可能會讓他丟掉飯碗，而他的回應是：好啊！他是真的這麼想，就算有些事情不如所願，史蒂夫會繼續前進。」

柯爾知道自己有比任何人都堅固的後盾，經常開玩笑說，他可以和瑪格特、十五歲的尼可拉斯、十三歲的瑪蒂，以及十歲的馬修，一起在聖地牙哥生活。他也可以泡在俱樂部打網球，或者住在豪華酒店，而不是和經紀人開會，處理人事問題，努力去建立和教練的良好關係。很多人也會提起這個問題，問他為什麼還要工作賺錢，而不是在聖地牙哥的海灘衝浪，或者打打高爾夫球，又或者當電視台球評，不需要扛勝負的壓力，柯爾總是面帶微笑表示的確也可以，但第二天又繼續出現在工作崗位上。

對他來說，最糟糕的是與球隊脫節，這是他第一次在賽季中感受到工作風險。有時候，因為距離的關係，太陽隊到外地打客場比賽時，他會待在鳳凰城總部，或是利用機會飛回聖地牙哥找家人，他感覺自己不需要參與每天球場或是更衣室的互動，這是經歷許多球隊之後，他最喜歡的。

太陽團隊也可以照顧好自己，二〇〇七到〇八賽季，隊上有很多出色的資深領袖球員，像是史蒂夫．奈許（Steve Nash）和格蘭特．希爾，以及成熟好客的總教練麥克．丹東尼和教練團。但是，透過籬笆上的縫隙去看比賽，這樣空虛的距離感，讓柯爾徹底了解到，他渴望站在球場上，他是一位教練，而不是管理者。

總經理柯爾在鳳凰城的第一個賽季結束，雖然歐尼爾上場時間達到三十點二分鐘，平均攻下十五點二分、九點二個籃板、二點六次阻攻，但太陽季後賽還是輸給了馬刺，近四年的第三次，這讓柯爾感到煩惱。同時，總教練丹東尼認為自己得不到上級支持，選擇不跟老闆薩弗或是總經理柯爾討論，而是在《運動畫刊》的訪談中直接宣布辭職，更讓柯爾感覺這一年賽季，好像已經經歷了好幾個賽季一樣。

球隊管理層被迫接受這個事實，丹東尼離開了一個自己倍受讚賞的城市，和一個自己備受尊重的休息室，而柯爾本人也知道原因，這可能是他籃球生涯中唯一一次，跟夥伴的互動中顯得過於專橫，這是跟所有人都相處融洽的柯爾身上，最不可能出現的形容詞。就算是真正的衝突打鬥，無論是季後賽和對手史泰西．金，還是練球時和隊友麥可．喬丹，兩次都快速地成功解決，但這次，是在上任不到十一個月的時候，就進行了不得已的教練招募，對柯爾個人來說，也是一個罕見的打擊。

丹東尼非常搶手，季後賽輸給馬刺遭到淘汰不到兩個禮拜，就跟紐約尼克達成共識簽約了。（事後丹東尼對這次轉隊感到後悔，二〇一二年他表示：「我當初不應該去紐約，我應該堅持待在鳳凰城並繼續努力，像奈許這樣的好球員，你不會遇到太多次，這是相當難得的機會，應該要好好把握，但我沒有。」）

同時，柯爾列出了一份熟悉的候選人名單來挑選新任總教練，最後鎖定了馬刺助理教練麥克・布登霍澤、前馬刺隊友泰瑞・波特（Terry Porter）、前太陽隊友泰隆・柯賓（Tyrone Corbin），以及休士頓助理教練艾斯頓・特納（Elston Turner）這四人，其中波特成為了首選，因為他是這四人中，唯一一位擔任過總教練的。

才到一月，賽季還沒有過半，柯爾就意識到自己選錯人了。

上個賽季補進歐尼爾，對於快打旋風的進攻來說，是一個奇怪的選擇，但至少，這是一個經過仔細考量後的大膽嘗試，目的是尋找新方法來對抗強權馬刺，而波特上任，卻改變了整個球隊的重心，反而更加強調防守，有點像柯爾之前希望丹東尼所調整的，卻大大減緩了進攻上的速度與效率，習慣快節奏的老將們都感覺綁手綁腳。兩度MVP的奈許認為，太陽隊失去了他們原本的球隊特色，球員們沒辦法調整到最好狀況。

明星賽前，太陽隊戰績為二十八勝二十三敗，距離季後賽的資格好像越來越遠了。於是柯爾在總教練任職八個半月，例行賽三個半月，一共五十一場比賽之後，在無法接受缺席季後賽的情況下，選擇開除了波特。

「我從來沒做過比這困難的事情，就是炒掉一個你非常喜歡、尊敬和佩服的人，」柯爾說，「但是這是必須的，我能感覺到，整個球團上上下下，我們都感覺到了。」

艾文．金特里是丹東尼的助理教練，在波特加入後繼續留任，他明顯是適合的接班人，柯爾帶著歉意宣布，金特里晉升代總教練，同時告訴他，去年夏天本來應該這樣做的，但最終的決策錯誤。

金特里對於這次的晉升並沒有感到太大的意外，因為他對柯爾非常了解，早在帕利塞德高中招募球員時就認識了，他不需要柯爾的認錯，他也可以選擇去紐約，跟著丹東尼和一些前太陽球員們一樣嘗試承受新的壓力和挑戰。但相反地，金特里選擇待在喜歡的城市，為一個自己喜歡和尊重的籃球運營主管工作，這次升遷讓他感到相當興奮，他甚至表示，一開始聘請波特是很合理的決定。

更換總教練後，球隊立刻獲得一股衝刺的新能量，儘管很多球隊換帥之後都有這樣常見的情況，但這股源源不絕的力量令人吃驚。

太陽球員們欣喜若狂，他們重新回到由金特里率領的丹東尼體系，明星賽後的第一場比賽，全隊狂攻一百四十分，下一場再轟一百四十二分，然後第三場又拿下了一百四十分的高分，太陽的勝率開始提升，三月份遇到了一段六連敗的低潮也沒關係，勝率從換總教頭前的五成四九，上升到了五成八一，可惜最終四十八勝三十六敗，只能在西區排在第九，沒辦法打進季後賽，不過賽季末的一股力量使整個球隊重生，柯爾在休賽季積極爭取，大膽去說服薩弗老闆真除金特里，成為正式總教練。

首先，柯爾決定交易歐尼爾，希望球團可以擺脫俠客二〇〇九到二〇一〇賽季那兩千萬美金的薪資負擔，柯爾通過電話，告訴他有可能會交易到騎士隊，不管是誰先找上誰的，太陽跟歐尼爾都感到欣慰。

「我印象很深刻，」歐尼爾表示，「每個球員都希望被公平和誠實地對待，我告訴柯爾我理解，他必須繼續做應該做的事，他沒有必要打電話給我，身為一個總經理，完全有權利做任何想做的交易，但他做了努力，我很感激。」

「我在那裡的時間都是這樣的。史蒂夫會說：『嘿，我需要你完成這個，或是我們今晚的比賽要讓你休息。』我就會問：『你確定嗎？』他會說：『是的，我們認為這對你有幫助。』我可以為了他做任何事情，只要他開口。」

六月二十四日，柯爾打電話給前奧蘭多隊友，告訴他太陽和騎士已經達成交易的協議，這會幫助球團緩解財務上的問題，歐尼爾表示理解，甚至退休後，經歷過六個球隊和無數高階管理層的俠客依然堅持認為：「史蒂夫是我遇過最誠實的總經理之一。」

交易談判在進行，選秀的功課也在準備中，柯爾鎖定了那年戴維森大學畢業的史提芬・柯瑞（Stephen Curry），同時也知道這名後衛可能在太陽的第十四位選秀順位前就被其他球隊挑走：第四順位的國王隊可能會選擇得分後衛，擁有第五和第六順位的灰狼也在考慮得分後衛，第七順位的勇士隊非常喜歡柯瑞，而第八順位的尼克則認為，柯瑞會非常適合丹東尼的進攻體系。柯瑞團隊這裡也表示，他希望去紐約，並向沙加緬度、明尼蘇達以及金州發出明確的信息：「去選擇其他球員，要不然柯瑞會不開心地加盟。」

然而，勇士團隊對柯瑞的喜愛不亞於太陽，他們在選秀榜單上把柯瑞排名第二，僅次於來自奧克拉荷馬的大前鋒布雷克・葛里芬（Blake Griffin），總教練唐・尼爾森強調，柯瑞讓他想起奈許，因為他擁有遠距離的投籃能力，能找到防守漏洞利用空檔得分，同時還能為其他球員創造機會。

柯爾唯一的機會就是交換選秀順位，於是太陽內部開始討論，把史陶德邁爾加上第十四順位選秀權，去換取第七順位籤的可能性。

對於勇士球團來說，多年以來一直無法找到內線可靠的大個子，如果可以用交易，換來一位明星等級的大前鋒，其實充滿了高度的興趣，這跟選入不確定能否成長的新秀比較起來，更有吸引力，而且他們已經有一位高得分效率的後衛，蒙鐵・艾利斯（Monta Ellis）。

但是，勇士和柯爾一樣，特別喜愛柯瑞，總經理賴瑞・萊利（Larry Riley）自從上個賽季去看了NCAA錦標賽之後就變鐵粉了。萊利特別在十二月飛到印第安那，觀賞了戴維森大學跟普度大學的賽事，想知道柯瑞能不能在高大強壯的大十聯盟球員中突圍而出，結果面對嚴密的防守柯瑞處理得非常出色，即便那天下午投籃狀況不佳，他還是持續做出明智正確的決策，給萊利留下非常深刻的印象。

另一方面，萊利還需要更有說服力的證據，說明史陶德邁爾有意願長期留在奧克蘭，而不是只有二〇〇九到二〇一〇賽季，然後走完最後一年的合約就投身自由市場。對勇士和萊利而言，他們可以放棄柯瑞這名潛力新秀，只要史陶德邁爾願意花接下來六到八年的時間鞏固金州的禁區，但若只想過水一個賽季，勇士是不會去冒這個風險的。

二〇〇九年選秀會在麥迪遜廣場花園展開，當時的太陽球團錯誤地以為他們跟勇士已達成協議，只要勇士能選到柯瑞，那就啟動交易，把這名後衛送到亞利桑那，柯爾單方面以為，已經和萊利達成共識，所以當灰狼第五和第六順位，選了另外兩名控衛而沒有選柯瑞時，太陽辦公室裡冒出了歡呼聲。

另外一邊，勇士認為他們沒有承諾一定會交易，除非史陶德邁爾願意表明未來的計劃，而且一直到選秀開始前，萊利都沒有主動向柯爾要求，一個可以和太陽陣中非自由球員進行交涉的同意許可。球團想的是：如果柯瑞前六順位沒有被選走，勇士就會選他並且留在陣中；如果提早被其他球團選走，他們就願意進行談判，看能不能透過多方交易，讓各支球隊避免留下不喜歡的球員。

一千公里外的奧克蘭，萊利顯得非常高興，看著哈辛・塔璧（Hasheem Thabeet）、強尼・佛林（Jonny Flynn）、泰瑞克・艾文斯（Tyreke Evans）這些不想要的球員陸續被選走，夢想成真的可能性越來越高。

一開始，萊利估計可能要在詹姆斯・哈登（James Harden）和柯瑞之間做決定，最有可能的當然還是柯瑞，當奧克拉荷馬雷霆用第三順位選擇哈登的時候，兩難的決定瞬間消失，當太陽在慶祝明尼蘇達決定的同時，勇士總經理最希望看見的情況發生了。

而柯爾後來才錯愕地了解到，勇士會把該年選秀會上最頂尖的投籃天才留在隊上，讓太陽只能在第十四順位選擇了厄爾・克拉克（Earl Clark），原本期待前途無量的柯瑞能夠加盟，但柯爾的希望破滅了。

同年夏天，讓柯爾失望的事情不只一個，他意外地感受到，自己和老闆薩弗的關係正在惡化。身為總經理，他一直在處理不同經紀人對於球員合約和上場時間的壓力，也願意犧牲隨隊的豪華旅行，跑到大學比賽去觀察新秀，更做好隨時面對新挑戰和艱難決定的準備，沒想到，除了那些瘋狂誇張的電子郵件，跟上司之間也出現意見分歧。

或許他永遠不會知道，為什麼薩弗改變了球隊的方向，爭取了更多的主導權，十幾年NBA資歷的柯爾只能確定，他已經變成了一個和老闆有著巨大溝通障礙，毫無應變頭緒的總經理。前一個賽季，歐尼爾其實也感覺到，「老闆和總經理之前存在著問題」，柯爾不是唯一一個察覺，沒有籃球背景卻多管閒事的薩弗很有問題，只是他必須和霸道的老闆痛苦掙扎地相處。

「我認為史蒂夫在處理球團內部時遇到了困難的挑戰，」一位知情人士透露，「從最高層開始，擔任總經理職務的時候，他一直都在想辦法如何解決這些問題。」

「對他來說，這是個必須面對的問題，」一位太陽內部工作成員也同意，「你看得出來，史蒂夫是一個活力外向的人，也是一個很有趣的人，但到最後，他覺得這一切不再那麼有趣了，你可以看得出來。」

四個半月內，一連串的激烈波動：解僱波特教練、聘請金特里、例行賽一波連勝收尾、交易歐尼爾，然後開始計劃交易柯瑞，都沒辦法改善柯爾對這份工作日益增長的厭惡。

開季的十四勝三敗，顯然起到了一定的幫助，算是一個可以好好享受的起步，也證實了柯爾之前幾個月對於球員和教練的決定是正確的，二〇〇八到〇九球季結束時的連勝不是完全沒有意義。太陽展現出抗壓力，重新確立球隊在聯盟中的地位，快打旋風的進攻火力持續放送，成功彌補上防守和籃板不足的問題，他們最終以五十四勝二十八敗的戰績結束例行賽，季後賽第一輪對上拓荒者，也取得二比一的領先。

此時，亞利桑那州州長簡·布魯爾（Jan Brewer）同意簽署《參議院一〇七〇號法案》*。所以太陽打完系列賽第四戰後的回程途中，薩弗和柯爾討論了這項法案可能的影響以及應對措施，球隊必須向亞利桑那州龐大的拉丁裔人口交代。

成功淘汰了拓荒者之後，薩弗提出了一個想法：對上馬刺的第二輪比賽中，讓所有球員穿上胸前印有太陽隊拉丁拼法（Los Suns）的球衣。之前在三月份的兩場比賽，太陽球員就穿過這樣的橙色球衣，來參加聯盟舉辦「拉丁之夜」的主題活動。

這樣安排非常完美，他們在五月五日——也就是墨西哥獨立紀念日（Cinco de Mayo）再度穿上這件球衣，當天稍早，美國總統巴拉克·歐巴馬（Barack Obama）在玫瑰花園的慶祝活動上也

---

* 美國近年來最苛刻的移民法案之一，授權執法部門對涉嫌非法移入者人進行詢問，要求提供相關證明文件，只要不符合盤查規定，警察跟人民都會遭到起訴或逮捕。

提到：「我知道大家都很關注今晚的賽事，馬刺對上鳳凰城的Los Suns。」表示支持這一波的抗議行動。

NBA總裁史騰肯定太陽隊的行為，球員工會也支持太陽將系列戰第二戰政治化，波波維奇同時表示，他唯一希望就是提前收到通知，讓聖安東尼奧的球員也穿上拉丁球衣（Los Spurs）。

另外，持有不同意見的人當中，菲爾・傑克森是其中一位，他在社群媒體上發表了和休息室內球員不一樣的看法：「球隊不應該參與政治活動，站在籃球隊的立場上，我們應該讓這些問題自然發展，政治歸政治，體育歸體育。」而《亞利桑那共和報》一共收到了八十四封讀者的來信，有七十九位反對這次活動，不同意薩弗的想法和球員的行為。

為了表達支持，柯爾還從歷史角度來解釋：「這個國家裡，我們不得不出示文件去證明自己是很難想像的，這會讓人聯想到德國納粹黨，大家必須了解，這項法案的目的不是為了那些情況，你必須非常、非常小心、非常非常小心，更重要的是，我們州和全國的每個人都明白，這是需要探討的問題，所以，我們嘗試讓一切透明化。」

這是第一次，柯爾在政治問題上這麼有力地發表意見，他把亞利桑那州的立法者和納粹主義結合在一起的言論，在接下來時間裡也沒有引起太多的嚴重批判。然而，政府單位的發言人卻用「醜陋」和「憎恨」來形容這些反饋意見，還強調當初公開辯論的四個月期間，他們不記得有任何太陽隊的成員發表過意見，現在只是馬後砲，在案件通過後跳出來表達立場。

這些爭論很快就被籃球比賽所取代，隨著太陽隊贏得第二戰，然後在聖安東尼奧取得第三勝聽牌，他們終於有機會在系列戰中擊敗馬刺，甚至是用橫掃的方式。

第四戰進入倒數計時，美國電話電報中心（AT&T Center）媒體席的新聞記者保羅・寇洛（Paul Coro）看到柯爾站在座位前面，高舉雙臂慶祝這一刻的到來，因為聖安東尼奧對於太陽，一直是一個傷痕累累的地方，這意義太重大了，可以說是柯爾擔任總經理以來的巔峰時刻，也是他會永遠記得二〇〇九到二〇一〇賽季的有趣原因，包括球員改組達到效果，球隊戰績名列前茅，團隊關係得到改善，即便接下來西區冠軍戰輸給洛杉磯湖人，這些成功都無法否認跟改變。

但就算如此，薩弗還是提出兩個不太吸引人的選擇：一個是以目前薪水再續約一年，另外一個是簽一份三年的複數年合約，但薪水是柯爾剛加盟時較低的數字，而且要第三年才有激勵獎金，也就是要等到二〇一二到一三球季。

短期沒有保障地在常常忽略他建議的老闆下工作，或是立刻減薪百分之十，二〇一〇年拿著跟二〇〇七年一樣的薪水，這讓柯爾陷入思考。他沒有指望加薪，因為有報導說太陽球團遭遇到困難的財務問題，他也非常清楚，薩弗還欠波特教練兩百五十萬美金，不過一旦接受，就表示他也同意老闆對自己這位總經理沒有信心的想法。另外要考慮的是，教練團之一的葛里芬，六月合約就到期，而總教練金特里還剩下一年約，目前看起來也沒有任何續約的跡象。

費城七六人在五月二十一日請了道格·柯林斯擔任總教練，TNT的球評位置多了一個空缺，柯爾也多了一個選擇，一個可以回到唯一居住地聖地牙哥並接受報價的機會。然而那個時候，他對於打造太陽團隊的一切越來越感興趣，甚至接受減薪留在鳳凰城也有可能，因為他關心的是，享受當下和身邊一起打拚的人，而不是圈外人對於去留的世俗看法。

除了堅信自己應該站在場邊指揮而不是辦公室燒腦，柯爾最無法接受的是，薩弗讓金特里帶著巨大壓力準備二〇一〇到二〇一一球季，需要拼命證明能夠勝任這份工作。

想一想，太陽終於征服了馬刺這座山頭，闖入分區冠軍賽，四十一場例行賽主場比賽中的上座率高達百分之九十五點八，比聯盟平均數字要好，而且柯爾正按照計劃，讓有潛力的年輕球員和奈許、希爾，以及史陶德邁爾等老將配合，如果管理階層這樣的表現都沒能得到資方的獎勵，柯爾認為他們將永遠得不到。

六月十四日，雙方再次進行談判，柯爾希望且計劃著回歸，但六月十五日，太陽隊卻舉辦記者會，宣布總經理閃電離職，回歸TNT轉播頻道，空缺的總經理缺，球團讓金特里先分擔一些職責。

「我不認為這令人意外，」薩弗努力解釋，「電視台是他加入球隊之前的職業，其實球季中就已經想過做出改變計畫的決定，其中牽涉到很多因素，包括生活方式和講評機會，我本來希望他可以續任。」

柯爾堅稱不是因為錢，但薩弗否認，說薪資問題是「其中的一小部分」。

柯爾決定展現人品，不想再次對薩弗進行批評而引起風暴，畢竟這位老闆在不必要的情況下，給了他部分所有權，那也只是和史騰見上一面，實際上沒有一定要他的幫助；或者，也可能只是表達上的差別，柯爾對於薪水數字沒有那麼在意，但球團對待金特里的方式讓他感到不悅，因而成為決定離職的關鍵。

「史蒂夫知道他未來都會過得很好，」大衛．葛里芬說，「對他而言，不能為其他人去做正確的事情就是結束。說到底他是個人，這比其他事情都來得重要。他一定有自己心中的生活標準，當無法達到這標準時，他就會決定離開。」

柯林斯前往費城的時機非常恰巧，讓太陽球團可以藉機找到解釋柯爾自己離職的理由，說總經理想要回去當球評和多跟家人相處，事實上，就算沒有電視台提供的機會，柯爾也很可能會辭職。

薩弗認為這是一次和平分手，但大家都知道，柯爾的個性不喜歡公開批評任何人，不管理由正當與否，都不會這樣做，就算這是他職業生涯中最糟糕的一次拆夥。

之前在芝加哥，他一度被稱作自己人，轉隊之後，雖然他很明顯支持著總教練傑克森，也只是公開表達對克勞斯的作法感到困惑而已；他私下向朋友抱怨威斯特不公平，但從來沒有在公共場合直接批評波特蘭的管理層；對鳳凰城和薩弗，柯爾也是如此。還有一點是，他還是希望太陽隊看起來是個穩定運營、前景美好的球隊，因為除了球評，柯爾依舊是這支球團的小股東。

以總經理身份管理太陽團隊三個賽季下來，狀況好像有高有低，結果也沒那麼令人滿意，但這段期間對後來的柯爾產生正面的影響，例行賽的戰績是一百五十五勝九十一敗，季後賽是十一勝十敗，除了數據好看之外，對他個人來說，是無價的寶貴經驗。同時他也學到，即便擁有豐富的休息室經驗，需要建議跟改革時，必須更加慎重地考慮時間和地點。

和丹東尼發生衝突，成為了一堂關係建立的寶貴課程，教會了他教練和總經理之間建立緊密合作的重要性。

和薩弗的意見分歧，加深了他在芝加哥的信念，也就是良好的合作關係，應該建立在三個人之上，包括老闆以及兩位決策領導者。

和波特合作失敗，也提醒他新任教練應該根據現有球員來打造體系。

這一切事情都讓柯爾更清楚，未來成為總教練時要注意的地方，所以無可避免，二〇一〇年夏天，史蒂夫再次成為賽事球評，以及聖地牙哥的固定居民。

第十一章　需求

前對手麥克・凱奇（Michael Cage）經過漫長職業生涯後退休了，他和史蒂夫在聖地牙哥北部的女子排球比賽中相遇，兩人都是為了女兒的比賽前來，聊天時，凱奇注意到，這個柯爾更加輕鬆快樂。

柯爾站在球場旁，雙臂交叉著，看起來自在又放鬆，身為父親，看著兒子尼可拉斯打籃球和女兒瑪蒂打排球，成為他生活中唯一與體育相關的牽掛，家庭時光愉快地充滿了他的世界。

球隊的小股份依然留著，而且柯爾跟幾個太陽球員，特別是還在球場奔馳上的史蒂夫・奈許和格蘭特・希爾保持聯繫，同時也為金特里加油，但隨著二〇一〇到二〇一一賽季開始，管理決策的壓力和可怕的電子郵件，已經漸漸淡出了他的生活。

柯爾四十四歲了，更重要的是，尼可拉斯十七歲，瑪蒂十五歲，馬修十二歲，他不會只是思考著自己的未來，而是要付諸行動。

和ＴＮＴ轉播團隊一同飛來飛去的過程中，柯爾有很多機會參與到各個球隊的訓練，還可以利用球隊和電視台的製播會議，跟教練們提問討論。事實上，他本來就會參加這些訓練，因為在籃球圈，這樣的情況在退休球員們之間很常見，雖然很多人都知道，柯爾對執教工作充滿興趣，但可能沒有人知道，這些參與都是柯爾收集資訊跟紀錄筆記的機會，他要先充分學習之後才能實現擔任總教練的目標，最終在教練席上戰勝他們。

雖然還沒有球隊開門邀請，但他會積極地收集戰術，就像坐在場邊的球探一樣，為研究對手做準備，然後離開球場時，會帶走幾份詳細的分析，包括戰術的名稱和打法。同樣地，柯爾在家用電視看比賽時，也會激發一些靈感，還會花很多時間繪製戰術圖。

還有，他會觀察勒布朗・詹姆斯（LeBron James），並且去想像，在特別關鍵的季後賽時刻，怎麼樣去準備、去面對那些主宰球場的力量；他會用心去分析那些未來可能的潛在對手，同時留意不同教練會怎麼處理微妙的小細節，也會跟這些未來的同行們定期交流想法，討論場內外的狀況，這樣的成長是非常珍貴的，他每個禮拜都在進步。

「他問了一些問題，可能不適合在電視轉播中提到，但這在未來將會派上用場。」ＴＮＴ的搭擋，資深主播馬爾夫・艾伯特（Marv Albert）這樣認為，因為他發現跟柯爾一起去乾洗店拿衣服時，有些對話重點是雜亂無章地寫在洗衣標籤上面。

二〇一三年夏天，柯爾到科羅拉多州的阿斯朋機構參加體育領袖會議時，他已經對未來工作有最自然的反饋——就是球員在比賽前那些既定的習慣事務，現在則是轉變成教練賽前的習慣，他想成為史上最有經驗的菜鳥總教練。

會議上，他碰到前尼克和火箭的總教練傑夫．范甘迪（Jeff Van Gundy），雙方進行了交流，范甘迪建議柯爾，把一切觀察到的都寫下來：想要學習的，想要改變的，一路把吸收到的累積起來，然後組織去建立一套理念。

接近夢想的過程需要加倍努力，於是柯爾在自己的隨身電腦裡，創建了一個筆記本檔案，專門記錄細節以供以後參考，其中包括客場比賽時，伴隨球隊的家庭安排政策，以及那些很少或幾乎沒有出場時間的球員，賽後是否應該進行有氧運動，他的朋友和高中教練會提供柯爾在電視上發現的比賽影片，然後用手機應用程式編輯存檔方便觀看。

從芝加哥公牛的替補得分後衛開始，菲爾．傑克森一直認為柯爾未來可以成為總教練，差別是在哪個城市跟哪支球隊而已，在「禪師」眼中，他不僅僅會成為一個成功的教練，而且還會是一個優秀的NBA教練，具備職業道德、溝通技巧，以及冷靜理性的特質，同時個性能夠和這個領域的所有人打好關係。

擁有五枚總冠軍戒指，過去合作名單上，還有喬丹、鄧肯、波波維奇和傑克森這樣籃球名人堂等級的夥伴，這種背景對柯爾接任不需要經驗的助理教練是有幫助的，也由於傑克森的說服力，《芝加哥論壇報》的記者史密斯在二〇〇三年六月就向華盛頓巫師建議，在柯爾退休後可以大膽試試，直接雇用他成為教練團的一員。

這種強烈的感覺，不是只有傑克森有，很快地，許多球隊管理階層都在討論，雖然柯爾在執教這一塊完全沒有經過認證，擔任總經理的表現也沒有那麼穩定，但這兩個角色，他都被視為是一位後起之秀。

柯爾曾經效力過的球隊之一——波特蘭拓荒者，對他非常有興趣，營運總裁賴瑞·米勒（Larry Miller）在二〇一一年五月把柯爾設定為總經理的主要目標，但遭到拒絕，十一個月後，該職位再度空缺，球團又試著再次邀請柯爾加入，但也又同樣被禮貌地拒絕了，雖然這個城市柯爾蠻喜歡的，微軟聯合創始人老闆保羅·艾倫也很有企圖心，而且坐飛機到聖地牙哥只需要兩個半小時，但還是沒有合作成功。

長期的友誼好像也沒有幫助。奧蘭多魔術球團在柯爾拒絕拓荒者一個月之後，開除了籃球營運總監史丹·范甘迪（Stan Van Gundy），而艾力克斯·馬丁斯（Alex Martins）補上位置後，就把柯爾排在他的首選名單中，「我覺得他只考慮了半秒。」馬丁斯說，這個明確的答案，讓魔術完全沒有理由將這位頭號候選人交給球隊老闆里奇·德沃斯（Rich DeVos）作進一步的討論。

四到五支球隊同時發出詢問的信號，但柯爾給的回答都不是百分之百肯定，這位高中時期被大部分學校忽略、選秀會中被錯過四十九次、一九九三年夏天不得不主動去爭取職業球隊簽約的球員，這時已經進入一個全然不同的世界，在這個世界裡，他成為眾人喜愛的對象，不但可以選擇工作地點，還有兩種高級職務可以挑。NBA總教練是明確的目標，但要等到適當的時機，等到尼可拉斯、瑪蒂和馬修長大後再來考慮。

事實上，柯爾受到許多不同領域的欽佩和關注，甚至吸引了一些聽起來不太實際的工作機會：美國白宮就曾經考慮，任命柯爾為北韓使者，和對方進行談話。

這個安排非常不尋常，但經濟學家馬克斯・諾蘭（Marcus Noland）認為有它的道理，因為二〇一二年，美國總統歐巴馬為了應對朝鮮新領導人金正恩，尋求了專家們的建議。參考過去二〇〇〇年，國務卿瑪德琳・歐布萊特訪問平壤時，特地帶著一份由麥可・喬丹簽名的籃球，當作禮物送給金正恩的父親，也就是前任領導人金正日，這份禮物備受重視，後來被放在北韓首都國際交流博物館的玻璃櫃中展示，那裡被視為一個神聖的地方，參觀者需要穿過一個吹風的機器以清除灰塵，鞋子要加上套子才能進入。

諾蘭向歐巴馬提議：讓柯爾去北韓。

幾年之前，中央情報局曾經考慮過「小蟲」丹尼斯・羅德曼，因為當時，金正恩正在接班，

奇也說：「史蒂夫對籃球瞭若指掌，唯一的問題是他願不願意成為一名教練，花時間在交通、飯店、休息室還有比賽中，如果他準備好了，那肯定會成為一名出色的籃球教練。」

二〇一四年四月下旬到五月初，柯爾即將前進麥迪遜廣場花園的傳言，好像已經被所有人認為是不爭的事實了。

庫克奇說的沒錯，籃球隊的確有艱辛的地方，但他對前公牛隊友的想法有所出入，那些圍繞在球隊四周的時光——包括飯店、休息室、比賽——正是柯爾懷念的，隨機出現在不同城市、進行訓練、在大巴上討論戰術、和球員一起奮鬥、第四節執行戰術後獲得勝利的感覺，才是真正吸引他的地方，一點都不會擔心。

柯爾不只願意，甚至是渴望從轉播人員的舒適生活，跳到球場邊線旁那個充滿壓力的位置，但這也是為什麼他開始有些焦慮並陷入長考中的原因，因為還有個缺點，就是會有更多時間遠離家人。

「他的快樂來源是籃球，」葛里芬說，「是比賽、是球員。」

「從智力去看，他適合處理大局當總管，但精神上來說，他更適合執教。」

那個時刻，尼可拉斯和瑪蒂正在上大學，馬修是高中四年級生，好像是時候了。

西區那邊，金州勇士正在打季後賽首輪，沒有什麼時間去尋找總教練替代者，就算他們跟馬克・傑克森（Mark Jackson）之間裂痕越來越深，快要變成大峽谷那麼深。管理層幾乎已經決定，就算不被看好的勇士可以擊敗快艇，球季結束後也會開除這名總教練。

馬克・傑克森和上司之間的不和，已經達到難以挽救的程度，包括他與許多球員，尤其是核心球員柯瑞本來的良好關係，也完全被抵消。除了個性衝動之外，高層希望球隊的進攻要更加流暢，而不是只靠總教練的戰術設計，那會變得過於單打獨鬥，凸顯史提芬・柯瑞和克雷・湯普森（Klay Thompson）這組出色的後場組合而已。

如果金州勇士在第七場客場比賽贏了，並不能改變馬克・傑克森的命運，但很可能會改變歷史，那年季後賽他們就必須繼續作戰，起碼要再等十天以上，甚至是好幾個禮拜，才能跟柯爾展開合作關係，這是一個重要的關鍵點，因為柯爾希望盡快確認，這樣他才能盡快給人在紐約的導師答案。

當時，勇士球團還有另外一名中意的候選人，史丹・范甘迪，他最後到底特律活塞報到，接受了總教練兼總經理的職務，這樣的雙重角色對勇士隊來說不是選擇之一，因為鮑伯・邁爾斯擁有光明的未來，才是球團總經理的首選。

柯爾一直在評估紐約那邊的優缺點，最明顯的缺點就是跟聖地牙哥家人的距離，以及老闆詹姆斯・斗蘭（James Dolan）的糟糕管理，與尼克隊的糟糕戰績。他利用和薩弗合作的三個賽季，了解到高層決策者之間團結的重要性，四年後，他自知如果選擇到紐約，可能會步入比早期年代鳳凰城更加混亂的局面。

身為NBA聯盟當中的頂級市場，紐約尼克一直飽受外界的公開批評，包括在性騷擾官司中敗訴、教練團和管理層頻繁更換，各個方面都能聽到負面消息，不過柯爾還是找了好搭擋艾伯特，想要聽聽內部人士的觀點。艾伯特二〇〇四年被解僱之前，擔任尼克隊的評論員長達三十七年。「史蒂夫什麼都看，」他說，「這不是他不知道的事情，只是他想更深入了解一些。」

左右為難的猶豫時刻，柯爾想像自己一人待在曼哈頓的飯店裡，外面的風雨交加，而他將獨自為一支能力不足的球隊設想贏球計劃，離家約四千公里遠，那是孤獨的感覺。在太陽隊的時候，心情已經很難受，但球隊起碼還有不錯的勝率支撐，而且離家也算近，可以搭個飛機回家吃晚餐，但去了紐約，等於要接受失敗和孤單。

然而，基於對傑克森的尊重與欽佩，他還是先朝著加入尼克規劃，畢竟傑克森在啟動柯爾職業球員生涯中的貢獻巨大。一直傾聽著柯爾，知道前進紐約必須要面對失敗和寒冷的一位朋友表示：

「這是一種義務，從柯爾的觀點來看，他覺得自己虧欠了菲爾什麼，菲爾沒有說：這是你欠我的，但在柯爾的情感面上是，他一直在拉扯。」

「關鍵是他在思考：『是的，和菲爾一起工作會很棒的，是的，我很想做這件事，這是我回報的機會，我可以為了回報過去他對我的所有幫助，我報答了，內心感受也會很好，就可以繼續努力前進。』」

明明看到所有跡象都表明，他正在走向一個巨大的錯誤職涯選擇，但他還是堅持，不能讓傑克森失望。確定這點的同時，勇士隊二〇一三到一四賽季，於五月三日在洛杉磯的第七戰劃下句點，這是一個令球團失望的結果，但卻也是球隊史上最好的結果之一。

距離帕利塞德只有三十公里遠的勇士隊結束了該賽季，而柯爾正在做決定，資深教練奧森表示自己每週都會和這位過去旗下的後衛球員聊天討論，因此觀察出一個結論：柯爾很可能會接受紐約尼克隊的工作。相隔兩天，五月五日，菲爾·傑克森代表球團透露，柯爾承諾，下一季擔任尼克隊的總教練。

而金州勇士按照計劃，五月六日開除了馬克·傑克森，解決內部現階段的問題，但外部勢必要面對可以預測的反彈聲浪，因為這位總教練的確帶起了過去幾年低迷的勇士，這段期間，柯瑞快速崛起成為明星，防守效率排在聯盟前五，球隊打出近二十年沒有過的單季五十一場勝利。

勇士管理階層，特別是親力親為的創投老闆喬·拉寇布（Joe Lacob）和總經理邁爾斯，都一致認為球場外的氣氛應該優先處理，這和一九九〇年代的公牛恰好相反，對於芝加哥管理階層來說，緊張的氣氛是常態，只要勝利源源不絕就沒問題，但糟糕的是，拉寇布和邁爾斯當下還沒有明確的未來計劃，沒有安排好誰來接馬克・傑克森的總教練位置。

其中一位候選人讓球團感到洩氣，柯爾回覆他們說，自己已經和尼克隊差不多達成協議了，也希望這個計劃可以實現，現在只要雙方將合約上面的財務數字敲定即可，他用最親切委婉的措辭，建議勇士高層可以尋找其他人選，而拉寇布和邁爾斯告訴他，如果改變主意，球團依然願意和他談談。

數字出來了，尼克隊將報價增加到四年一千七百六十萬美金，柯爾認為這是一個「非常合理」的合約，但還有一個最大的問題要解決，他還沒有和斗蘭碰面。

當時負責轉播的柯爾，連續十九天都在各地當球評，每休息一天就會講一場比賽，使得他很難到曼哈頓的麥迪遜廣場花園，或是紐約郊區的訓練中心和尼克高層見面。但並不是完全沒有機會——他和艾伯特四月二十七日的比賽在布魯克林，這場暴龍跟籃網的對決打完之後會休息兩天，才需要去轉播巫師對上公牛的比賽，中間有足夠的空檔可以安排。

不知道是斗蘭拒絕透過電話聊，還是傑克森和特助史蒂夫・米爾斯（Steve Mills）擔心，與老闆交談之後柯爾會打消加入念頭，這位候選人沒有接觸到斗蘭，他只和傑克森一起吃了一頓晚餐，其他的交流機會都沒有，柯爾也沒辦法去減輕自己對紐約和麥迪遜廣場花園那種永無止境的混亂擔憂感。

還有一點，柯爾自己的感覺，無論多信任的良師益友，傑克森這段時間從來沒有到任何一個柯爾轉播TNT工作的比賽場地，把合約拿在手裡，展現誠意並說服他簽下合約。「禪師」或許會一輩子後悔，後悔當初沒有採取行動。

勇士老闆拉寇布、總經理邁爾斯、副總經理崔維斯・詩蘭克（Travis Schlenk）和柯克・拉寇布（Kirk Lacob），一起飛往奧蘭多與范甘迪會面，尋找馬克・傑克森接班人之旅剛剛開始。

當團隊意識到，范甘迪即將和活塞隊簽下四年合約時，勇士陷入了極大的劣勢，因為首選的兩位候選人基本上已經都確定新東家，但他們還是跨越從西岸飛到東岸，為的就是那一點微薄的可能性，看能不能打動這位前魔術教頭，為了年輕有為的勇士陣容，進而放棄活塞，選擇入駐奧克蘭。

一群人在飯店開會的時候，邁爾斯的手機響了，是柯爾經紀人麥克・坦能波（Mike Tannenbaum）打來的，邁爾斯走出去接了電話，坦能波說：柯爾沒有完全鎖定尼克隊。

喬・拉寇布的手機也響了，史蒂夫・柯爾的來電顯示出現在螢幕上，拉寇布走到走廊接起電話，柯爾說：紐約的計劃還沒有完全敲定。

勇士隊的世界，一瞬間發生如此巨大的轉變，他們正在和另一位總教練候選人進行面談，結果柯爾卻在告訴傑克森要去紐約之後，現在鎖定了金州。

拉寇布立刻意識到：「我們有個機會了！之前不確定是否有任何的機會，但我知道可能性不會是零，因為任何協議都還沒有正式達成，所以必須假設他們有可能選擇另外一條路。」「當我們接到電話的時候，就是一個機會，一般的情況下，一旦出現機會，鮑伯和我會立刻把握住這個機會，讓希望的事情發生。」

和斗蘭的歷史相比，勇士隊提供了那份熟悉感，拉寇布、邁爾斯，還有球隊總裁里克．韋爾茲（Rick Welts）都直接和柯爾聯繫，韋爾茲還是過去在鳳凰城一起共事過的朋友，突然間，勇士球團不可思議地有了些機會。

雙方都不想再拖，勇士隊的代表們對這個機會感到相當興奮，立刻從奧蘭多飛到奧克拉荷馬市，柯爾正在那裡講評一場季後賽，這是和范甘迪會面後的隔天，這種積極主動的態度是紐約尼克那邊從來沒有的。

柯爾把握了這次機會，將面試變成了一場小型個人秀，老闆拉寇布叫這段為「華麗展示」，三個小時的時間裡，史蒂夫表現出清楚的分析思維、高超的溝通技巧，以及充分的自信和準備，成功地利用他的筆記展現出了自身才華。他沒有刻意裝酷裝冷靜，也沒有讓人覺得，只有巨額薪水和皇帝權力，才能說服他離開賽事球評的舒適椅子，他在螢幕上叫出一個早期準備的投影片檔案，上面寫著：「為什麼我準備好當總教練了」。

奧克拉荷馬機場的會議室裡，沒有溫和有禮的閒話家常，因為柯爾是主動聯繫勇士隊的一方，他也要求坦能波改變方向遠離紐約，金州的機會顯然不錯，只在財務上有相同的共識即可，現在不是婉轉或浪費時間的時刻，柯爾也確實沒有。

這位候選人直接詢問勇士團隊，他想知道為什麼馬克·傑克森帶領球隊取得明顯的進步後，還會有總教練空缺的情況發生，因為例行賽單季五十一勝，以及季後賽第七戰客場差點獲勝，都是令人印象深刻的表現，在人手不足的情況下，教練團進行變革可能暗示著管理層也有問題存在。

在坦白的解釋後，柯爾充分接受教練和球團之間產生摩擦的原因，同時他也確信，自己的未來應該就屬於這裡。

面談過程中，柯爾語氣友善而堅定，在多個話題間靈活轉換卻又仔細，展現自信又可以承認不足，他直言需要有經驗的助理教練幫忙，並且詳細說明想要組成的助理教練團名單，這些大家都聽過的人選，一旦在總教練出現問題時，就必須立刻給予協助和提醒，這一細節讓勇士高層們感到欣慰，因為柯爾展現出充分的安全感和信任感，這點是之前馬克·傑克森完全沒有的。

馬薩諸塞州出生的大衛·布拉特（David Blatt）是歐洲的明星教練，備受尊敬的老手金特里和榮恩・亞當斯（Ron Adams）也在名單前面。

另外，討論進攻和防守上的改變時，柯爾也很有主張，他靠著分析數據，解釋目前的球隊陣容，甚至提出戰績上會有所回報的睡眠計劃和飲食安排，讓在場的勇士隊管理階層對他感到欽佩。

會議結束時，柯爾有一種感覺，就是在經歷鳳凰城太陽破碎的內部關係後，金州勇士老闆、總經理、總教練的三方健康平衡會讓他優先考慮，這也是紐約尼克不會有的高層互信與互動，從球員陣容跟戰力上去評估也很明顯——勇士擁有二十六歲的柯瑞和二十四歲的湯普森，加上今年季後賽有七位主力輪換球員，下個賽季依然待著；尼克只有二十九歲的卡麥隆・安東尼，而且可能需要多個球季進行重建。

地理位置上也是加分，女兒瑪蒂剛進入的加州大學柏克萊分校就在附近，而加州距離聖地牙哥坐飛機只要一個小時，那裡大兒子尼可拉斯在唸聖地牙哥大學的大三，小兒子馬修已進入當地高中的最後一年，而且灣區還有湯姆・托伯特，柯爾的大學戰友，退休後擔任球評。

紐約對柯爾來說，能為菲爾・傑克森工作是一個巨大優勢，但好像也就只有這個優勢了。

綜合以上條件，柯爾和勇士明顯地互相適合，雙方只用了一天的時間，就從初次碰面到深談合約內容，柯爾有條理地準備工作，也透過電話跟球隊頭號球星柯瑞交流，勇士原本從絕望的谷底轉變成為夢寐以求的結果，大概只有四十八的小時左右，五月十四日，雙方宣布達成協議。

當傑克森聽到過去子弟兵確認新東家的消息時，並沒有產生任何不舒服的感受，而且還表示，如果選擇去紐約，然後兩人卻後悔，反而才是最糟糕的事，這對柯爾來說，算是個雙贏的結果。

最終，勇士球團開出了一份更優渥的合約，五年長約，總價值兩千五百萬美金。

針對最後選擇，柯爾是這樣解釋的：「我告訴菲爾，只要我們合約的條件談好，我就會去，但合約內容一直沒有細談。我當時是假設會去，如果他們提供了公平的報價——他們最終也確實這樣做——但我們剛開始談判的那一刻，勇士隊的工作機會剛好出現了，所以我覺得很抱歉，因為菲爾對我來說意義重大。」

無意中，他其實想盡辦法在尋找擺脫尼克的理由，又或是他已經意識到，前往紐約將是一個錯誤，他告訴傑克森他可以去，但又尋求加盟勇士隊的機會，他實際上得到了一個公平的報價，但依舊拒絕了到紐約工作，在勇士跟范甘迪進行面談之前，柯爾已經對自己的決定反反覆覆不知道幾回的多次思考，包括孤獨、失敗、距離，以及老闆等問題。

和勇士球團達成協議的速度之快，連家人都對這個突然的轉變感到驚訝，女兒瑪蒂甚至不知道勇士隊是一個選擇，直到爸爸在加州大學期末考前傳了一個簡訊過去，說加大距離球隊球場不到十公里。

「我們都以為他會接受尼克的工作，沒有試圖去影響他的決定或任何事。」瑪蒂說。

「他完全是一個加州人——我認為，他在紐約會因為天氣和孤單過得很不好。」

「最重要的，他需要我媽。」

（史蒂夫後來取笑女兒說：接受勇士總教練工作是因為兩個最重要原因，一個是我寶貝女兒在柏克萊分校，另一個是史提芬・柯瑞在這裡，我這樣跟女兒說的，大概是百分之九十柯瑞和百分之十的她。）

勇士球團開始打造柯爾總教練的形象與說服力，雖然沒什麼可以著墨的地方，但宣布記者會上，既然無法凸顯他執教生涯的亮點，他們決定把柯爾過去效力的成功教頭一一列出，這也是最能跟總教練扯上關係的方式。

奧森坐在最前排，然後會上播放的影片名稱是「柯爾的傳奇教練」，其中有傑克森、波波維奇、威肯斯、費茲西蒙斯，還有奧森的鏡頭，然後附上一份推薦人名單。柯爾沒有實質的總教練背景，不過聯盟中很多人相信他，相信只要他願意付出努力，找到合適的團隊，就可以兌現承諾。

「說到底，我知道他對籃球了解很多。」拉寇布有自信地說。

「教練能力上，我們的確決定冒一點風險，但我們在馬克身上，同樣也賭了一把，而且效果很成功，所以只要找到合適我們球隊的人選，一個具有高度潛力、勤奮努力、充分準備的人，這就是我們的目標。」

沒有明說，但大家都知道，柯爾和他那些具有強烈影響力的教練們，在得到高層職位的路徑完全不同。

奧森在執教NCAA一級聯賽之前，曾經在五所不同的高中和一所大學教過球；費茲西蒙斯，柯爾第一位NBA教練，在大專學校執教長達九個賽季之多；柯爾的第二位總教練是威肯斯，曾經擔任超音速和拓荒者的球員兼教練，然後再升為總教練。

至於「禪師」傑克森的成長，包括在CBA（Continental Basketba_l Association）小聯盟擔任過五個賽季的教練，甚至到波多黎各執教，然後回到美國，擔任尼克隊和公牛隊的助理教練，有點諷刺的是，他當初拒絕紐約提供的首席教練職位，而選擇了芝加哥；波波維奇在主導馬刺之前，曾在南加州一所大學擔任總教練八年，然後到空軍學院、堪薩斯大學、金州勇士、聖安東尼奧馬刺擔任助理教練。

那柯爾呢？他只有籃球本能，跟一份電腦裡的文字檔案。

波波維奇不擔心這點，在柯爾作為總教練第一個例行賽登場，還沒有太多參考戰績的時候就說：「史蒂夫是個不需要多想的首選，一個球隊中，有一些球員擁有對比賽極高的直覺性，這些人是天生的領導者，他們溝通能力很強，工作態度非常好，智商很高，史蒂夫擁有以上這些優點，很容易就看出來。」

當然，所有的風險幾乎都在勇士這裡，如果柯爾失敗，球團肯定會受到許多嚴重的打擊與批評，而他本人在四十多歲時，簽下了一份長達五年，算是餘生經濟保障的合約，還多次被轉播單位邀請再次回鍋擔任球評，不管柯爾能不能在聯盟中嶄露頭角，成為教練群中的聲譽明星，或是無法完成勇士隊的挑戰，未來無疑地還是擁有很多機會和選擇。

得到了一支優秀的球員陣容，在喜愛的地點獲得優渥的報酬，又加入了一個充滿積極能量的球團，對柯爾來說，這一切再好不過了。

第十二章　溝通的力量

澳洲航空九十四號航班，雙層空中A三八〇超重型飛機，二〇一四年六月十一日晚上十點四十分，從洛杉磯國際機場呼嘯升上夜空，沿著太平洋向西南方前進，史蒂夫·柯爾坐在商務艙二十二J的座位上，他禮拜三出發，穿越了國際日期變更線，禮拜五抵達澳洲的墨爾本，飛行時間是十六小時又二十分鐘，上午九點抵達。

他在墨爾本只待一天的時間，然後雪梨也只待一天，無論時差有沒有調過來，他都必須在十六日再次搭上A三八〇飛機的商務艙返回加州，也就是禮拜一，下午一點十八分從雪梨出發，再次穿越國際變日線，禮拜一上午九點三十六分抵達洛杉磯。

這很正常，因為柯爾的首要任務就是和旗下球員溝通，了解這些球員對角色和團隊的看法，如果可以面對面直接交流會更好。

隊上中鋒安德魯·波格特（Andrew Bogut）的祖國是澳洲，所以進行一次短暫的拜訪，需要來回飛兩萬五千公里的距離，以及一萬三千兩百塊美金的機票費用。這個費時費力耗資金的安排，目的是和重要的勇士球員建立良好的關係，除此之外，飛到不同的半球，也表示這位新任總教練會盡可能用最直接的方式來處理事務。

這個跨洲的飛躍行動，是柯爾希望球隊陣容齊聚時，可以感受到更強烈的互信力量，而不只是華麗的炫耀，沒有進一步的後續計劃。

柯爾到邁阿密探訪哈里森·巴恩斯（Harrison Barnes），這位球員休賽季有一部分時間在經紀人那邊進行自主訓練；他聯繫了德雷蒙·格林（Draymond Green），以及格林在密西根州大的教練湯姆·伊佐（Tom Izzo），希望能多加觀察和收集方法，並且和這位最富情感的勇士球員建立特殊關係，「他是一個不可思議的傢伙，非常與眾不同。」伊佐對柯爾這樣說。

他通過電話和克雷·湯普森交談。湯普森的父親，前NBA球員麥可·湯普森向克雷保證，柯爾曾經為傑克森和波波維奇效力，勇士新賽季會順利度過，他告訴兒子，柯爾知道自己該怎麼做。

和柯瑞溝通時，柯爾明確引述了波波維奇的說法，一位明星球員必須受到更高的標準和要求，才能為其他球員樹立榜樣，柯爾毫不猶豫地表示，他會對這位核心球員嚴格執行，期待柯瑞能夠接受。

二〇一四年五月和六月，柯爾展現出了一種讓勇士球員都感到驚訝的自信心，這和他當球員的時候完全不一樣，這種自信是三十多歲時才出現的，經過了高中、大學，還有NBA職業生涯的洗禮，他對球員和球隊的發展很有想法，他打電話給巴恩斯討論馬刺和雷霆的西區冠軍戰，兩人一個身處東岸一個身處西岸，一整個國家的距離，柯爾告訴巴恩斯他的想法是，下個賽季勇士可以打進同樣的分區冠軍賽。

巴恩斯不敢相信：「我那時覺得，大哥，我們剛剛才在第一輪第七戰輸球耶！你懂我的意思嗎？他說得真自信，他從來沒有擔任過總教練不是嗎？」

安錐．伊古達拉（Andre Igguodala）則認為，勇士隊只要找到缺點加以修正，這樣的目標就不難達成。「如果我們保持侵略性，」柯爾對這名老將說，「我們就可以在接下來的六到七年，成為西區的頂尖強隊。」

過去七個賽季，勇士隊只進了一次季後賽，突然之間，這位新教頭洋洋灑灑地表示，這支球隊可以在未來十年，保持住爭冠的水準。這跟一般剛上任總教練充滿信心，表示會帶領球隊開啟新時代並且設定目標是總冠軍沒有什麼不同，只是柯爾表示這個過程，僅僅需要幾個月而不是幾年的時間，就好像從自身成功的球員生涯清楚地領悟到一般，他對未來做出大膽的預期。

只是，支持這種說法的理由不多。年輕的勇士很有潛力，但上個賽季他們西區排在第六，雷霆有凱文·杜蘭特（Kevin Durant）和羅素·威斯布魯克（Russell Westbrook），拓荒者有達米安·里拉德（Damian Lillard）、C·J·馬卡倫（C.J. McCollum）以及拉馬克斯·奧德里奇（LaMarcus Aldridge），快艇則有克里斯·保羅（Chris Paul）、布雷克·葛里芬（Blake Griffin）和德安錐·喬丹（DeAndre Jordan），勇士隊不是唯一有潛力的球隊。

能夠在桌上擺出像鑽石瀑布的五枚冠軍戒，讓柯爾立刻勝過那些嘴巴上講得很漂亮，但實際執行力不怎麼樣的教練，即便他沒有總教練的經驗，但對於整個聯盟的水準，這二、三十年的觀察下來一清二楚。而且，柯爾經常在和球員的私下對話，或是媒體公開評論中讚賞馬克·傑克森，這讓球員們相信，他不會以為自己擁有所有問題的解答，不是個自以為是的傲慢者。

柯爾本來就不喜歡展現優越感，他的目標是傳達一個訊息：「我們是很幸運的人，我們有機會執教職業球員，而我的球員們上個賽季贏得了五十一場比賽。」二〇一四年夏天，他展現出來的謙遜，比以往任何時候都重要，因為他發現總教練的位置，必須要用以前從來沒有用過的方式來領導。

正式成為總教練，第一個任務就是組建一個團隊。

奧克拉荷馬那次面試中，柯爾承諾勇士球員，會尋找經驗豐富的頂級助教，他這方面說到做到。他之前聽說過大衛·布拉特的功力突出，而且強調球的流動性以及進攻的順暢度，他們經紀人又都是坦能波，於是六月份，兩人安排在洛杉磯國際機場碰了面，柯爾提供了助教的工作機會，希望布拉特能接受。

同時，柯爾也成功找到其他兩位心中的候選人，經驗豐富的榮恩・亞當斯，這位教練在六隻不同的NBA球隊板凳席上待了二十年；另外一個就是之前在太陽隊擔任總教練的金特里。

除了以上三位，柯爾和勇士試圖挖角馬刺隊的奇普・恩格蘭（Chip Engelland），可惜沒有成功，這多少影響到了勇士隊的計畫，不過另一位柯爾的老友，前亞利桑那隊隊友和太陽球探佛雷澤選擇加盟。

路克・沃頓（Luke Walton）也想加入這個團隊，但板凳席上的經驗很少，只有在湖人小聯盟球隊擔任過一年的球員發展教練，以及二〇一一年球季停擺期間，在曼菲斯大學短暫擔任過助理教練，經驗明顯不足，可是這正是柯爾需要的，他希望教練團隊中有年輕的助教，需要有年齡接近現役球員的前NBA球員，這會形成教練和球員們之間的聯繫橋樑，沃頓三十四歲，去年才剛剛結束十年的球員生涯，很符合這樣的要求。另外，三十五歲，退休算早的前職業球員賈倫・柯林斯（Jarron Collins），也是教練團的一員。

最重要的是，沃頓的教練跟柯爾頗有淵源，他在亞利桑那大學為路特・奧森效力過，晚了柯爾十一年之後，加入了亞利桑那的籃球隊；他還在洛杉磯湖人為菲爾・傑克森打過球，同樣得到普遍的好評，被認為是聰明、成熟、為球隊著想的板凳戰力，也都跟超級明星球員同隊過。

雖然都住在聖地牙哥，兩人有著類似的背景，但沃頓實際上並不了解柯爾，他透過佛雷澤間接地接觸了柯爾，並將求職意願成功轉達。

「我們知道彼此，所以算已經認識了，」沃頓說，「這多少有些幫助。」

「另一方面，我曾經替傑克森和奧森效力，我們看待籃球比賽的方式可能很類似，我和他在一起的時候，就覺得他是一個很了不起的人，和他交流很開心又有趣，我認真覺得在他的團隊裡工作，成為他的助理教練，可以學到很多東西。」

柯爾向教練團隊展現出自助人助的極度信心，他告訴布拉特，勇士隊的助教們可以在一年到兩年之後變得很強，強到可以獨當一面，爭取聯盟其他球隊的總教練職位，柯爾當時不知道是不是有點過度樂觀，因為勇士球團的合約還沒有最終敲定，騎士球團傳出要面試布拉特的消息。

情況有些似曾相識，但柯爾比任何人都能夠理解，口頭承諾並不能給予保證，所以他同意布拉特不加入，而是去追求成為一位總教練。克里夫蘭球團六月二十日正式聘請布拉特，三個禮拜之後，聯盟頭號球星勒布朗・詹姆斯以自由球員的身份重返騎士隊，這一切完全超出柯爾跟布拉特在機場碰面時可以想像的。

七月三日，柯爾宣布更新後的教練團隊，沃頓成為了第三助教，和柯林斯提供了青春活力，然後，金特里和亞當斯提供了強而有力的安定感，再加上佛雷澤給人的舒適感，勇士擁有近乎理想的教練團隊，就算失去了布拉特，柯爾的起步還是非常理想。

七月初，實際的教練工作開始了，柯爾有點奇怪但又有意義地擔任了拉斯維加斯夏季聯賽球隊的總教練，通常這工作是讓年輕的教練負責，總教練會坐在觀眾席上看比賽，不過柯爾想要這種經驗，看看那些兩個半月之後，不一定能加入球隊訓練營的球員，怎麼利用這個聯賽展現自己。

柯爾需要累積經驗，因為他很快就感到自己經驗不足，比賽暫停時，一直浪費寶貴的時間在畫戰術，所以某場比賽結束後，他拿著白板回到貝拉吉奧飯店（Bellagio Hotel）的套房，勤快地在星空下和戰術設計度過了一個美妙的夜晚，他練習有效率地在白板上塗寫籃球術語，讓原本乾淨的板子，更快出現球員要執行的內容，別忘了，柯爾是一個以準備充足為傲的教練，他必須在客場第四節、時間只剩下四秒鐘、勇士隊落後一分的暫停時刻，在一片混亂的喧囂吵雜聲中交代戰術。

休賽期最後倒數階段，柯爾在球隊總部的辦公室裡和第一助教金特里討論，如何用最佳方法來繪製戰術圖，是使用球員名字的第一個字母當縮寫？還是根據場上位置？背號？每個可能性都仔細研究。

金特里就說：「史蒂夫不是一個沒準備就接下工作的人，他一直在準備，一直想成為一位稱職的教練，在鳳凰城擔任總經理的時候，我們就談論過這個話題，他具有領導的天賦與才能。」

柯爾給人的印象是聰明冷靜、喜歡玩鬧，很像一個享受生活的衝浪者，而不是一個非贏不可的競爭者，他希望保持年輕時的思考模式，搭配刻意弄亂的金色頭髮和一雙板鞋，他甚至花了一個月的時間去想一個內部口號，最後決定用「眾志成城」（Strength in Numbers），符合了他對球隊深度和包容性的期許，結果反應熱烈，勇士行銷團隊也把這四個字當作新賽季的年度口號。

為了學習更多不同的教練思維，柯爾往北方飛去，參觀了美國職業足球（NFL）西雅圖海鷹隊的訓練，和教練彼特・卡羅（Pete Carroll）見面，也參加了他們教練的組內會議。

傳統的訓練方式被打破了。柯爾聽到訓練時球隊放著非常大聲的音樂，用來刺激球員保持積極和活力，他感覺好像在馬戲團看秀一樣，這次學習之旅幫助很大，他之後也大方地使用這位美式足球教練許多的想法，就像之前在TNT時，從未來NBA同行那裡學東西一樣。

「告訴我你的核心價值觀，」卡羅在一次交談中問柯爾。

「喜悅。」他想了一下後說。

「好的，喜悅，」卡羅回答，「你每一天的訓練中都必須感受到。」

返回加州之後，他試了幾項卡羅的方法，在煩躁無味的訓練中想辦法加入喜悅，他的教練知識庫一直在累積，同時不斷強調四個核心價值：競爭力、同情心、專注度，以及喜悅，偶爾會用筆寫下這些詞提醒自己和球員。

九月份，季前訓練開始前，柯爾和球團還安排勇士教練群到加州北部的鄉村小鎮，好好享受了三天的葡萄酒之旅，也算是為投入新賽季做的最後準備。每天有四場長度三到四小時的影片分析時間，讓教練們進行交流，但他們搭配的是游泳、網球、槌球以及品嚐美酒。（金特里在贏了對抗賽之後宣告：「我是有史以來最偉大的黑人槌球選手！」）

開訓的前一晚，柯爾還製作了一部介紹影片給球員們看，請主播朋友艾伯特用獨特有力的配音當旁白，柯爾則在裡面中添加了一些幽默，增進彼此之間的情感。或許，一直到賽季前夕，大家對於這位沒有經驗的總教練，可能有一些能力上的疑慮，但毫無疑問的是，灣區的氣氛，絕對會在他領導的獨特風格下面對比賽。

柯爾對大多數前任大學和NBA教練，以及NFL的卡羅都有深厚的感激之情，也都從這些人身上學到許多經驗。

因為奧森，他學到球隊在比賽中的表現跟練習有極大關係；費茲西蒙斯則讓他記得，新秀賽季在鳳凰城總是充滿活力，「他總有辦法讓我們笑個不停，這是非常充滿動力的事。」所以，柯爾才找艾伯特幫忙，用有力的聲音旁白來建立這種氛圍；威肯斯在克里夫蘭的三個半賽季中，也讓他喜歡上簡單的進攻策略，這是強調基本系統的執行，而不是死背一人堆複雜的戰術。「費茲西蒙斯和威肯斯個性完全不一樣，」柯爾說，「但他們都是偉大的教練，因為他們都做自己。這是所有指導教練告訴我的：『做你自己，忠於原則，一切會順利的。』」

傑克森和波波維奇當然影響最大，他們都是將籃球場上和場外生活結合在一起的領導者，尤其是傑克森，雖然執教時常常有歷史上不多見的超級巨星在陣中，但依舊強調團隊配合和球的輪轉，而不是一對一的單打獨鬥。這個觀念對首次以總教練身份登場的柯爾很有幫助，他多次複習了當年聖安東尼奧擊敗邁阿密，拿下二〇一四年總冠軍的系列賽，當作對自己狀態的提醒，還有他內心希望勇士成為的樣子。

四個大學賽季、十五年的NBA生涯、三年的總經理經驗，加上兩段一共八年的轉播經驗，總教練柯爾終於帶領勇士球隊，在奧克蘭市中心的萬豪酒店五樓球場開始訓練，這裡距離他們主場甲骨文球場不到十公里。

他帶著同樣的信念來到球場，就像當初和球員們說的一樣，不管是面對面還是在電話裡，唯一的差別是現在所有球隊成員都到齊了，是一支真正的NBA職業球隊。

接下來幾個禮拜，柯爾不斷強調球場上的傳球要更多，勇士球員也將感受到樂趣，他也開始在訓練時播放音樂來進行刺激，有些教練不同意，認為根本起不了作用，「這簡直就是馬戲團，」亞當斯在二〇一四到一五年賽季這樣告訴總教練，「這方式行不通的。」但柯爾依舊堅持。

球員生涯時期中無法使用的進階數據統計技術，柯爾現在可以應用了。他知道勇士上個賽季每場比賽平均傳球兩百四十三點八次，全聯盟排名墊底，這也是管理高層對馬克・傑克森主要有意見的地方，所以二〇一四到一五球季，球隊目標是每場打破三百次傳球。

柯爾沒有試著去擔任一位創新教練來完成這個要求，而是大方承認自己是一名戰術收集家，強調傳球的原因很多，第一，他肯定公牛時期，特克斯・溫特三角戰術的威力；第二，馬刺時期的波波維奇，無私分享球的思維也極為重要。

值得一提的原因是，柯爾直接告訴前沙加緬度國王隊的後衛道格・克里斯提（Doug Christie），他複製了早期二〇〇〇年代國王隊的成功理念，透過兩個傳球能力出色的大個子弗拉迪・迪瓦茲（Vlade Divac）和克里斯・韋伯（Chris Webber）來發動進攻，當然還不知道勇士能否適應這種變化，但至少有一個類似的起點，就是當時柯爾手下的大個子中，包括中鋒安德魯・波格特、大前鋒大衛・李（David Lee）以及德雷蒙・格林，都擁有不錯的傳球能力。

經過季前訓練和八場熱身賽的觀察，柯爾做了一個冒險而重要的決定，先發小前鋒的位置，由年輕的巴恩斯取代伊古達拉。

這個選擇可能會有潛在的負面效果，因為伊古達拉在球隊的地位很重要，算是休息室的領袖人物，開幕戰還沒到就改變先發地位，很容易讓資深球員感到不滿而產生球隊內部衝突。訓練期間，教練和球員兩人之間進行好幾次交談，不論柯爾怎麼解釋，伊古達拉還是擔心，自己讓出先發位置是不是一種降職的安排，是不是意味著，NBA球員生涯即將走向盡頭。

然而，伊古達拉接受了這個調整，也沒有公開表示不滿，讓勇士隊做好準備，順利在十月二十九日迎接對上沙加緬度的開幕戰，這也是總教練史蒂夫·柯爾第一次正式亮相。這個決定至關重要，要知道，伊古達拉過去十個賽季都打先發，願意接受替補，不但有效地消除休息室內球員對於柯爾信任上的懷疑，更讓那些替前總教練傑克森抱不平的人，無法在球季開始前就進行批評。

二〇一四到一五賽季初期，沒有人知道這樣安排會對勇士隊產生什麼影響，幾個月後，柯爾可能會說：「從一開始我們球隊就設定了一個調性，那是一種犧牲。」

敲好的新陣容在例行賽開始前又出現變化，大衛·李在練球時傷到左腿，迫使柯爾再一次調整，他將德雷蒙·格林晉升為先發大前鋒，這不是創新的想法，也不意外，因為幾個月前，季後賽最後四場比賽對決快艇時，前總教練傑克森就做了這樣的安排。

雖然這不是柯爾的首選，但應急的解決方案逐漸變成認真看待的陣容需求，因為李在缺席三場比賽後回歸，十一月五日球隊的第四場比賽，從替補出發卻又加重了腳的傷勢，一直到十二月二十二日才再次上場比賽。

五勝零敗的開局對任何新教練都是充滿鼓勵的，而對於不能只靠過去資歷來說服其他人的柯爾來說，更需要實質戰績來累積真正的聲譽。

更值得注意的是，勇士隊是在人手短缺的情況下做到這一點，而且是在柯爾稱作「瘋狂打法」下完成比賽的，為了完成傳球次數的要求，常常在持球進攻初期就發生無意義的失誤而結束，不過一切都不受影響，李在十二月二十二日復出的時候，球隊戰績已經衝到了二十二勝三敗，王牌柯瑞的防守，已經從被嘲笑變到被認可，而十月份柯爾那不是首選的陣容也意外地成功了。助教亞當斯形容為「有趣的大雜燴」，「你隨意煮出了一道有趣的什錦料理，」他這樣告訴柯爾，「確實起了成效。」

沒人注意到，金特里會在不引人注目的情況下充當臨時總教練，他會告訴柯爾何時該叫暫停，甚至會將白板偷偷遞過去，上面已經畫好下一個要走的戰術，暫停的時候可以分享，「但我告訴你，史蒂夫準備地很充分，」金特里說，「他完全準備好要成為一位NBA的總教練了，他可以帶領球隊贏得冠軍，榮恩和我只是參與其中，那是他的球隊，是他率領了那支球隊贏得冠軍，這是真的。」

外人可能會認為，柯爾在關鍵時刻會發表意見，然後把說話當作證據，讓別人認為他可以處理難題，實際上對於場上的反應毫無準備。事實證明，這樣的看法是錯誤的，球隊接連不斷地獲得勝利，高層管理也樂見，柯爾願意聆聽各種意見是一種優勢，同時也不會過度在乎其他人的看法。

先遇到李的受傷，柯爾運氣不錯地讓格林補上，還成為了球隊防守上的中流砥柱，再來他決定讓伊古達拉打替補，不旦沒有碰到球員激烈的反彈，巴恩斯也很爭氣，使得柯爾再次受益，兩位資深教練金特里跟亞當斯從旁協助，也算是福氣之一，可是突然之間，球隊陷入系列賽二連敗，而且第四戰將在客場進行。

另一打擊來自過去教練菲爾・傑克森的一條推特，內容是質疑過度依賴三分球的隊伍，不管是針對勇士當時一比二的落後情況，還是所有打進季後賽的三分部隊，這樣的論點由傑克森發表出來，讓柯爾心裡實在不舒服。

為了緩解這位菜鳥總教練的情緒，以及整年度第一次遭遇到逆境時的擔憂，總經理邁爾斯於第三戰輸球後在安靜的客隊休息室裡跟柯爾說，教練們一開始就不應該輕易地得到冠軍。

柯爾了解，邁爾斯目的是幫他舒緩釋放，而不是放棄認輸的說詞，他非常欣賞這樣精神喊話的舉動，在那一刻也確實是有效的，勇士的回應是連續贏得接下來的三場比賽，淘汰了灰熊，然後在西區冠軍戰中先連贏三場，最後用四比一的比數，淘汰休士頓火箭，進入總冠軍戰。

二〇一五年總冠軍戰，面對東區冠軍騎士隊，提醒了柯爾這一路走來有多漫長。

克里夫蘭是柯爾證明自己可以擁有一個NBA球員生涯的地方，也是他第一個孩子尼可拉斯的出生地，冠軍戰在奧克蘭率先登場，比賽過程中他感受到和對手的連結是如此深厚：一年前，他差點邀請成功的助理教練布拉特，現在就是對面騎士隊的總教練；而在俄亥俄州進行的第一戰，還有令人感到更加奇特的連結，就是兩隊的頭號王牌詹姆斯和柯瑞，當年都在距離球場只有六十公里外的阿克倫醫院出生，兩人出生的時間也只差短短三年左右。

回到現實，金州勇士再次以一比二在系列戰落後，就像在第二輪對上灰熊一樣，第四場比賽又要在客場打，他們試圖限制詹姆斯，想要找到增加比賽節奏的方法，去破壞克里夫蘭騎士習慣的慢節奏，總教練盡量保持情緒上的一派輕鬆，當記者問到勇士隊的壓力指數有多大的時候，柯爾笑了笑回答：「壓力等級差不多是五點一三，而且，我不打算在陣容上做出改變。」

增加節奏的可能解決方案，出現在尼克．尤倫（Nick U'Ren）的腦袋裡，他晚上在克里夫蘭的飯店房間，看著二〇一四年馬刺和熱火總冠軍賽的影片，這也是柯爾花了好幾個月時間，研究馬刺進攻體系的參考賽事。難以想像，年僅二十八歲的尤倫，竟然成為改變NBA歷史的關鍵人物，在觀察熱火隊上一屆總冠軍系列戰的詹姆斯之後，他認為勇士應該派出更小的陣容。

尤倫的意見柯爾會參考也是有道理的，他在鳳凰城擔任實習生時，總經理就是柯爾，兩人見過面，也通過電子郵件保持聯繫，柯爾辭職前最後一件事，就是確保尤倫被太陽球團轉為全職，而成為總教練的第一件事，就是把尤倫拉進勇士球團，負責一切影片分析和安排教練行程，甚至幫忙編輯球員訓練時播放的曲目。現在，賽季接近尾聲，尤倫成為了柯爾身邊的得力助手，他讓

「一旦贏得一場比賽，你會慶祝、高興個幾分鐘，然後你的胃就會因為憂心下一場而開始絞痛，所以經歷了這個長時間的過程，是的，休息室有很多憋著的能量，等著徹底解放。」

柯爾努力了一個賽季拿到總冠軍，但可能為了這一刻的機會，等上了好多年。

從高中以來，他就期待未來工作跟運動相關，直到大學晚期，他才確信自己的未來會在場邊擔任教練，多年下來，他在聯盟各地累積了一大批球隊管理階層的支持者，讓機會大門為他而開，也讓尼可拉斯、瑪蒂和馬修可以無後顧之憂地長大，二〇一四到二〇一五賽季的勇士，提供了一個完美的舞台讓他表演，這個生涯第六座總冠軍，毫無疑問地是最有意義的一個。

不只有總冠軍，系列賽第四戰的變陣，徹底改變了未來ＮＢＡ的走勢，勇士派出柯瑞、湯普森、伊古達拉、巴恩斯以及格林的陣容，有意義地實踐了小球威力極大化，這個陣容雖然不是每一場都擺在先發，但接下來的幾年中讓對手飽受折磨，被廣大的球迷譽為「死亡五小」（Death Lineup）。

一開始就鼓勵並參考各方意見是柯爾執教的核心理念，這種做法在現實中產生了明顯且驚人的效果，此時此刻，他的比賽充滿了「喜悅」。

第十三章　極度痛苦

甲骨文球場的第五戰中，史蒂夫·柯爾的背部受傷了，但嚐到第一次執教就奪冠的滋味，他完全不在乎，克里夫蘭的第六戰結束後，勇士慶祝他們成為霸主，這是柯爾個人第六個冠軍獎盃，球場上他輕鬆地擁抱了瑪格特和孩子們，似乎坐在冠軍遊行的敞篷車後座上也沒有感到任何不適，休賽期初期，他甚至還跑去打高爾夫球和參加沙灘排球比賽。

艾文·金特里離開了勇士，到紐奧良鵜鶘擔任總教練，柯爾當然要進行人員補強跟調整，不過問題不大，放鬆的夏天開始了，他計劃夏季聯賽減少些壓力，從場邊執教轉回傳統的觀眾角色。

幾個禮拜後抵達拉斯維加斯，他從酒店房間走到車上都需要不斷休息，有時走一小段路，就要在一排老虎機旁邊的旋轉椅上坐下，雖然坐到遊戲機前，柯爾看起來還玩得挺開心，但私底下，他已經向較好的親友透露，自己痛苦不堪，幾乎無法正常走路，對一個很少抱怨的人來說特別令人擔心。

柯爾終於成為了一位教練，而且馬上就成為了一位NBA冠軍教練，種種跡象來看，家庭生活充滿了童年時所受到同樣的愛與支持，他也很有機會跟二〇〇九年才加入聯盟的柯瑞攜手合作，一起創造輝煌的世代，但難關無處不在，本該是人生中充滿喜悅的時光，現在變成了一次又一次的體力考驗，看他的身體能承受多少折磨。

七月二十八日進行的椎間盤修復手術，本來應該在兩個月後，也就是球隊季前訓練開始前康復，結果卻導致脊髓液外漏，那難以想像的身體痛苦，甚至超過夏季聯賽時的灼熱疼痛感，每天都有偏頭痛，噁心和頭暈也很常見，有時候他突然眼前一片星星，需要靠在牆上或是抓住椅子來穩住以免摔倒，問題不再只有椎間盤那麼簡單了。

柯爾的身體跟傷病一直在打仗，並在九月四日進行第二次矯正性的手術，八天之後，總經理鮑伯·邁爾斯收到令人難過的消息，三十三歲的親戚在登山時，被掉落的巨石砸死。勇士拿下總冠軍之後的休賽期間，變得越來越可怕，唯一的好消息是，尼可拉斯·柯爾的大學最後一年，從聖地牙哥轉到加州。

柯爾照著原訂計劃，在訓練開始時回到了球場，只堅持了兩天，就發現自己無法忍受疼痛和不適，需要無限期的休假，歸隊的日期跟時間點，球團保持開放的態度。「我們不認為康復過程會很久，但是我們也不清楚確切的時間。」邁爾斯說，表示球團對陣中總教練的情況也無法掌控，情況變得很絕望。

只剩幾週時間，勇士隊就要面臨新賽季例行賽的挑戰，一切的不確定性接連浮出水面，包括球隊的代理總教練，是一個只有三十五歲，經驗不夠充足的路克．沃頓。

跟柯爾相比，沃頓在NBA教練席的時間多了一些，或許能夠撐過這段緩衝期，然後季後賽再讓回歸的柯爾接手，帶領球隊多贏一到兩個系列戰。當初教練團的組成，包括沒加入的布拉特、已經去鵜鶘的金特里，還有亞當斯，沃頓是排在助理教練第四，面對一個冠軍級別的陣容，柯爾去年也有幾個月的時間準備工作，而沃頓的時間是用小時來算。

另外，沃頓也有嚴重的背部問題，跟他父親比爾．沃頓（Bill Walton）和菲爾．傑克森一樣。一九六八年，傑克森的傷勢必須接受脊椎手術，到了四十多歲時，就是在芝加哥執教柯爾的時候，走路姿態變得不太流暢，茱．傑克森（June Jackson）預測丈夫不久後會使用拐杖。

至於比爾．沃頓更加嚴重，退休之後，曾經因為身體極度疼痛而有自殺的念頭，所以二〇〇九到二〇一〇賽季，當比爾看到兒子效力傑克森執教的湖人隊，而且因傷缺陣了五十場比賽的時候，難過到幾乎要哭了出來，他藍色眼睛泛著淚光，聲音哽咽地希望路克能夠退休，不要以後承受跟父親一樣的折磨。「我不想看到他痛苦，」比爾當時說，「不想看到他跟我有一樣的後果。」

路克康復後，又打了三年才退休。

二〇一五年，沃頓和柯爾一起討論他們共同遇到的身體困境，這個時候，沃頓被推到一個從來沒想過會擔任的意外角色中。

二〇一四到一五年球季的開局五連勝，對新秀教練柯爾的聲譽幫助極大，勇士隊一年後的開季表現對沃頓來說也特別重要，他也要證明柯爾沒有選錯人，挑了他而不是比較有經驗的亞當斯。

到了十二月份，賽季的第一個月過去，金州部隊告訴所有人，他們不只是一支強大的衛冕冠軍，柯瑞、湯普森、格林三人的話題性，搭配上總教練因傷無限期缺席，形成了獨特的故事線，勇士寫下了NBA歷史上最好的開季紀錄，十六勝零敗。不只這樣，後面緊接著再拿下八場勝利，其中有六場是在客場贏球，十二月十二日凌晨三點鐘，球隊巴士開到密爾瓦基市中心，當時氣溫大約零度，好幾百名穿得厚厚的球迷，不畏寒冷地在酒店外等候著球員們。

拿下開季十六連勝後，人們開始把他們和一九九五到九六年的芝加哥公牛，以及八〇年代的洛杉磯湖人進行比較，公牛依然保持著單季七十二勝的聯盟紀錄，而柯爾是當時陣中的關鍵球員之一。

至於湖人隊，和勇士隊一樣，像是代表加州的球隊，除了都擁有爆發性的進攻火力，也具有許多連結點。

克雷・湯普森的父親麥可・湯普森過去曾打過湖人隊；柯爾八〇年代早期在南加州上高中；勇士高層同時也是球隊股東的傑瑞・韋斯特，曾經當過湖人隊總經理；前湖人前鋒鮑伯・麥卡杜（Bob McAdoo）和勇士替補詹姆斯・麥可・麥卡杜（James Michael McAdoo）是遠親關係；鮑伯・邁爾斯在灣區長大，後來唸加州大學洛杉磯分校；還有，勇士老闆之一彼得・古伯（Peter Guber）住在洛杉磯，還擁有美國職棒洛杉磯道奇隊的股份，算是魔術・強森（Magic Johnson）的生意夥伴。

卡里姆・阿卜杜賈霸（Kareem Abdul-Jabbar）也認為，二〇一五年的勇士隊和湖人隊的確有著共同點，就是都強調團隊合作。他也覺得，勇士隊令人興奮且具有魅力，好像突然橫空出世，讓人忍不住微笑和跳舞。

這些歷史角度的辯論和比較，對於在聖地牙哥家裡，承受著頭頸刺痛的柯爾來說，一點都不重要。原本計畫休養數週變成了數月，數月又變成了一整個賽季，他錯過了大部份的季前訓練和熱身賽，最後甚至開始思考一個更悲觀的決定：雖然沒有公開提出，但他考慮辭職。

對於一位形象幽默風趣，內心深思熟慮的教練來說，放棄夢想工作是相當困難的，柯爾知道，保持樂觀和積極態度是康復計劃的一部分，他試著壓制這種負面的想法，但經過兩次手術，無數次其他治療方式，以及瑪格特日夜上網搜尋脊髓液滲漏的資料後，柯爾幾乎沒有其他的選擇，某天感覺比較好的話，他會發訊息給邁爾斯，暗示即將回歸，然後隔天早上又發送一條簡訊說：「鮑伯，我不知道自己是否能完全康復。」

多年來，柯爾總是坦率地談論許多個人話題，但這次身體出現危機期間，他最多只會提供媒體一般的狀況更新，這項個人原則一直堅持沒有動搖。

一月份，柯爾病情明顯好轉，雖然原因外界不知道，但慢慢開始出現復出的跡象，他不定時會參加金州勇士客場的比賽，而且看起來還是那個過去大家熟悉的樣子，只是沒有加入教練板凳席。

有次球隊在波特蘭打比賽，一位Uber司機載到他們去吃飯，他認出了沃頓，但顯然沒認出柯爾，這位司機對於勇士連勝的功勞都給了柯爾不太滿意。「對啊，這個一直在缺席的總教練是個混蛋！」隱形的柯爾坐在後座這樣說，於是所有人開始熱烈地討論起來，沃頓也加入，「好心」的司機甚至打電話到聯盟辦公室，幫代總教練說話，確保沃頓可以分到一些功勞，最後還做了個總結：「柯爾感覺真的像個混蛋。」

過了兩個禮拜左右，芝加哥的休兵日也發生有趣的事，而且是好事。球員一群人到「第二城喜劇俱樂部」看表演，這是柯爾從公牛球員時期就喜歡帶瑪格特去的地方，二〇一六年，他已經算那裡的熟客了，提前預訂了門票，然後坐在滿場三百人的派對區貴賓觀眾席。

售票人員告訴製作人，然後製作人再通知舞台經理，到時候請柯爾上台，參加表演的一小部份。正常情況下他都會加入，更別說養病的脆弱時期，他異常興奮地同意，準備好好享受燈光跟歡呼聲，幾乎算是這段期間最大的更新消息。

表演中間有十五分鐘休息時間，金州勇士團隊被邀請去後台和演員們見面，大家友好地聊聊天、拍拍照，然後再回到貴賓區繼續欣賞，大約在晚上十點左右，演員傑米森．韋伯（Jamison Webb）在兩個小時的表演結束後，介紹柯爾是特別嘉賓，稱他是芝加哥傳奇人物和NBA史上最偉大的射手之一。

觀眾報以如雷的掌聲，這樣的反應在第二城喜劇俱樂部不多見，起碼韋伯待的兩年時間裡很少，而這樣的巨大歡呼聲，柯爾上次在芝加哥的印象應該是十七年前，他還是公牛隊球員的時候了。他和韋伯以及其他五位演員站在台上，肩並肩面對觀眾做即興表演，一般來說，素人會在演員點名下迅速跟其他人互動，而且佔表演的比例不高，但這位業餘的跟職業的在一起不但沒有尷尬，反而顯得自信、舒適，享受著當下。

韋伯說：「觀眾因為台上一個有趣、聰明、討人喜歡的人而大笑和歡呼，史蒂夫用很自然、謙虛的方式演出，表現得非常有魅力。」

「我想大家之所以高興，是因為看到他還是很幽默、聰明、友善，保持了酷和舒適的自然結合，他就是那個不怕出手的人，有著那種舒服的自信心，不會顯得過於自大，那天晚上，我肯定有從觀眾們的臉上發現這種感覺。」

柯爾準備好了。

一月二十二日，這個本季還沒站上過球場的總教練決定歸隊，當時勇士已經取得三十九勝四敗的超狂戰績，早上練球的時候，他告訴勇士球員，將在晚上甲骨文球場對上溜馬隊的主場賽事中復出，球員們慶祝歡呼。柯爾沒有否認自己還沒完全康復，但他暫時能應對症狀，比如轉動頭部來放鬆頸部肌肉，或按摩太陽穴和額頭。

更重要且明顯的是，他需要再次執教：「我要靠這份工作來分散注意力，並且讓全身心都投入其中。」

不是要完全康復後再回到工作崗位，而是要通過工作來培養健康正常的作息，過去這段時間，生活和心情都變得脆弱的柯爾，的確可以利用二〇一五到一六年球季的後半段讓自己分心，靠著熱力四射的籃球比賽和精彩刺激的季後賽，幫助自己度過黑暗時刻，這不是柯爾第一次這樣做了。

小時候算害羞內向的柯爾，藉著一次音樂錄影帶的拍攝，以及多次和記者互動，才有站在第二城舞台上演出的自信，他說：「我要靠籃球把這種舒服的感覺帶出來，接受媒體採訪讓我對自己更有信心，去成為一個更好的球員。成長的過程中，我不是一個非常有自信的孩子，但我是一個優秀的作家，喜歡閱讀，所以有很多東西可以交流。」

大學時父親去世，籃球的力量讓他繼續前進；四年半之後在亞利桑那州，奧運籃球選拔迫使他走出四強被淘汰的低潮；五十多歲時，健康問題讓他和籃球之間的聯繫更加密切，幫助他度過了精神和身體上的創傷。NBA歷史上，很少有人會把籃球視為救命解藥。

回到勇士隊陣中，一起追逐二十年前，球員史蒂夫·柯爾還是公牛隊後衛時所創下的單季七十二勝紀錄，正是教練史蒂夫·柯爾渴望抽離病痛的最佳方式，勇士當時不但有可能打破，甚至有機會把紀錄推到七十四勝。另外一個抽離方式也來到，就是冠軍隊伍造訪了白宮，前一天晚上，柯瑞在幾公里外的比賽中，爆砍五十一分，還特別受到來自芝加哥的總統歐巴馬表揚。

「好的，我們現在很難得，可以和NBA歷史上最偉大的球隊和球員們共聚一堂。」總統在東廳說，他後面站著三排勇士隊球員、教練和主管們，「我們今天非常幸運，因為有一個來自一九九五到九六年芝加哥公牛隊的成員——史蒂夫·柯爾！很高興看到你回來了。」接著，歐巴馬把話題轉到柯瑞身上，描述這位夏天一起打高爾夫的搭檔，前一晚「戲耍」了華盛頓本地的巫師隊。

輪到總教練發言的時候，柯爾帶著在第二城喜劇俱樂部的氣氛感走上了講台。

「謝謝，我有點渴，這是我的水還是你的水？」他向總統問到。

「是我的，」歐巴馬回答，「拿去喝吧！」

「我剛以為是你的，」柯爾說，「應該是你的。」

「首先，我要謝謝你，也要恭喜你成為我們偉大國家歷史上第一位使用『戲耍』這個詞的總統，雖然或許泰迪·羅斯福總統之前也用過這個詞，我不知道，但我們感謝你。」

「我們團隊感到非常榮幸，能在這裡與你見面，然後參觀白宮，一起慶祝我們拿下的總冠軍。你剛見過的總經理鮑伯·邁爾斯告訴我，今年年底，你將成為自由球員，所以不知道你是否已經有計劃了，但——」

歐巴馬反應很快地回：「我準備好了。」

柯爾慢慢獲得更多的機會，將注意力從健康問題上轉開。二月六日，凱文·杜蘭特率領雷霆隊來到奧克蘭，對正在興建的舊金山新主場查斯中心（Chase Center）異常感興趣，賽前杜蘭特接受一位勇士球團高級主管的邀請，了解了更多有關場館的情況。兩支球隊二月底再次在奧克拉荷馬市交鋒，半場的休息時間，柯爾和格林大聲爭吵，在走廊都能聽見。

四月十六日，勇士擊敗灰熊，拿下創聯盟紀錄的第七十三勝，這是球員們希望達到的成績和證據，如果再加上他們有自信完成的二連霸冠軍，就完全可以證明，這支勇士隊是ＮＢＡ史上最偉大的球隊。

完成破紀錄里程碑的十天之後，雖然錯過了百分之五十三的例行賽事，柯爾還是因為建立的體系而獲選了年度最佳教練，他確保沃頓一起合照留念。

看起來如此順利，但柯爾沒有慶祝的理由，他還是不願意透露自身健康的細節，也不願意讓媒體問相關的問題，同時，他也沒有要公開表現地好像已經康復，但勇士團隊內部的人員其實很擔心。

「我不會將身體健康狀況與籃球牽扯在一起討論，」季後賽開始時柯爾這樣說，同時回答地很有技巧，坦率但沒有透露細節，「這麼說吧！如果沒有這個健康問題，這將是我一生中最美好的一年，但相反地，實際上這是糟糕的一年，可能是我一生中最糟糕的一年。」

他補充說：「我從來都不認為，這份工作會讓我感到壓力過大，大到有那種『天哪！我承受不住了！』的地步，因為我知道，這只是籃球比賽和一份工作，一份非常有趣和偉大的工作，我不應該讓自己變得太過緊張，而失去了正確的人生觀，健康就是一切，對我來說，這不是陳詞濫調。」

西區第一輪對上火箭隊，第二輪對陣拓荒者隊，勇士幾乎沒遇到什麼阻力，但到了西區冠軍戰碰到雷霆隊時，他們輸掉系列賽前四場比賽中的三場，狀況變得令人擔憂，而且危險的是，勇士過去兩場比賽都沒有咬住比分而被拉開，整個系列賽陷入絕境。

馬克斯・湯普森二世（Marcus Thompson II）在體育網站《運動員》（The Athletic）上作了相關報導，他進入奧克拉荷馬球場客隊休息室，評估了球隊的狀況：格林描述了勇士如何晉級總冠軍戰，首先球隊回到奧克蘭贏下第五場比賽，然後在關鍵第六戰擊敗奧克拉荷馬扳平戰局，之後沒有任何對手可以在第七戰的關鍵比賽中擊敗他們，儘管聽起來信心十足，但語氣明顯透露出些許的擔憂，好像想利用喊話告訴大家，他們接受挑戰，準備證明世界和賠率都是錯的；王牌柯瑞則是平靜到讓湯普森開始懷疑，球迷擔心勇士陷入一比三的落後困境是不是想太多了，他有些不屑地問湯普森，是否認真看過勇士的比賽。

之前不只一次，勇士隊可以從一比二落後局面反彈，對手分別是灰熊隊和騎士隊，而且都是在客場拿下的勝利，至少這一次，他們可以到奧克蘭主場獲得球迷的支持和能量。

湯普森用完了官方媒體的採訪時間，但他還是在總教練離開休息室時上去攀談，先是收集了格林和柯瑞的想法，他還想知道柯爾怎麼面對如此困難的局面。多年來，這位總教練私下一直不吝嗇地跟許多記者分享見解，認為雷霆和羅素・威斯布魯克的打法充滿太多失誤，常會發生領先被逆轉的比賽或球季，現在，柯爾還是相信這一切，認為金州勇士衛冕冠軍的希望依然存在。

跟格林和柯瑞兩名球員的態度形成鮮明對比，柯爾充滿自信地認為這樣的想法很合理，他邊走邊告訴湯普森，兩人一起離開休息室，一起走過球場的長廊，其中一個最後走向球隊巴士，準備飛回加州，而另一個走向媒體工作區寫文章。

柯爾說：「你知道雷霆會因為威斯布魯克而送給我們一場比賽，他們接下來的三場比賽中，會有一場在最後階段崩盤輸給自己。」

「他聽起來好像一切都在掌握之中。」湯普森說，柯爾信心非常堅定，讓他無法不注意到總教練在一比三落後的情況下，還可以毫不客氣地預測對手會犯錯，強調自己球隊只需要把握住機會即可。的確，柯爾相信，靠著具有相同天賦的球員配合、球權流動、團隊合作之下，一定會戰勝威斯布魯克那種不可靠、以自我為中心的打法。

這些是柯爾從八〇年代開始籃球生涯以來，每一站所學到的經驗累積，從帕利塞德高中開始，到球員時期最後一支球隊馬刺的總教練波波維奇，還有對他影響最深的芝加哥公牛、菲爾・傑克森、麥可・喬丹，無論在柯爾加入之前還是之後，「禪師」的執教方式深深影響了柯爾。

傑克森原本可以設計一套進攻模式，讓公牛其他四位球員把球傳給喬丹，然後所有人往另一個方向移動，讓這個無人能擋的超級巨星自由發揮，但公牛堅持使用溫特的三角進攻，讓場上人人都有機會，都有威脅性，喬丹最終選擇信任隊友，也贏得了六座總冠軍。這個理念也是柯爾和湯普森一起走出客場休息室時分享的，勇士的球員無私，擁有豐富季後賽經驗，靠著十幾年的籃球教育和觀點，柯爾相信團隊優勢絕對可以戰勝個人攻擊，終將帶來勝利。

兩天後，勇士在奧克蘭自家主場贏得了第五戰，這只是個開始，再過兩天，奧克拉荷馬市進行的第六場比賽，柯爾所說的成為現實——第四節開始，雷霆一度以八十三比七十五領先，但決勝節最後十二分鐘，杜蘭特出手七次只進一球，威斯布魯克七投也只有兩中，沒有一位雷霆球員可以傳超過一次助攻，最終勇士逆轉，以一百零八比一百零一獲勝，系列戰變成三比三平手。

那場比賽，威斯布魯克在六十四秒內，連續發生了三次失誤，湯普森立刻想到之前柯爾的預測，對手雷霆和威斯布魯克，真的就像他說的那樣崩盤了，第七戰雷霆以八十八比九十六呑敗，潰不成軍。

在白宮和總統開玩笑，然後贏得年度最佳教練獎項，還大膽預測球隊能逆轉擊敗奧克拉荷馬雷霆，柯爾過去四個月是如此神奇，也是他人生最艱難時期中，最需要的形勢發展，不可思議的歷程繼續讓人感到奇特又夢幻。

「我不敢相信這一切，」妻子瑪格特說，丈夫通過幾十年的考驗後取得了巨大的成功，「我真的不知道這一切是怎麼發生的，這需要很多運氣，但史蒂夫真的是一個聰明人。」即使路克・沃頓傳出要離開勇士的消息，也沒有太影響柯爾的興奮心情，他的好朋友兼職業夥伴，三十六歲就接下湖人隊總教練的工作，值得開心。

六月一日，一切轉折都來得那麼快速，柯爾的生活，以及籃球與籃球之外的世界，開始發生了改變。

那天，一位加州大學柏克萊分校的學生，在距離富布萊特獎學金協調員安・柯爾辦公室不到一公里的地方，開槍殺害了一位工程教授，留下一封遺書之後舉槍自盡。悲劇發生還不到兩個禮拜，一名男子在佛羅里達州奧蘭多的夜店發瘋，帶著一支突擊步槍、一把手槍、裝滿的彈藥，進入店裡進行連續射擊，一開始就掃射了十五秒鐘，還繼續花了三個多小時，在房間裡尋找更多目標，同時打了九一一宣誓效忠伊斯蘭國。

警方在一百八十回合的槍戰中，被困者的親人不斷地收到求救電話和簡訊，直到兇手下午五點十五分被警察擊斃，統計下來，一共有四十九人喪生，五十三人受傷。這兩起案件讓柯爾回憶起一九八四年一月十八日的貝魯特。

擁有總冠軍系列戰三比一的領先優勢，差一場即可再次奪冠，柯爾沒有更好的說法來表達當時的感覺，他指著球場說：「說再多都是廢話。這一切很有趣，我成為團隊的一份子，跟大家一起擁有共同的目標，並且努力贏得總冠軍。我們確立了傳奇，掛起了錦旗準備慶祝，為所有支持的球迷帶來快樂非常重要，這就是我們真正需要做的，但不管我說了什麼，其實都是廢話。」

第五戰登場，那天晚上，安和其他幾個柯爾家的人聚在一起看比賽，勇士賽前進行默哀，柯爾試著在拿下冠軍完成二連霸的幾分鐘前，低下頭想著梅爾康，「個人的感受非常深，因為自己經歷過。」他說，「你明白他們有多麼痛苦，就像我們家經歷過的那樣，尤其當你想到，這些傷亡統計數據都有名字，這些名字都有生命和臉孔，他們都是親友失去的重要家人。」

聽牌第五場比賽，客場的騎士隊贏球，而且第六場比賽在克里夫蘭，詹姆斯又帶領球隊再次贏得了勝利，將冠軍系列戰追平。當時，克里夫蘭還舉行了一個重大活動，就是共和黨全國代表大會，唐納·川普（Donald Trump）被選為共和黨總統候選人，不過沒有引起太多的關注。

三天之後，衛冕軍勇士回到奧克蘭進行第七場比賽，當騎士隊令人震驚地拿下冠軍時，柯爾的世界再次發生了巨大改變。

上一輪的西區冠軍系列，一比三落後的情況下發動反擊的教練，這次卻成為NBA歷史上，第一支在三比一領先情況下被逆轉封王的球隊教練；上個賽季，勇士二〇一五年在克里夫蘭搶下了總冠軍，而騎士在二〇一六年回敬，在奧克蘭奪得了總冠軍。

開局銳不可擋，搶下二十四連勝的球季，最終卻以三連敗收場，聯盟中領先投籃和進攻效率的球隊，最後四分三十八秒的時間一分都沒有得；而去年因為變陣成功，受到讚揚的總教練柯爾，今年在第七場比賽中，因為嘗試替換受傷的安德魯·波格特，讓費斯圖斯·伊澤利（Festus Ezeli）和安德森·凡瑞喬（Anderson Varejao）兩名中鋒輪流上場，受到了強烈的批評，特別是決勝第四節中段，將伊澤利換上場取代了巴恩斯，破壞了原本打順的進攻節奏，之後就再也沒辦法找回來了。

冷靜了四天之後，柯爾不得不屈服去觀看比賽影片，仔細回顧後也承認，勇士團隊在戰術上犯了錯，執行力也很差。

「有時候事情很順利，那每個人都會說：『哇，你這個決定做得真棒！』但有些時候，事情發展不如自己的預期，你就會覺得像個白痴一樣。」柯爾表示，「事情往往就是這樣，你只能盡力而為，你會因為一個好理由做出決定，然後就看事情怎麼走，要嘛成功奏效，要嘛沒有效。」

「今年總冠軍系列賽中，我們有幾個決定沒有奏效，感覺的確是有些遺憾。」

柯爾以一種平淡、不那麼看重結果的態度，處理了這崩潰又難以接受的事實，就像比賽中，勇士一度領先時，他自信地指著球場，把手中的籃球放下，並且接受裁判的判決一樣。事實上，身為一位職業球隊總教練，柯爾已經處理得很好了，他還展現風度，要求將籃網割下，當作慶祝奪冠的傳統紀念禮物，送給封王的騎士。

柯爾也比任何人懂得處理失敗球隊的應對進退。前公牛隊友，同時也是夏洛特黃蜂隊老闆麥可·喬丹，在紐約一場晚宴上說了充滿攻擊性的批評，當時酒宴上的氣氛舒服輕鬆，喬·拉寇布和其他四位老闆正聊著，喬丹用多年前給了柯爾一記拳頭的方式向拉寇布說，金州勇士打破了芝加哥公牛在例行賽所保持的最多勝紀錄，但最後卻沒有拿下總冠軍。

「你知道嗎，」喬丹告訴拉寇布，「所以七十三場勝利沒什麼用。」

拉寇布當下沒多說什麼，事後才表示：「喬丹真的很棒，我不會當面跟他開幹。」

「但那種話還是挺傷人的，你也知道。」

那個時候，柯爾正在跨越一條線，跨過之後將永遠改變他的形象。因為第七場比賽中做出的選擇導致勇士面臨了歷史性的失敗，他成為了一位受到批評的冠軍教練，也是上任以來第一次，責無旁貸，他回答了所有和籃球有關的問題，同時，也回應了非籃球領域的話題，因為他想進入新的人生階段。

那是一個充斥著槍支的六月，母親的大學校園發生了過去的家庭惡夢，川普競選活動跟著進入了克里夫蘭城市，柯爾之前又經歷身體健康的挑戰，現在更想要緊緊抓住每一天，加上他開始意識到，自己的聲音被廣泛地傳播，充滿了影響力，於是他想好好利用這個因為成功職業總教練身份而建立起的講台，好好回答問題，發表意見，甚至製造話題來引起討論。

六月二十四日，柯爾和灣區新聞專欄作家提姆・川上（Tim Kawakami）一同錄製了播客，節目名稱叫做《TK秀》（TK Show），除了討論接下來個人的新計劃和方向，聊天內容從分析總冠軍第七戰開始，轉到了即將開放的自由球員市場以及勇士球團的準備工作，再到他們兩人都很喜歡的美劇《權力遊戲》，然後是柯爾對新書《夜鶯》（The Nightingale）的推薦，內容大約錄了三十分鐘，直到主持人川上感謝了柯爾的光臨，準備為節目進行順利收尾的時候，柯爾打斷了他。

「嘿！我可以再講一件事情嗎？」柯爾說，「當然，當然。」川上回應，他看到柯爾手上拿著一張紙，但不知道上面寫了什麼，也不知道柯爾要說些什麼，或許那個時候川上認為，柯爾可能想帶入一段振奮人心的季末信息來感謝球迷，也可能想利用機會公開感謝拉寇布和整個勇士球團，在一整個艱難賽季中給予的支持和肯定。

「身為一個籃球教練，我很少談到政治，」柯爾開始說，「如果你不介意，我想說的是，我們國家有百分之九十的人，希望在購買槍枝時進行背景調查，」他瞄了一下紙上的內容，然後開始進行即興演講，「但我們的參議院和眾議院，不只投票否決了這個提案，還用《權利法案》當作理由，讓許多人可以持有這些自動武器，現在的社會，每天都以驚人的速度發生槍枝暴力，每天都有人因此喪生。」

「我只是想發表一下自己的看法，我們的政府瘋了。」

這個時刻，川上覺得柯爾似乎感同身受，進而決定表達自己的聲音。

槍枝暴力造成的死傷人數正以恐怖速度上升，發生在離家不遠的意外，讓他的母親陷入了痛苦，最近兩起大規模槍擊事件，也都發生在柯爾曾經生活的城市，他晚上不能入睡，飲食也不好，無法集中精神好好看書。

柯爾帶著沮喪和憤怒，要求自己一定要說些什麼，利用自己的聲音來呼籲，這種十足急迫的責任感，讓他立刻阻止川上結束節目，積極地利用所有平台引起討論，就算矛頭指向的是國家最高政府單位。

第十四章　耐心者的憤怒

克雷．湯普森在二〇一六年六月二十九日抵達東岸，處理了一些籃球的事務，準備替美國隊在夏季奧運會出賽。

入住了最好的臥室，去了最美麗的海灘，克雷還扮演起主人的角色，等著接待其他勇士球員第二天的報到，他騎自行車，踢足球，還找到一個新朋友在草地上打了網球，這是湯普森第一次拿這麼久的網球拍。

六月三十日，史蒂夫．柯爾、史提芬．柯瑞、喬．拉寇布、柯克．拉寇布、鮑伯．邁爾斯和安錐．伊古達拉從灣區坐飛機抵達，他們被送到拉寇布一個朋友的家，當作是勇士球團的大本營，德雷蒙．格林最後單獨一人到，六月份起碼還有些事可以照計劃進行。

凱文．杜蘭特是馬里蘭州本地人，到德州上大學，然後加入NBA，在西雅圖和奧克拉荷馬市度過了生涯前九個球季。他租了一間豪華的別墅，讓經紀人里奇．克萊曼（Rich Kleiman）可以方便見面討論事情，同時離家也近，在前往亞洲進行球鞋行銷之旅前，可以和家人相處一段時間。

為了爭奪杜蘭特，包括雷霆在內，一共有五支有意爭奪的球隊，都在附近準備面談演說，更明確一點，長島東部海灘附近的一個豪宅，擁有蜿蜒車道、繽紛花園，以及游泳池，面積超過兩百坪，一天租金要一萬美金，杜蘭特就住在這。

勇士隊重要人物齊聚一堂，準備說服杜蘭特加入，他們知道就算沒有成功，失去今年夏季的頭號自由球員，他們依舊非常有可能是二〇一六到一七賽季的冠軍熱門，因為單季七十三場勝利的核心陣容都還在，並且渴望重返巔峰。

七月一號，自由球員市場開放的第一天，勇士團隊從住處出發，前往杜蘭特租的超豪華別墅，和這位明星前鋒第一次會面，他們的交通方式有意傳達一種信息：四個球員、三位高管和一位教練，共乘一輛小巴士，希望杜蘭特看到他們的時候，感受到團結一致的氣氛。

杜蘭特注意到這個意圖明顯的安排，八人代表團下車時，聞到了海風的氣味和波浪的聲音，杜蘭特說：「大家坐同一台車一起來，喬、史蒂夫、鮑伯、德雷蒙、克雷、史提芬、安錐、柯克，天啊！這看起來就像一個大家庭，我想成為其中的一員，這令人感到很興奮！」

柯爾展示了二十個快速進攻剪輯的影片，說明他如何建立球的流動，以及雷霆缺乏團隊合作體系去幫助杜蘭特打得更輕鬆，他察覺到鍾情於籃球的杜蘭特，喜歡有機會發表對戰術的看法，他想讓對方知道，即便將和柯瑞、湯普森兩人組成的「浪花兄弟」分享球權，杜蘭特還是可以保持出色的得分能力。

最重要的一點是，藉由杜蘭特、克萊曼、杜蘭特的父親和其他顧問所提出的問題，柯爾和高層們快速且有效地意識到杜蘭特最需要的是和團隊及隊友建立聯繫，這是奧克拉荷馬球隊明顯不足的一點，而且球季開始後，真正在場上合作打球的還是五位球員，而現在有四個勇士主力在現場，杜蘭特同時也想從柯瑞那裡得到確認，兩位王牌可以共享球權。

柯爾是一個擅長溝通的人，他表達清晰、態度熱情，從許多人際關係中學到很多交流的技巧，他直覺意識到，自己應該說得少一些，所以在分析完影片之後，就退到一邊了。

「鮑伯和我都只說了兩三句話，就這樣，其他真的都是球員們在說。」柯爾認為這很關鍵；老闆拉寇布也感受到了，變得異常低調。「他就是這麼冷靜，心思敏捷。」伊古達拉評價柯爾說，「他可以坐在桌子旁一整個晚上，然後不被發現，但總是在留心，總是注意細節。知道何時該說話，何時該傾聽。」

四位勇士球員和杜蘭特走到後院繼續聊，彼此之間成功地建立了良好的共識，最終促成了交易，杜蘭特後來表示：「其實他們走進來的時候，我已經決定要加盟了。」實際上，格林後來透露，勇士輸給騎士第七場比賽後，格林還在休息室時，兩人就互相傳簡訊，杜蘭特那時就決定要加盟勇士。

接下來幾天，杜蘭特沒有任何明確的消息，先後聽了塞爾提克、熱火、馬刺和快艇的會談邀請，最後再跟奧克拉荷馬球團討論。

這讓勇士隊陷入困惑，邁爾斯的直覺告訴自己：「我們應該無法得到杜蘭特，他很沉默，話又不多，而且我跟他沒有任何交流，根本不認識他，不認識他的團隊和代表。」

「他問了一些好問題，但我不知道怎麼回答最好，可能是我的個性問題，離開時沒有太多新的想法，我只感覺我們團隊盡了最大的努力，但結果並不樂觀，這是事實。」

等待杜蘭特回覆的期間，柯爾去了夏威夷渡假，邁爾斯則去了南太浩湖陪家人，但勇士總經理還是放不下手機，隨時更新自由市場上的狀況。

七月四日的加州，邁爾斯在岳父母家前接到來自杜蘭特和克萊曼的好消息，距離二〇一三年接到伊古達拉加盟勇士的消息地只有一百公尺遠，而一九八九年，柯爾和騎士隊友一群人的賭場之旅也就在不遠處。

早上五點在飯店房間裡，柯爾在睡夢中被瑪格特吵醒，說在推特上看到新聞報導杜蘭特加盟了，三天後在奧克蘭舉行的記者會上，勇士球團將正式介紹新加入的明星前鋒，柯爾還開玩笑說：「嗯，我還沒有做出決定，但他有可能會擔任先發。」

除了熟悉的幽默之外，為了制定戰術方案讓柯瑞、湯普森和杜蘭特三位主力得分手保持滿意，柯爾又回到一個巨大的壓力當中，但至少，他有拿過總冠軍的紀錄，同時明確了解休息室裡的需求，不再是兩年前剛上任那個需要證明自己的菜鳥教練，不過這一次，他要面對上賽季令人不悅的歷史性失敗，還有背部手術的嚴重影響。

柯爾在私人交談中，可以非常精確地描述那痛苦的感受，其中一個知情人士透露：「那聽起來真的很難受。」他經歷了好幾個月的折磨，同時積極尋找任何可以紓解的方法，也嘗試過止痛藥、針灸、冥想、瑜伽，甚至是大麻。

杜蘭特剛到球隊報到時，勇士教練們的評價是「緊張」和「焦慮」，杜蘭特自己也知道，因為他擔心著「我必須打得完美」，這種心態會花更多時間去適應新體系。柯爾看到一個先發球星前幾個月都暈頭轉向，找不到方向。

對另一位球星柯瑞來說，調整同樣不順，他知道必須改變打球的方式，但現在球隊多了一個頂尖得分手，許多意想不到的狀況將會發生，柯瑞認為，「優異的天賦反而會讓你陷入猶豫，因為有很多選擇，往往會過度思考。」他說的正是柯爾想的。

球季開始，勇士的確遭遇到一些困境，但他們依然維持著很高的勝率，不斷贏球；對克里夫蘭騎士的聖誕大戰比賽中，柯瑞全場只出手了十一次，這不正常的數字讓球隊舉行了一次會議，球員們透過溝通排解矛盾，團隊更加凝聚。

三個禮拜之後，唐納・川普宣誓就職，過了九天，柯爾公開反對這位新總統，因為一項執行令通過，將禁止幾個主要穆斯林國家的移民，白宮宣稱是為了打擊恐怖主義，但對柯爾來說，擁有幫助難民且提倡包容性的祖父母，還有宣揚阿拉伯世界積極面的父母親，即便是恐怖主義的受害者，他也實在是無法接受。

此外，柯瑞的心理問題好像已經解決，但是另一名球星格林的情緒開始不穩，和總教練柯爾之間的關係，變得有些緊張，「他對全世界不爽，對我也不爽。」柯爾這樣形容，直到對上籃網的賽事，他讓格林在主場只打二十三分鐘，大部分時間都留在板凳席，而且最後十分二十五秒完全沒有上場。

隔天，柯爾寫了一封信給格林，用愛和尊敬的措辭開頭，表達自己對格林的支持，也了解到格林心中的痛苦，教練和球員間的緊張感才開始緩解，但一波未平一波又起，四十八小時後，杜蘭特扭傷了膝蓋韌帶，必須進傷兵名單五個禮拜，也取消隨隊行動，勇士球員們無緣參觀華盛頓的非洲美國歷史和文化博物館。

「是的，我應該好好享受現在的每分每秒，」同時面對職業和個人挑戰時，柯爾這樣說，「但身體不太舒服和政治的原因，現在感覺不像兩年前剛上任時那樣快樂，當時我的背部很健康，一切都是新鮮的，歐巴馬還是總統，世界似乎比較正常，今年確實是個奇怪的一年。」

用奇怪來形容蠻貼切的，三月十日，勇士對上明尼蘇達灰狼，伊古達拉對柯爾讓他輪休的決定開了個玩笑，他說：「主人怎麼說我怎麼做。」而且多次使用了N開頭形容黑人的字眼，結果被聯盟罰款一萬美金，伊古達拉後來澄清，這是個球隊內部的玩笑梗，沒有要攻擊教練的意思。

柯爾支持伊古達拉的說法，因為勇士教練和球員之間的關係非常要好，球團內部的一些人還把伊古達拉戲稱為「史蒂夫的寵物」，柯爾對此表示：「安雞的幽默感很難理解，我只能說，有些話適合在休息室裡面說，會感覺很好笑、很幽默，但在媒體面前應該要保留一些，這就是一個很好的例子，他絕對知道。」柯爾還對記者們說：「你們都被伊古達拉耍了啦！」

這不是第一次，柯爾把球員關係放在最優先，早在公牛時間他就懂得替球員著想了。

當年，皮朋在一場季後賽打完後獨自離開，沒有和公牛球隊一起行動，還因為自駕車內擺了一把裝滿子彈的手槍被逮捕，事後柯爾卻不斷地讚賞皮朋，說他是芝加哥的好隊友，甚至對一九九四年季後賽中，皮朋最後一點八秒拒絕上場的事情表示同情：「那真的是令人沮喪的事，史考提從來沒有留意行為上的重要性，我為他感到難過。」

退休之後，柯爾也把對皮朋的同情寫進二〇〇四年的雅虎專欄中，形容坐在板凳區不願意上場，是皮朋職業生涯最大的失誤，不幸的是，這件事將永遠跟著他。另外，柯爾球員生涯只打過一季的波特蘭拓荒者隊，當時很多隊友行為不端而讓忠實球迷傷心離去，但柯爾總是肯定那個球季和團隊相處起來是美好的。

勇士隊拉出了一波十四連勝，其中杜蘭特在最後一場勝利歸隊，表面上看起來，球隊處於完美狀態，用極佳狀況進入季後賽，球員們的身體也都健康，但其實不然。

柯爾的身體問題勉強能應付，上個賽季最後六十三場和二〇一六到一七賽季前八十四場，他都沒有缺席，但出乎意料的是，不舒服感又爆發了，他無法解釋為什麼。《運動畫刊》的記者克里斯・巴拉德（Chris Ballard），在奧克蘭和柯爾一起走去餐廳吃午飯的路上注意到，柯爾會不斷用手摩擦額頭，嘴巴一張一合，很像飛機乘客為了適應氣壓變化的舉動。

「這麼多年來，柯爾一直看起來像是從海灘回來一樣，金黃色的頭髮，苗條的身材，」巴拉德描述著，「經過人生中許多考驗之後，現在他更有歷練，心智堅強。」傑瑞・韋斯特也一直欽佩著柯爾的韌性。

不過勇士管理層可不這樣想，他們不想再看痛苦中的總教練多撐一天，要求柯爾立刻休假，而柯爾為自己做了決定，計劃勇士隊第一輪對拓荒者系列賽的前兩戰結束，取得二比零領先時請假休息。

二〇一七年四月，臨時的代理總教練麥克・布朗接手，他擁有路克・沃頓十八個月前沒有的優勢，就是已經當過總教練兩次，助理教練三次，包括柯爾在聖安東尼奧打球的其中兩年，不過布朗沒有時間優勢，沃頓接手是開季前，起碼有個緩衝適應期，那個時間點如果球隊連敗，傷害不會太嚴重，但布朗面對的是關鍵的季後賽，而且是前一年總冠軍賽慘遭一比三大逆轉的球隊。

金州勇士克服了這樣的陰影，打出了令人激賞的比賽內容，用四連勝橫掃了波特蘭拓荒者，第二輪對上猶他爵士的系列賽，同樣以四比零順利過關。

西區冠軍戰登場的前一天，總教練回到球場參加球隊訓練，算是準備復出的正面影響，面對聖安東尼奧馬刺的第一戰，勇士打得不順，一度落後到二十分，柯爾在中場休息時對球隊發表了一小段話，他提醒球員們專注在防守上。「穩住，我們會沒問題的。」

馬刺上半場就得到六十二分，但下半場只拿到四十九分，一百一十三比一百一十一分，勇士逆轉贏球，這場勝利很明顯跟對手明星小前鋒卡懷・雷納德（Kawhi Leonard）受傷，第三跟第四節幾乎沒有上場有很大的關係。

系列戰第三場，勇士帶著二比零的優勢前往聖安東尼奧，柯爾也跟著球隊一起飛到客場作戰，擔任一個類似從旁輔助的角色，那時大家都知道，完全回歸應該是沒什麼問題了。勇士接連獲勝，完成連續三個系列賽都以四勝零敗晉級的十二連勝，更誇張的是，總冠軍他們再次對上騎士隊，贏球的輕鬆感沒有變化，季後賽連勝紀錄達到十五場。

冠軍戰第一場打完後，柯爾知道剩下的比賽不多了，有可能三場，最多不超過六場，但還是沒有考慮歸隊，因為他想確認自己可以永久性的回歸才動作，在他看來，最糟糕的情況是短期內反反覆覆地復出又退出，比較適合的是選擇某幾場關鍵賽事出席，接觸到他想念已久的籃球跟工作崗位，不能操之過急，再次失去這一切。

六月三日，柯爾準備在家鄉球迷面前回歸，這位總教練過去四十七天缺席了十一場比賽，他早上醒來的時候，感覺一切很好，應該可以復出了，他告訴朋友們還有前TNT同事大衛·奧德里奇（David Aldridge），可以在賽前接受訪問，也可以到媒體室回答記者們的提問，柯爾再次用幽默化解了總冠軍戰的壓力。

「顯然，我的缺席沒有影響到球隊，」他說，「我不知道，我們沒有輸過，這表示我不在沒有影響球隊，這段時間沒有我戰績是多少？八百一十二勝六敗是不是？」（實際是四十六勝四敗）。

有記者問他賽前對球員們說了什麼，他回答：「我要用『為吉波贏一場比賽』的演講稿子，那部電影叫什麼？《努特·羅克尼，全美冠軍》（Knute Rockne）？對，我會用那段演說來感動他們，也許球員會哭，然後我再請求他們為我贏球，因為你知道，贏總冠軍對他們根本不重要。」

當問到布朗擔任臨時總教練的表現如何時，柯爾說：「我覺得大家都被數字完全誤導了，都會說他帶領球隊拿了十五勝零敗或是季後賽表現超強什麼的，但實際上，球隊其實已經破裂快要崩壞了，所以我必須回來，趕快做一些即時的調整。」不過隨後他馬上認真的給予布朗十足的肯定和讚美。

勇士隊以四比一擊敗騎士隊，在甲骨文球場內慶祝三年內的第二次總冠軍，柯爾和邁爾斯擁抱時發現總經理眼中含淚，黃藍色的小紙片在他們周圍慢慢飄落，他也和伊古達拉擁抱，伊古達拉告訴教練沒有人這樣教過他籃球。

「贏球感覺太棒了，」柯爾說，「我非常幸運，球員時期可以加入這麼多次總冠軍的球隊，現在作為教練又可以參與其中，而且感覺永遠都很棒，但今晚有些不同，因為這段時間裡，我本身經歷了非常多的大小事。」他會永遠記得兩位球星的出色表現，柯瑞擁有上屆總冠軍失利後對復仇的渴望，杜蘭特則是柯爾執教以來，手下最傑出的先發球員之一，贏得個人生涯首次總冠軍以及FMVP。唯一無法預測而有點多餘的消息，就是紐約尼克球團在十六天之後，開除了總經理傑克森。

柯爾公開表示不喜歡川普的新政府，但進入休賽期前幾個禮拜，柯爾對再次造訪白宮抱持著開放態度，跟過去一樣，他仔細地思考後考慮，至少向球員們提議看看，保持這項傳統或許是一個超越政治意識的表態，或許體育可以讓大家團結統一起來，這會是勇士隊和川普直接進行互動的罕見機會。

「許多球員想法一樣，對川普的一些言論和行為感到憤怒，」柯爾說，「但另一方面，我認為尊重官員，尊重我們的機構和政府是合理的。」

「在每個人都對彼此生氣，四分五裂的情況下，這可能是一個表態的好時機，我們可以示範給大家看：『嘿，讓我們把這些對立都放一邊，把所有黨派的東西都放在一邊，尊重彼此。』甚至如果有球員想要表達目前狀況的看法，還有什麼比這個更好的機會呢？這可能太過理想不切實際，但至少我想跟隊上的成員提出這個選項，而不是直接說『不可能，我不會去的』。」

NBA聯盟總裁亞當・肖佛更進一步表示，他希望衛冕冠軍勇士隊每年都可以空出時間，在休兵日到華盛頓白宮進行這個儀式性的造訪，而勇士球員們正在權衡是否應該去，他們希望和總統聊聊，但卻不希望引起川普平時常見的表演慾。

八月十二日，美國維吉尼亞州發生致命的暴力衝突，三天後，眾所皆知的白人至上主義者川普總統表示，這場暴力事件「雙方都有非常優秀的人」，變成了柯爾決定的轉折點。

「最好是，他媽的最好是！」原本考慮妥協的柯爾破口大罵。

灣區體育記者蒙提・普爾（Monte Poole）報導，柯爾賽季開始前就決定不造訪白宮，只是先選擇保持沉默，免得自以為是，他希望球團做決定，所以沒有公開表明他的立場，而柯瑞在季前訓練前的媒體日上表示不會去白宮，消除了教練團和球員們的所有疑慮。川普總統不想丟臉，試圖扭轉局面，錯誤地在推特上回應，解釋柯瑞還在猶豫要不要參觀白宮，「你看吧！」瑪格特第二天早上叫醒丈夫，彷彿夫妻倆已經預料到了，川普撤銷了勇士隊早已拒絕的邀請。

柯爾當下感受強烈，於是用記者克里斯．巴拉德的名義，在《運動畫刊》寫了一篇文章。「我們應該去嗎？」柯爾寫下，「應該不要去。」

「事實上，我們都努力和一個不斷冒犯我們的人共處，但我可以告訴你一件事：我們不會為了傳統的儀式而去，假裝友善地握手和微笑拍照。」

「我們曾經討論過，是不是以私人公民的身份去，就一些關心的議題進行一場嚴肅而有意義的互動討論，但他應該很難做到，我們無法真正進入白宮，因為現在情勢很不正常。」

「貶低他人、亂叫他們的名字是極度幼稚的行為，這樣的人，你期望我們去，然後進行文明公平的對話交流？這不可能會發生的。」

柯爾認為川普才幼稚，「這是你長大後會知道的基本人事物：人們不會總是同意你。」也直接指責他羞辱總統這份工作，「在川普對史提芬的推特中，談到對白宮的尊重，但實際上，先生，難道不是你才應該要尊重白宮嗎？」並指責川普同時製造了國家的裂痕，「總統代表了我們所有人民，不要分裂我們。」最後，柯爾在這篇約九百五十字的文章中說：「沒必要加入打嘴炮的行列。」

政治化的言論使得柯爾和白宮正面交鋒，川普團隊喜歡文字語言戰，而柯爾是體育界眾多反擊者之一，同時也是難得的主動抗爭者之一，這是一場公開的對抗。

瑪格特形容她那愛玩、友善的丈夫，身上隱藏的火藥一旦點燃，就會燒得迅速而猛烈：「耐心之人的憤怒之火，當心了。」這是十七世紀英國詩人約翰・德萊頓（John Dryden）的詩句，瑪格特看了一本有關前網球明星阿瑟・艾許（Arthur Ashe）的書而記得，夫妻倆都很喜歡這詩句，也會提醒那些準備要進入柯爾世界的人，如果發現教練頭在冒煙，要趕快尋找掩護。

柯爾曾經摔碎過戰術板，也曾經對記者憤怒發飆。有一次，川上一個無心之問讓柯爾誤會，以為這位專欄作家想羞辱他，所以隔天球隊投籃訓練時大聲罵了川上：「你媽的混蛋！故意問我那些被對手上課的混蛋問題，你他媽的真以為我被對手教訓了。」

川上說：「托伯特在加入勇士教練團的時候這樣跟我說：『史蒂夫是我認識最具競爭力的人，也是我認識最快生氣的人，超快的，幾乎沒有醞釀，他要生氣馬上就生氣了，沒有遲疑，從綠燈燒到紅燈的速度比任何人都快。』當我和史蒂夫對峙的時候，我就想到這一點，他最好的朋友托伯特說過，所以一切都是真的。」當柯爾和川上再次碰面，總教練的發洩早已結束，表示他們又恢復友好關係。

二〇一七年的夏天和季前訓練開始，對抗川普成為柯爾反應激烈的主要原因。

「我想有些人可能認為，我把所有時間都用來研究政治，並非如此，」他說，「我大部分時間都在研究籃球，為隔天的練球做準備，思考下一場賽事，那是我的真正熱愛的事物，但確實，我會閱讀很多關於政治的文章，關注國家當前的局勢，所以我感到擔憂，擔心我們的國家，這是我覺得有必要表達意見的原因。」柯爾再次強調槍枝管制法律的重要性，因為不久前，一位瘋狂兇手在拉斯維加斯一家飯店的三十二樓，開槍射殺參加音樂節的民眾，一共五十八人死亡；柯爾同時支持NFL球員柯林・卡佩尼克（Colin Kaepernick）於演奏國歌時跪下表達抗議，也再一次公開談論自己的想法。

「十年前，我沒有那麼直言不諱，也許是因為沒有人問我，」柯爾說，「那時候我們國家好像也比較融洽，沒有這種分裂，這是我一生中從來沒看過的分裂。我相信越戰期間也存在過分裂，但那時我只有五、六歲，現在有這麼多媒體，就表示著我經常被問到和籃球事務無關的問題，我覺得可以談論這些問題，因為這些國家議題非常重要。當前正在發生的事情，我相信很多人感受都相當強烈，這是很可怕的，現在我們國家正處於一個非常可怕而危險的時期，而每個人都有權表達自己的想法，只是恰好我擁有一個很大的媒介平台。」柯爾的解決之道，就是減少使用推特，好讓自己擺脫那些負面情緒，心情也會跟著平靜一些。

隨著二〇一七到一八年新球季開始，柯爾注意到跟前一年的同期相比，杜蘭特更加自在，也對自己在球隊中的角色更有把握，狀況甚至可能比在總冠軍戰中那個超級巨星還要好。

雖然勇士隊的開局比較低迷，前七場只有四勝三敗，然後十五勝六敗，這不是滿足現況而鬆懈，或許更大的原因是那趟耗費體力的中國熱身賽之旅，為了讓全隊避免疲乏和調整狀況，柯爾在二月對太陽的一場比賽中，讓球員在暫停時自己組織戰術打法；同一個月，杜蘭特開心滿足地帶著四十名來自老家馬里蘭州西特普萊森的學生，一起參觀了華盛頓的非洲美國歷史和文化博物館，而不是選擇傳統的白宮之行，和杜蘭特錯過的二〇一七年相比，二〇一八年的氣氛更加歡樂，勇士球團和來自「生存者協助計劃」的十位小朋友也一同參加，這個組織專門幫助那些失去軍中親人的孩子們。

柯爾沒那麼喜歡博物館，相較起來，他更投入在百老匯秀或其他表演，但三個小時的參觀裡，他是勇士球隊中最投入的人之一，導覽的館長達米安・湯瑪斯（Damion Thomas）記得：「他非常地認真和興奮，跟其他球員們一樣，這是我特別注意到的一點。」他們從地下五樓到地上五樓來回穿梭，參觀了多個展覽，包括奴隸制度、種族隔離，以及非洲籍美國人在體育歷史中的角色，柯爾一路上都在提問和發表想法。

勇士團隊參觀時一直保持政治中立，希望將注意力集中在學習博物館的歷史知識上，湯瑪斯注意到柯爾教練對這次歷史文化行的熱情，而柯爾也保持冷靜，按照原本的計劃行事，沒有抓到機會就去挑釁川普總統，隔天被記者媒體問到是否會想念白宮之行也拒絕表態，「不好意思，你是無法引導我直接回答的。」不願表態的柯爾沒有堅持太久，兩個禮拜後，他出席了一場在灣區紐瓦克高中舉行，類似市政府風格的研討會，面對槍枝暴力問題，柯爾又變得有話直說。

會議上，包括兩名國會議員，兩名佛羅里達州帕克蘭高中槍擊事件中躲在櫃子學生的哥哥，在北加州的高中青少年面前分享自己的感受及看法，受到這些年輕朋友的影響，柯爾了解到受害者不斷在增加，長期以來對於槍枝氾濫的不滿情緒，也從最近這一年多的抗爭中獲得了發聲動力。十二天之後，柯爾又去參加在奧克蘭地區舉辦的「為我們生命而戰」大遊行。

賽季中，不管是比賽前、比賽結束，還是球隊訓練日，柯爾都會被記者問一些有關社會或政治問題，他有時候會詳細回答，有時候會像參觀華盛頓博物館那天一樣，謹慎而有禮貌地拒絕。

所以，很容易預料到他會被媒體採訪有關在沙加緬度市中心舉行的抗議活動，當時一名非裔美國男子史提方．克拉克（Stephon Clark）被兩名警察槍殺，民眾聚集在警察局外表示抗議，勇士隊沒有參加，柯爾解釋：「因為我們今天比較忙。」然後用接下來一分鐘左右的時間，表達對克拉克家人和活動的支持。

有記者認為，這個回答不夠充分，「你不認為在談論種族或其他類似問題時，你的立場有些矛盾嗎？有人被殺害和舉行遊行抗議的時候，你卻沒有真正出席。」柯爾笑了笑，有點無法相信對方會這樣提問，他回答「你是認真的嗎？」對方回答「是的，我是認真的。」

柯爾喜歡健康的辯論，喜歡進行思考之後的意見交流，也願意傾聽自己可能忽略的觀點，但是他不想接受被貼上言行不一的標籤，因此記者的提問，似乎是懷疑柯爾過去針對槍枝暴力的立場，而且還給人有刻意挑起事端、製造話題的感覺，這挑戰到他的底線。

他沒有提高聲音頻率，但聽起來明顯有些不耐煩，他用四十秒左右的時間回答了這個問題，「我對自己膚色和陣中球員的生命感到舒適與自信，對這份工作也非常認真，你可以對我這樣的態度或觀點進行批判。」這是十幾年下來，柯爾較少數受到記者強硬衝擊的時刻之一，整體來說，這名總教練還是很擅於和媒體應對的。

回到球場，柯爾面臨著勇士在季賽後段的長時間低迷，最令人擔心的是如果進入季後賽，球員無法以最好的狀態應戰，柯瑞表示：「球隊這段時間氣一直不太對。」而柯爾雖然不確定這會不會造成長期的影響，但他很早就察覺到格林和杜蘭特之間的矛盾與衝突，「球隊開始有些浮動，球員之間好像無法連線。」

菲爾・傑克森退休後沒有看太多比賽，但他在蒙大拿州家裡看了一些勇士隊的賽事，發現這是一個疲憊不堪的團隊，「過去幾季的疲勞和磨損，勇士有些累了，」他說，「他們已經連續四個賽季在拚冠軍，傷病越來越多，年齡問題也開始顯現。」

四月五日，例行賽倒數第五天，衛冕軍在印第安那輸了二十分，柯爾在休息室裡狠狠地斥訓了球員一頓，主要原因是球隊才經歷了十場比賽只拿三勝的差勁表現，讓總教練非常擔憂苦惱，這是他接掌兵符這幾年以來很少有的，但隨後在媒體訪問時公開表示，助理教練有提醒他反應太過激烈了。

例行賽的最後一場對上爵士，格林在比賽中質疑某些隊友的鬥志不夠高，特別是杜蘭特，然後再向板凳區吼叫，最終勇士以四十分之差輸掉比賽。

聖安東尼奧馬刺是柯爾在西區第一輪比賽的對手，這一輪起碼有些娛樂效果，因為兒子尼可拉斯正在聖安東尼奧當實習生，柯爾父子成為了對手。「我們每天下班後都要搜尼可拉斯的身。」波波維奇開玩笑地說，但這名教頭也因為生病妻子艾琳．波波維奇（Erin Popovich）在系列賽第三場前一天去世，感到難過和悲傷。

杜蘭特和隊友出現矛盾、例行賽後段失控的表現，以及師母的離世，二〇一七到一八年賽季成為柯爾巨大的挑戰，不過身體狀況有所改善，雖然還是有不舒服的日了，但沒有缺席任何比賽，同時，他對球隊的走向保持樂觀，第一戰擊敗馬刺隊足以讓他相信，勇士隊的防守已經調整到位。

「我知道，我們可以做到這一點，」他說，或許第一輪的參考價值不高，因為馬刺少了陣中的最佳球員——受傷的雷納德，勇士隊只用五場比賽就結束了對上聖安東尼奧的系列賽，第二輪同樣以令人折服的發揮，四勝一敗淘汰了紐奧良鵜鶘，晉級西區冠軍戰，對決休士頓火箭。

例行賽末期的擔憂已經煙消雲散，柯爾沒有因為系列賽的比數是二比三落後給火箭和麥克・丹東尼就氣餒，雖然對方先取得聽牌優勢，但勇士總教練跟兩年前落後給雷霆時反應不同，在瀕臨淘汰邊緣的情況下，甚至還有種莫名的自信，當他向《運動員》的湯普森二世和伊森・斯特勞斯（Ethan Strauss）預測與火箭的比賽結果時，感覺正經歷著一次全新的體驗。

兩名隨隊記者發現，不管是幾乎空無一人的休息室裡，他單獨接近剩下的幾位球員，或是飛往奧克蘭的飛機上，柯爾都不斷地傳達「我們會贏」的信息，而且是反覆不停地說；對於德雷蒙・格林，他給了一個大大的擁抱，這種鼓勵球員的方式跟二〇一六年比起來，更加充滿了情感，他希望用語言和行動，把這種能量傳遞到整個球隊，讓這支原本就極具信心的團隊更加所向無敵，「聽著，」柯爾對湯普森和斯特勞斯說，「我們會連續贏得下兩場比賽。」

實際上他的意思是，勇士隊會連勝六場：淘汰火箭隊，然後在總冠軍賽中用四場比賽橫掃東區冠軍，不管是克里夫蘭或波士頓，拿下四年內的第三冠。這位頂尖的總教練非常大膽，要求湯普森和斯特勞斯這兩位他信任的媒體朋友，在一切成真之前幫忙保密，這兩位記者為了不破壞和柯爾之間非常好的關係，同時也不願意錯過這個故事的獨特性，在同一家媒體公司的他們，同意遵守這個口頭協議。

勇士火箭第五戰，柯爾從比賽中發現一些東西，「我看到了些什麼，我想，是的，我認為我們可以贏，當然，很多不能掌控的事情都會發生，像是有人可能扭傷腳踝，或者籃板球彈到另外一個方向去，但無論如何，我覺得只要沒有球員受傷，我們就能贏得這個系列賽。」

他非常肯定，所以還在全國轉播上開了玩笑，當時是贏或回家的第六戰，勇士僅僅以七分領先進入第四節，TNT的場邊記者大衛．奧德里奇在節間採訪，問到勇士缺乏面臨淘汰的經驗，柯爾回答說：「我們碰過再輸就淘汰的情況，我們碰過，奧克拉荷馬那次就是啊！大衛！好好做功課，拜託。」然後迅速轉身走回板凳區，柯爾看起來好像生氣了，但絕對沒有，他後來還打電話給奧德里奇道歉，怕自己訪問時的玩笑話，會讓這位昔日好同事被觀眾誤解和責罵。

勇士隊最後一節主宰戰況，終場以二十九分大勝火箭扳平戰局，並在客場搶下重要第七場比賽的勝利，柯爾成功地向預言邁進了一大步，雖然他和勇士隊在總冠軍賽第一戰受了點驚嚇，打到延長賽才分出勝負，但最終還是在奧克蘭主場以十九分大勝騎士，然後一路連勝到克里夫蘭的兩場主場，最後一戰，金州勇士以二十三分的優勢贏球，連續兩季成為NBA總冠軍。

柯爾真的預測到了一切，除了比分之外，在休息室慶祝被香檳噴得滿身濕，並且準備迎接封王遊行的他，忍不住提醒斯特勞斯：「你以為我瘋了，但我跟你說過了，我在對上休士頓系列賽第五戰之後，感覺就很好。」

其實還有另外一點柯爾值得慶祝，那就是自二〇一四到一五年賽季第一次以總教練身份亮相以來，他終於完成了一整個賽季的工作，包含季後賽在內，一共一百零三場比賽。「我學會如何管理自己的症狀，」例行賽末期他這樣說，「我學會如何忍受疼痛，所以控制地更好，就像之前說的，我熱愛執教，熱愛我的工作，這讓我度過了很多難關。」

第三個NBA總冠軍，讓柯爾在歷史上的教練中排名第六多，排在前面的五位要嘛已經是籃球名人堂成員：菲爾・傑克森、雷德・奧拜克（Red Auerbach）、約翰・昆德拉（John Kundla）、派特・萊利（Pat Riley），要嘛就像波波維奇一樣，只要他準備好面對討厭的鎂光燈，肯定是未來名人堂的一員。柯爾遠遠還沒達到入選名人堂的條件，其資格是需要擔任總教練或助理教練的工作達到二十五年，或者是退休後四年才能列入考慮，而短短四個賽季內，柯爾的表現就快可以進入名人堂了，重點是第一份合約還沒走完。

二〇一八的夏天是這幾年來最愉快的，他不用再去想永遠不會來、也不會被接受的白宮邀請；總冠軍賽橫掃騎士的十三天後，柯爾到奧克蘭勇士總部參加選秀，這時他已經從墨西哥的衝浪假期回來了，留著鬍子、穿著人字拖、戴著一頂復古的小熊隊帽子出現，「首先，」他說，「今晚的選秀與我無關，這正是我希望的。」

另外，兒子尼可拉斯加入了勇士團隊，柯爾也在原本合約還剩下一年的情況下簽了延長合約，一家人去歐洲旅遊了幾個星期，還跑到紐約看了美國網球公開賽，然後前往麻薩諸塞州的斯普林菲爾德參加了二〇一八年名人堂入選儀式，其中包括柯爾欣賞的里克．韋爾茲、史蒂夫．奈許和格蘭特．希爾，夏天尾聲再回到聖地牙哥的高爾夫球場打了幾輪十八洞，讓休賽季更加完整。

「我越來越好，」柯爾說，「多麼漫長的一段旅程，我每天都在工作，做了很多努力，確保自己可以一直不斷地進步，但是真的老了，糟糕！」他進行背部雙重手術已經過了三年，季前訓練開始過了五十三歲生日，其實，最糟糕的時期已經過去了。

柯爾計畫在二〇一九年夏天加入波波維奇的美國男籃團隊，然後接上二〇二〇年的奧運會，這是對身體已經完全康復最具信心的表示，也從來沒有懷疑過自己是否能勝任這個這個角色——波波維奇和美國籃球管理總監傑瑞．寇朗吉洛開始組織工作團隊時，他們只考慮五到六位NBA教練，而柯爾是其中之一，原因除了波波維奇把柯爾當作親密好友之外，寇朗吉洛在一九八八年擔任鳳凰城太陽總經理時欣賞他而選了他，當然，還有因為他對籃球的獨到眼光，以及許多人親身經歷，都知道柯爾的個性和球員們、高管們都能相處融洽。

教練團還包括一名大學教練，他們聘請了維拉諾瓦大學的傑・賴特（Jay Wright），第三助理教練原本選了奈特・麥克米蘭（Nate McMillan），後來由洛伊德・皮爾斯（Lloyd Pierce）取代。

接下來的兩個夏天，柯爾願意把部分時間用在這項長期任務上，顯示他身體狀況不斷地改善變好，更好的消息是二〇一八到一九年球季重聚時，勇士隊的冠軍核心依然都留在陣中。

柯爾知道要給球隊足夠的空間，讓六月份十足疲憊的球員恢復熟悉，在比賽中犯點小錯，但他也知道且下定決心，不能因為二連霸而過於自滿；原有教練團隊維持現狀，沒有重要的助教離開去其他地方，也沒有人被替換，這確實帶來了穩定，但他有些擔憂的是，錯過一些可以帶來新活力的機會。

勇士球團簽下自由球員中鋒德馬克斯・考辛斯（DeMarcus Cousins）之後，陣容上出現了一些新組合，考辛斯是一個有才華，而且還能傳球，也願意傳球的球員，非常適合勇士球隊的打法，但球隊必須面對這位火爆中鋒情緒不穩的挑戰，而且因為阿基里斯腱斷裂的傷勢，他要休養幾個月後才能上場比賽。

為了保持球隊的新鮮感，教練團考慮讓球員們自己帶訓練、在比賽中自己喊暫停，以及柯爾最喜歡的策略——從傑克森那裡學來的——在電影中找到合適且幽默的橋段放入影片回顧環節中。

之前公牛的策略會議上，他們看了《現代啟示錄》、《綠野仙踪》、《低俗小說》、《三個臭皮匠》、《鮑伯怎麼辦？》等電影片段，這些影片被選出來傳達一定的觀點，目的是讓幾乎沒有對手的球員在單調的連勝中保持警覺。傑克森當時選擇了電影《魔鬼代言人》，艾爾．帕契諾（**Al Pacino**）飾演的主角在地獄裡尋找新成員時，許多人都在猜總教練是不是在向管理層克勞斯暗示些什麼訊息，「先別問，」球員布奇勒說，「千萬不要問。」而另一名球員迪奇．辛普金斯（**Dickey Simpkins**）說，他確定簽了下一份合約再回答這個問題。

「我從菲爾那裡學到一件事就是，」柯爾說，「回顧比賽影片的時候，加入幽默元素有多重要，要想辦法找出電影中有趣的片段。」

「我從來沒有遇到哪一個總教練會這樣做，對我來說，這是傳遞訊息非常有效的方式。」

「當你能夠把籃球戰術要傳達的觀點，和來自電影的幽默片段連結在一起時，你不必多說，也不需要直接拍球員馬屁或批評，只是藉由幽默的方式告訴他們一些事情，讓球員能夠接受，我認為這是菲爾天才的一招，也是我們一直嘗試使用的方法。」

擁有更先進的影片剪輯技術與更多工作人員幫忙的情況之下，柯爾把公牛傳統延續到勇士團隊中，並認為這是一種特別有價值的工具與方式，因為連續四年打進決賽，其中還拿下三次總冠軍，當二〇一八到一九年賽季開始的時候，勇士隊會容易因為這幾年的成功而陷入自滿，為了避免球隊缺乏警戒心，開啟自動駕駛，採取任何方法都是必要的。

球隊開季狀況不錯，前十三場拿下十一勝，但第十四場比賽，不愉快的爭吵出現在勇士板凳席上。十一月十二日，他們到洛杉磯作客對上快艇，正規賽結束的最後一次攻擊，格林發生失誤，引爆了杜蘭特的反彈，延長賽輸球之後，格林在休息室大喊並堅定地告訴杜蘭特，勇士球隊不需要他，杜蘭特應該在賽季結束成為自由球員的時候離開。

柯爾看到兩名球員準備打架，於是主動在下一場禁賽格林，但勇士還是在十一月下旬苦吞賽季最長的四連敗；三月上旬，進入備戰季後賽的最後一個月，勇士又在自家主場輸給戰績只有十五勝五十二敗的太陽，柯爾帶著特別沮喪的口氣告訴身邊的助理教練麥克・布朗：「我真他媽的厭倦了德雷蒙。」

不過，柯爾和杜蘭特之間的關係同樣緊張，比較起來，柯爾和格林之間存在著相互尊重和私人友誼，這幾年的交情越來越深，讓他們一同度過許多棘手的時刻，而柯爾和杜蘭特，比較像是擁有共同利益目標的商業夥伴，特別是二〇一八到一九球季的後半段，杜蘭特跟球隊大部份人都保持距離，所以柯爾也慢慢接受，杜蘭特即將在球季結束後，以自由球員身份離開灣區，就如同格林在對上快艇比賽後休息室說的那樣，這名總教練只能盡力去應對一個困難的局面。

勇士隊在三月一場輸給塞爾提克的比賽之後，柯爾形容球隊現在沒有足夠的激情和憤怒，球場上打不出霸氣，而杜蘭特也沒有掩飾地直說：「我認為球隊當初的喜悅消失了，」他用了柯爾強調過的比賽特質，「現在變成憤怒了？」杜蘭特後來堅稱，他沒有嘲笑自己的教練，但柯爾知道杜蘭特的意思。

總教練鼓勵球員、工作人員，甚至是球迷，好好珍惜當下，這種心態柯爾從大學時期就存在，上個賽季，也就是二〇一七到一八年更是不斷強調，彷彿他知道，這種山頂上的巔峰不會太久；其他時候，他也由衷地告訴大家感恩現下所擁有的，不只是跟籃球相關，而是像公牛導師傑克森的「部落室」那樣，或是像波波維奇那樣，提醒那些悶悶不樂的人，第三世界國家的人民可能過得更糟；柯爾同樣會不時地提到人道主義、自然天災、國家悲劇等，確保勇士球員們珍惜自己擁有的幸運，包括職業運動員的身份，以及傲人的薪水待遇。

球場上，他希望該團隊去爭取五年內第四個總冠軍的機會，好好珍惜每一刻，他稱這年是勇士贏得總冠軍，奠定歷史地位的最佳機會，「一個可能永遠不會再來的難得機會，對每一位勇士成員來說都很重要——球迷、管理層、球員，就好像用瓶子裝到閃電一樣難得，我們必須做到完美無缺，但還是有可能無法到達希望的目標。」

柯瑞認為，這是他們冠軍時代中最艱難的例行賽，不過進入到季後賽，勇士又跟往常一樣，休息室內明顯變得更加專注和團結，第一輪擊敗快艇，第二輪力克火箭，都是四比二的比數晉級，其中對上休士頓的勝利讓柯爾特別愉快，不僅是勇士淘汰了宿敵火箭，多年來，他一直對火箭球星詹姆斯·哈登的打法不以為然，認為大鬍子是不太可靠、以自我為中心的球員，就跟威斯布魯克一樣，但最重要的一點是，球隊在系列賽第六場關鍵之戰中，示範出令人激賞的無私精神。

他回憶起當晚，眼中閃爍著特別的光芒，「天啊！那場比賽定義了我們團隊，展現了我們球員的真正能力。」

比賽中有一球非常特別，富有象徵性的意義，是勇士團隊四位始終是核心的球員完成的：柯瑞先將球傳給格林，格林再傳給伊古達拉，然後伊古達拉再將球傳給湯普森，時間還剩下三十六秒的時候，湯普森出手命中三分球，確保領先優勢奠定勝基，這是二〇一九年五月十日，在休士頓豐田中心（Toyota Center）的比賽，雖然沒有噴灑香檳慶祝，也沒有在主場凱旋回城的感覺，但在柯爾擔任總教練的五個球季當中，這場比賽成為了他心中最棒的一場，因為團隊展現了至高無上的合作精神。

士氣旺盛的勇士在分區冠軍戰對上拓荒者，沒有太多懸念，衛冕軍用四連勝橫掃晉級總冠軍賽，但讓柯爾更在意的是，勇士隊抵達波特蘭的那一天，一個心煩意亂的十七歲少年走進當地一間高中的教室，身穿黑色風衣，手持獵槍，幸好足球教練兼警衛基南·洛伊（Keanon Lowe）即時制止，沒有造成任何傷亡。柯爾在隔天，系列賽第三戰開打前夕被媒體詢問看法時，稱讚了前舊金山四九人球員，也是前費城老鷹助理教練洛伊的英勇行為，同時譴責學校槍擊事件幾乎要變成常態，兩個禮拜後，維吉尼亞州海灘又發生兇手開槍射死十二人的事件，時間發生在總冠軍賽勇士對上暴龍第一戰後的休息日，促使柯爾採取更積極的行動。

他更大膽地凸顯出自己希望關注的焦點，在第二戰開始前，他走進多倫多暴龍主場豐業銀行體育館（Scotiabank Arena），身上穿著一件T恤，胸前印有「為我們的生命投票」字樣，用行動支持槍枝控制組織「為我們的生命」的活動號召，希望能用選票進行變革。距離開賽前約九十分鐘的固定賽前記者會上，柯爾還是穿著這件印有白色字母的黑色上衣，而且知道媒體記者們應該會問他的著裝選擇，這表明他從接受非籃球相關的問題，轉向希望多問籃球以外的事情，維吉尼亞海灘的悲劇，讓柯爾乞求把槍枝氾濫的議題，帶到當下全世界都關注的NBA總冠軍舞台上。

「停止這一切的瘋狂，」柯爾接受訪問時強調。《時代》雜誌的尚恩．格雷戈里（Sean Gregory）十天後到位於奧克蘭的辦公室，與柯爾兩人談到全球暖化、經濟泡沫、加州山火，當然還有總統川普和共和黨參議院，不只關於籃球，他們敞開心扉地討論世界。

辦公室牆上掛著約翰．伍登二〇〇三年的一封信，那精緻的草書陪伴著伍登晚年：「球場上沒有過多的炫耀，球場外得體的行為，我替你感到高興，你和大衛．羅賓森、提姆．鄧肯、約翰・史塔克頓、傑瑞・韋斯特，當然還有其他很多人，都是傑出籃球員的代表。」

勇士隊二〇一八到一九賽季最重要的一夜，總冠軍賽第六戰，柯爾想像著一條低於懸崖深谷的淘汰線，或是一個和暴龍戰成三勝三敗平手局面的新生命，今年賽季可能明天就結束，因為金州勇士目前找不到辦法對付暴龍王牌卡懷・雷納德，不過有些話該說還是要說，雖然有些球迷認為，他不應該利用勇士總教練這個高度關注的麥克風去談論非籃球事務，但柯爾不想花心思去回應，他只說：「我沒有這樣的麥克風，我也不在乎。」

勇士第五戰贏球，拿下延續戰線的勝利，但柯爾還是必須努力處理杜蘭特在那場比賽中，右腳阿基里斯腱斷裂的殘酷事實。

「我剛剛告訴球隊說我不知道該說什麼，一方面我為他們感到非常驕傲，球員們展現了驚人的韌性和拚戰精神，但另一方面，我為凱文感到心痛。」柯爾說。

命運正在攻擊柯爾以及勇士的冠軍時代，矛盾的情緒在休息室裡擴散，有種無法形容的奇怪感，好像雷納德和暴龍隊帶來的麻煩還不夠多一樣，第六戰，克雷・湯普森在甲骨文球場一次快攻中，膝蓋十字韌帶撕裂，戰局變得更加確定，繼杜蘭特之後，二連霸的勇士又失去一位關鍵球星，最終，他們輸掉了系列賽。

多倫多暴龍贏得隊史第一座總冠軍之後，勇士團隊帶著失望的心情進入下個階段，柯爾似乎意識到，比一個賽季更大的事情要結束了，他明白這支取得許多了不起成就的球隊將發生變化，而且永遠不會跟現在一樣了：湯普森至少會缺席下一個賽季的前半段賽事，而杜蘭特成為自由球員，本來就預計會離開灣區，還可能會錯過二〇一九到二〇賽季全部的比賽。

柯爾是一位超級現實主義者，他知道，當年在芝加哥連霸後因為轉隊而逃過的一切，現在必須要還債了。

為了感謝助理教練和影片分析團隊，即便輸球，柯爾還是希望利用大家都在奧克蘭的夜晚，抽出時間來回顧賽季的一切收穫，希望這些夥伴們珍惜自己的好運，他召集團隊到他的辦公室，提供他最喜歡的啤酒——墨西哥特產的莫拿羅（Medelo Especial）。佛雷澤說：「史蒂夫走遍了房間，跟團隊的所有人一一致意，表達對我們每個人的感激之情，這是他以前從來沒做過的，他不是想安慰或讓我們感覺好一點，只是想讓我們知道他在乎。」

一切來得如此突然，總冠軍戰前四場比賽輸掉三場，然後接下來的三天內，杜蘭特和湯普森接連受傷，這一切讓人難以置信。「我不知道怎麼解釋過去兩個禮拜所發生的一切。」總經理邁爾斯無奈地表示。

勇士隊季後賽被健康問題所拖累，而暴龍隊則受惠於柯爾當初的教練組成計畫，也就是沒有加入的奇普·恩格蘭，恩格蘭把馬刺的防守悍將雷納德改造成了一個進攻威脅力十足的武器，然後才被交易到多倫多，成為暴龍在總冠軍系列賽中，一場比賽攻下二十八點五分的關鍵球星。

連續五個球季都打到了六月份的總冠軍戰，加起來一共是一百零五場的季後賽，等於比其他沒有晉級季後賽的隊伍多打了一又四分之一個球季，柯爾在第六戰賽後，向來到休息室致意的NBA總裁亞當·肖佛詢問，二〇一九到二〇年賽季勇士可不可以請假跳過不參加。「也許去一趟義大利，騎騎自行車，喝喝葡萄酒，好好休息一年。」

柯爾這樣說，只是想逗樂一下大家，不是在預言些什麼。

第十五章　強大的精神力

豪華海灘渡假勝地的計畫進行三年後，凱文．杜蘭特堅定地和勇士隊分道揚鑣，而且在可能下決定的時間點早期就宣布，最新的真愛隊伍是布魯克林籃網。

他沒有透過電話和其他感興趣的球隊進行交流，決定速度之快，連籃網球團似乎都感到吃驚，杜蘭特甚至沒有去過籃網總部和他們球隊的管理階層談過話，包括教練團。總教練肯尼．亞金森（Kenny Atkinson）的反應是：「感覺有點不公平，你能做得比史蒂夫．柯爾更好嗎？」

有趣的是，跟二〇一六年杜蘭特選擇加盟金州勇士時，他正在夏威夷渡假一樣，二〇一九年柯爾也在渡假海灘上聽到杜蘭特轉隊的消息，只是這次是從一個距離十公尺的陌生人尖叫聲中得知的。

了解柯爾的人都知道，他很樂意擁有一名光芒四射的進攻天才在自己球隊上，但也沒有像大部分其他金州勇士的人那樣，對杜蘭特選擇新東家感到驚訝與失望，杜蘭特離開可以讓球隊更早地執行未來的計劃，不必等待他二〇一九到二〇年一整季的因傷缺席，同時給了柯爾比一年前更加期待的新鮮挑戰。

勇士勢必要進行重大的陣容調整，德安吉洛・羅素（D'Angelo Russell）是和籃網先簽後換交易的一部份，考慮到湯普森可能因膝蓋受傷，至少缺席新賽季的前半段，羅素可以在這段期間，先頂替湯普森擔任先發得分後衛，比較起來，麻煩些的是取代杜蘭特的小前鋒位置。新賽季戰績可能會有些不舒服，但柯爾對這個挑戰充滿了鬥志，而球隊也正式搬到閃亮的新家查斯中心，象徵全新的生活正式展開。

另外一項新挑戰，就是八月份的美國男籃集訓。九個月前，柯爾答應擔任波波維奇的助教，這是繼三十三年前，他代表美國到西班牙參加世界盃之後，再次代表國家進行國際賽事。美國男籃在拉斯維加斯集合，展開跟以往準備國際比賽一樣的迷你訓練營，有一點比較敏感，就是現在國家隊教練團，特別是助理教練柯爾，都站在白宮的對立面，而且到時要去外交上不太友善的中國進行比賽。

教練、球員和所有工作人員在賭城拉斯維加斯聚集之後，官方單位沒有對柯爾進行任何說明。

「沒有特別針對他，」寇朗吉洛說，「我用了不同的方式。」

「對於整個團隊，我認為要專注在自己的工作上，我們代表著美國。」

「我們是來打比賽的，是來為國爭光繳出好成績的，這些跟政治沒有關係，也不是表達個人觀點的平台，我想要把這兩個領域分清楚。」

「大家在日常生活中，當然有權利保有自己的看法，而史蒂夫一直對他所相信的事物發表言論，不過我認為時機和場合很重要，就這樣而已。」

波波維奇在永利渡假飯店跟教練球員們碰面時，也傳達了類似的信息，他總結：「我們不能解決國家的分裂問題，但可以成為人們為一個目標共同合作並實現的絕佳典範。我們有責任不僅僅拿下冠軍，成為最好的球隊，同時身上穿著美國隊服時，也要表現得合理體面，我們代表著很多人。」但有人酸酸地提醒波波維奇，他之前曾經形容川普是一個「無良懦夫」，或者「在智力、情感和心理上都不適合擔任總統」、「激發人性黑暗面」等等。

最近幾個禮拜，柯爾不斷在推特上分享且批評川普的影片和言論，在德州和俄亥俄州的槍擊事件發生後，他更直接提到華盛頓總統府的「沒種領導」，不敢去推動更嚴格的槍支控制措施。

抵達國家隊集訓不久，柯爾就說：「此時此刻，可能會有人走進體育館，然後拿著槍開始射擊我們，真的有可能會發生這樣的事。我們都很脆弱，無論是去聽音樂會、去教堂、去商場、去電影院還是去學校，都有可能。」

「作為美國國家隊的一員，能代表著美國，我感到相當自豪，並且曾和這個團隊一起，用積極、高雅的方式完成比賽，我們有機會示範一些非常團結的事情。」

為期五個禮拜的訓練，除了之前的策劃會議和溝通之外，還包括在拉斯維加斯的迷你訓練營，以及和未來美國國家隊年輕候選人之間進行的熱身賽。隨後，美國隊啟動旅程，先到了太平洋帕利塞德和聖地牙哥之間的安那罕，跟西班牙代表隊進行一場熱身賽，然後再飛到澳洲的墨爾本和雪梨，與澳洲和加拿大進行最後的熱身賽。

抵達中國後，他們先在上海開啟了世界盃的戰局，對捷克、土耳其、日本的比賽中取得勝利，然後沿著海岸線往東南方前進，並且在下一輪賽事，順利擊敗希臘和巴西，這支奪冠大熱門的戰績為五勝零敗。

美國國家隊的前鋒哈里森·巴恩斯，也是前勇士先發球員，看到和之前在勇士時不一樣的柯爾教練。二〇一九年夏天，柯爾是一名助理教練，遠離了主要的壓力，也遠離了NBA職業球隊戰績的重擔，他和波波維奇，奇普·恩格蘭，以及前馬刺助理教練伊梅·烏多卡（Ime Udoka），一起組成教練團隊。

「首先，教練團的組成。」巴恩斯說，「他與這些人已經認識很久了，他和恩格蘭在一起，和伊梅在一起，和波波維奇更不用說，更常在一起，他和這些他非常尊重的教練一直在聯繫，有自己的時間可以相互交流，我覺得這次世界盃對他們來說，更像是一次重聚大團圓。」

從拉斯維加斯到安那罕，再到澳洲和中國，這趟旅程中，柯爾似乎帶著二〇一四到一五年賽季第一次執教時期的那種喜悅，他幾乎不敢相信自己置身在其中。「當然，」巴恩斯說，「除了其他人，他毫無疑問地佔有重要的比例。」

「這感覺很棒，」波波維奇說，「不只是因為我們的友誼，大家相處起來很輕鬆，和他還有洛伊德、傑伊在一起，每天好像就是在一所診所裡學習，我學到了很多東西，每個人工作都很努力，非常開心，有這麼偉大的團隊，那是一段很有意義的旅程，大約有五十天左右的時間，是一次美妙的經歷，我非常享受每一刻。」

雖然美國隊在東莞接連輸給法國和塞爾維亞，然後在北京贏了波蘭，只得到令人失望的第七名，但波波維奇和柯爾對這個夏天的經歷還是給予大大地讚賞，對於柯爾來說，能夠和導師之一密切合作，肯定是教練生涯的一大亮點，而且國家隊教練團將繼續保持穩定的聯繫，因為東京奧運會要再次合作，他感到非常興奮。

九月中旬，美國男籃團隊回到了美國，波波維奇教練開始準備生涯第一個奧運計劃，而柯爾已經開始被討論，可以成為繼波波維奇之後，接替美國國家隊總教練的首選，前任教練麥克・舍沙斯基（Mike Krzyzewski）擔任這個職位長達三屆之多。

開心之餘，柯爾此刻最關心的是全職工作勇士總教練，這是他上任以來，休息時間最短的暑假，只有幾個禮拜的時間來處理沒有杜蘭特、而且至少幾個月沒有湯普森的嚴峻挑戰。

「我對此感到興奮，」熱身賽準備開始的前一天，柯爾說，「這跟過去都不同，是一個非常不尋常的賽季。」

「每一年都是一種挑戰，情況都是獨一無二的，跟過去四年相比，其實是非常戲劇性的大變化，但我也認為可以允許更多的彈性、更多的內部調整，我們相信可以做得很好。」

「你知道，新主場就是對我們新賽季的一種象徵，我們有機會重新調整，做任何我們可以改進的事之後重新出發，這是一個非常好的機會從很多方面重新開始。」

「更實際一點的話可以說，因為很多新球員加入，我們不得不比過去四個賽季更加努力才行，有很多工作要做。」

儘管已經五十四歲，而且已經獲得三座總冠軍，但柯爾仍然把自己當作一個年輕的教練，還有很多東西需要學習，也就是因為這種坦蕩和誠實，說服了一群在奧克拉荷馬市停下來面試的球隊管理層，在二〇一四年聘請沒有經驗的柯爾來當勇士總教練。

在中國進行世界盃籃球錦標賽的時候，他時不時會偷看戰術，只是沒有用乾洗店的硬紙小標籤當作便條記下來而已，這也表示，柯爾是用興奮期待的心情去迎接二〇一九到二〇年的新賽季，雖然過去五個賽季，金州勇士例行賽取得了六十七、七十三、六十七、五十八、五十七場勝利，但對於在大學招募中被辭退的柯爾來說，這情境卻再熟悉不過了，他以後段班的選秀順位加入NBA，然後當作交易籌碼轉換球隊，又毫無經驗地接掌勇士兵符，現在突然間，成為一個典型球隊的總教練，跟人生其他的考驗相比，這個困難不算什麼。

真正引起討論的，反而是球場外有關政治層面的抨擊。

正因為中國是投資NBA聯盟數十億的國家，所以聯盟立場是有默契地集體避免批評中國，柯爾也在些許機會中保持沉默，沒有過去高調支持人權抗議的表態，被問到籃球界美國NBA領導地位和全球人口最密集國家的競爭關係時，他回答：「沒有意見。這是個非常奇怪的國際關係，很多人都不知道該怎麼看待，我和其他人一樣還在閱讀跟了解，所以不會進一步評論。」

總統川普知道如何利用媒體，於是主動展開攻擊。

「看著這個人，史蒂夫．柯爾，就像一個害怕的小男孩，連簡單的問題都不敢回答。」

「他回答不了這個問題，他很緊張在發抖，『哦，我不知道，我不知道。』他的確不知道如何回答這個問題，因為他會說壞話，貶低我們美國。」

「我看著波波維奇，跟柯爾有點相似，但他看起來沒有那麼害怕，他們會說美國壞話，反而談到中國的時候，他們不想說任何壞話，我覺得真的很悲哀，同時又非常有趣。」

「柯爾和空軍學院畢業生波波維奇都在討好中國，對我們自己的國家卻不尊重，真是一個巨大且奇怪的差別，這不是很悲哀嗎？」

川普決定撤銷尚未發出、也應該不會被接受的冠軍隊伍邀請，並且重申不希望柯爾來拜訪白宮。

川普不在乎柯爾有沒有對美國說過壞話，而實際上柯爾沒有，他只是對一些當選官員和政策提出批評，也沒有緊張發抖，人生中無數次的媒體採訪中，最多就是因為身體有時候會不太舒服，偶爾在椅子上調整一下坐姿，而且那次訪問，柯爾的動作跟平時比起來也沒什麼異樣。

白宮其實有更好的攻擊重點，但選擇不使用，那就是柯爾藉口自己不清楚，實際上他對大多數重要新聞話題都瞭如指掌，而且姐夫漢斯是劍橋大學現代中國歷史教授，他用「這是一個非常奇怪的國際關係」和「我們很多人都不知道該如何看待」來掩護NBA聯盟的經濟利益，比起害怕，更像是推託之詞，正如他後來承認的那樣：「很明顯，這當中存在著巨大的利益關係，所以怎樣去調和這一切，我不知道。」

不管怎樣，這成為了一個問題，勇士球團副總裁兼媒體負責人雷蒙・里德（Raymond Ridder）向柯爾警告，表示事態已經引起全國性的討論了，之後也陸續有許多人用電話或簡訊提醒柯爾。

過去，柯爾和白宮打過口水仗，那是在二〇一五年拿下總冠軍之後，考慮是否進行傳統造訪的時候；還有一次是在二〇一八年，川普最不喜歡的公眾人物之一，史蒂夫・柯爾，和勇士隊一同拜訪了另一位川普最不喜歡的公眾人物，巴拉克．歐巴馬，當時在華盛頓的金州戰隊，休兵日不是選擇去賓夕法尼亞大道一千六百號拜訪白宮，反而找歐巴馬慶祝他們完成二連霸。

這是第一次，川普直接對決柯爾，政府的力量正在針對這位籃球教練，針對他對中美關係作出模稜兩可的回答。川普公開批評的隔天晚上，柯爾參加了十月十日對上明尼蘇達灰狼的季前熱身賽記者會，他用沉重的語氣和天生幽默感結合做出回應。

「雷蒙和我剛剛正在談論這件事，如果我們早點準備好的話，我就可以騎著三輪車，戴著一個有螺旋槳的帽子進來，因為他叫我小男孩，對吧？」柯爾說。「我就直接騎進來，看看你們懂不懂這個梗，但我們沒有早早想到，有點可惜。」

「這一切讓人有些意外，主要是因為批評的焦點是我，但可以仔細停下來想想，這是每天都在發生的事情，不過只是其中一天罷了，昨天我成了焦點，今天又會有其他人，明天還會有新的人出現，馬戲團般的表演會繼續下去，很莫名其妙，但就是發生了。」

「這件事情影響之大，涉及到這麼多人、這麼多不同的國家、不同的政府，我很難發表評論，而且也不太方便說什麼，我覺得保持低調更有意義。」他刻意停了兩秒製造些效果，「反正我是個害怕的小男孩嘛！」在場媒體記者們都笑了出來。

接著，柯爾把話題拉到槍枝管制，簡短地描述了自己的想法，然後他談到了自己享受著特權，包括曾經跟五位前總統見過面，從一九八四年和安一起因為父親梅爾康的事在辦公室會面雷根；他也談到了兩個黨派領導人之間的尊嚴和尊重，以及最近出現的戲劇性變化。

最後，他維持傳統風格做了總結，「今天對我來說，是個艱難的一天，總統攻擊我之外，我最愛的道奇隊也在季後賽中被淘汰了。」離開記者會前，他還好奇地補問一句：「有人想聽我談談勇士的擋拆打法嗎？」

白宮和柯爾之間的對抗，如預料的那樣，在新賽季例行賽開打時得以平息，勇士總教練可以完全專注在真正的問題上：球員陣容的殘破不堪和普通球隊的籃球生活。

搬到舊金山新社區後不久，柯爾意外收到了一張七十八美元的停車罰單，當作是新居民的見面禮，而這種換主場的經驗不是柯爾第一次，一九九四年效力公牛時，從芝加哥體育館轉到聯合中心，二〇〇二年是馬刺球員，從阿拉莫巨蛋轉到美國電話電報中心，差別是這兩次球隊都奪冠，還有麥克・喬丹宣告退休。

跨越金門大橋到舊金山的新賽季，勇士一共有九位全新球員加入，其中八人年齡都在二十三歲以下。開幕戰對上快艇，以十九分之差吞敗，第二場又以十八分之差，輸給奧克拉荷馬雷霆，十月三十日，勇士對陣太陽的比賽中，柯瑞在第三節左手骨折，這個傷讓他二〇一九到二〇賽季缺席了五十八場。

十一月二日，夏洛特黃蜂隊前來踢館，包括柯瑞、湯普森、格林、克凡・魯尼（Kevon Looney），和新加盟的羅素等七人，都被列在傷病名單裡，無法上場的球員薪水合計高達一億兩千五百九十萬美金，而登錄球員的薪水合計只有一千兩百五十萬美金。

破碎的陣容反映在門票上，原本價值九百五十元的座位，到了例行賽第四場比賽，已經跌到四百塊美金，到了第十一場比賽，柯爾公開承認勇士隊已經把目標鎖定在下個賽季，希望將二〇一九到二〇年球季當作培養球員發展的機會，正常情況下，這些球員不會得到這麼多的時間上場或訓練：過往球隊的賽前熱身大約花二十分鐘就可以完成，現在增加到六十分鐘，而且強度不輸給季前集訓，而練球時間也從一小時增加到九十分鐘，提供教練更多指導的時間。

「有些時候我真的想把犯錯的球員換下來，」第一個月例行賽結束時，柯爾這樣說，「但我不能這樣做，作為教練團隊，現在的狀況不允許我們用上場時間去獎勵或是警惕球員。」

他和過去一樣著重現實面，也承認被其他球隊當作靶子的感覺「很糟糕」，還記得上一個賽季，他告訴勇士成員們，好好珍惜走在彩虹上的華麗時光，現在情況不一樣了，柯爾表示：「這才是真正的NBA，過去五年我們一直活在一個不應存在的完美世界裡，這五年的戰績是歷史上最佳的五年成績，而現在才是現實世界。」

一九九九年，他轉隊加入馬刺，錯過了和衛冕總冠軍公牛一同面對連霸後陣容改變的困境，二〇一九到二〇二〇年賽季，作為球隊總教練，這次他無法逃避，勢必要面對低迷的賽季，而且大多數時候，只能獨自承受這一切。湯普森整個賽季受傷缺席，柯瑞沒打幾場也掛傷號，剩餘比賽大部份無法上場，格林也缺陣了很長一段時間，最多上場機會的，是那些新加入的球員。

五個賽季的西區稱霸，包括三次封王慶祝遊行、自信滿滿的老闆，讓金州勇士被套上狂妄自大的形象，使得聯盟其他球隊產生報復的念頭，不管是誰，只要身穿勇士球衣就是狠狠壓著打。「我相信因果報應，」一位不具名球隊高級主管在舊金山輸球之後表示，「某種程度上，這個局面是他們本來就該遇到的。」另外一隊的高層表示，近幾年的受歡迎程度，多少有讓砲火少了一些，「柯爾一直以正確的態度來面對，現在，勇士就像是路邊受傷的一頭小鹿，沒有必要去折磨他們，只需要每場比賽盡快去結束他們的痛苦就行了。」

二〇一七年離開勇士後，韋斯特在洛杉磯觀察到球隊以極快的速度走下坡，擔心這種緊張的氛圍會影響柯爾身體，事實並非如此。柯爾當然還是有不舒服的日子，但他知道怎麼處理自己的疾病，自二〇一七年總冠軍賽之後，一直沒有缺席比賽。

同樣擔憂的人不只是韋斯特，還有之前克里夫蘭騎士隊隊友伊洛，伊洛因為多次背部手術而使用鎮痛藥上癮，曾經提醒柯爾要謹慎使用藥物；而過去起過衝突，前芝加哥公牛隊隊友金，看到柯爾在舊金山的狀態之後表示：「史蒂夫壓力好像沒那麼大。」

的確，柯爾試著把這個賽季看成是一個培養球員的機會，因為一個實力明顯不足的陣容，已經沒有挽救的可能，金州勇士只能等待，等待陣容重新組合完成，就可以從二〇一九到二〇賽季的無奈和痛苦中，切換到正面的積極態度。「史蒂夫是一個成熟的人，」波波維奇說，「他理解，環境常會把事情帶向不同的地方，這就是人生，對於站在這裡的每一個人來說，不是每件事都可以按照自己意願發展的，如果你以為可以，那表示你觀念有問題。」

前助理教練沃頓公開表達對柯爾的支持，在成為國王隊總教練後表示：「我認為他做得很棒。」達拉斯的瑞克．卡萊爾（Rick Carlisle）更是在表達對柯爾的讚美，雖然有點不切實際，「史蒂夫非常出色，勇士不是很好對付，」卡萊爾補充，「他們是一個可怕的球隊，從長遠發展的角度來看，這個賽季到目前為止是一部傑作。」這個時候，勇士戰績是九勝三十二敗。

柯爾知道，這種挫折只是暫時的，絕對不是永久的低迷，即便最糟糕的時刻，他還是可以展望二〇二〇到二一年賽季的陣容，到時柯瑞、湯普森和格林都回歸，如果勇士保住選秀權的話，還會有一位頂級新秀，最重要的一點，長久下來柯爾有一個清晰的觀念，就是籃球並不是世界上最重要的事情，他也表示，這個賽季「很有趣」，是一個「完全不同的挑戰」，他很享受，球員也很好合作，教練團他也非常滿意，「我每天都很樂意去工作。」

除了柯爾心態調整成功，讓金州勇士的困境沒有成為真正嚴重的問題，二〇二〇年，還有多件事情讓勇士低潮成為了小事，而且糟糕地影響了籃球的發展歷史。

退休的NBA前任主席大衛·史騰元旦去世，近代聯盟發展成功，史騰是NBA走向國際化的重要推手；二十五天後，傳奇球星科比·布萊恩搭乘的直升機墜毀，他和女兒琪琪（Gigi Bryant）在事故中遇難身亡；三月份，新冠疫情爆發導致比賽暫停；進入夏天前，反對種族主義和警察暴力的抗議活動，出現在各大城市；路特·奧森八月份去世，而延後開打的季後賽，所有球隊都被限制在奧蘭多的泡泡聯盟中進行。真的如同柯爾所強調的，比較起來，只需要五十四場比賽就確保無緣季後賽，根本是微不足道的小事。

勇士隊在二〇一九到二〇年賽季結束時，戰績是十五勝五十敗，按照正常例行賽去推算的話，預估戰績是十九勝六十三敗。

一個失落的球季，柯瑞出賽五場，格林出賽四十三場，湯普森則完全沒有上場，而安德魯·威金斯（Andrew Wiggins）出賽了十二場，由於幾乎沒有球迷支持，新球館查斯中心空蕩蕩的，這也是柯爾執教以來，第一次出現了關於球隊未來能否保持競爭力的討論，因為陣中最好的球員柯瑞，下個賽季將滿三十三歲。

史蒂夫·柯爾再次發現，有些東西等著他去證明。

入魂 27

史蒂夫·柯爾

如刺客般沉著，如禪師般睿智

Steve Kerr: A Life

作者　史考特·霍華德—庫珀（Scott Howard-Cooper）
譯者　楊正磊

堡壘文化有限公司
總編輯　簡欣彥
副總編輯　簡伯儒
責任編輯　簡伯儒
行銷企劃　許凱棣、曾羽彤、游佳霓、黃怡婷
封面設計　萬勝安
內頁構成　李秀菊

出版　**堡壘文化有限公司**
發行　**遠足文化事業股份有限公司（讀書共和國出版集團）**
地址　**231新北市新店區民權路108-3號8樓**
電話　02-22181417　**傳真**　02-22188057
Email　service@bookrep.com.tw
郵撥帳號　19504465 **遠足文化事業股份有限公司**
客服專線　0800-221-029
網址　http://www.bookrep.com.tw
法律顧問　**華洋法律事務所　蘇文生律師**
印製　**韋懋實業有限公司**
初版1刷　2023年10月
定價　**新臺幣550元**
ISBN　978-626-7375-06-8

國家圖書館出版品預行編目（CIP）資料

史蒂夫·柯爾：如刺客般沉著，如禪師般睿智／史考特·霍華德—庫珀（Scott Howard-Cooper）著；楊正磊譯. -- 初版. -- 新北市：堡壘文化有限公司出版：遠足文化事業股份有限公司發行, 2023.10
面；　公分. --（入魂；27）
ISBN 978-626-7375-06-8（平裝）

1.CST: 柯爾 (Kerr, Steve, 1965-)　2.CST: 運動員　3.CST: 職業籃球　4.CST: 傳記

785.28　　112014402

一九八四年，梅爾康被刺殺之前，史提夫・柯爾、他的母親，安、加上好友納吉・哈拉比，一同前往白宮造訪總統羅納・雷根以及副總統喬治・布希。雷根總統向柯爾家人致意，感謝梅爾康願意在中東國家宣導美國核心理念與價值。

史提夫認為改變一切的關鍵一擊。一九九七年總冠軍賽第六戰讀秒階段，這記跳投幫助芝加哥公牛擊敗猶他爵士而封王，也讓柯爾受到前所未有的關注。

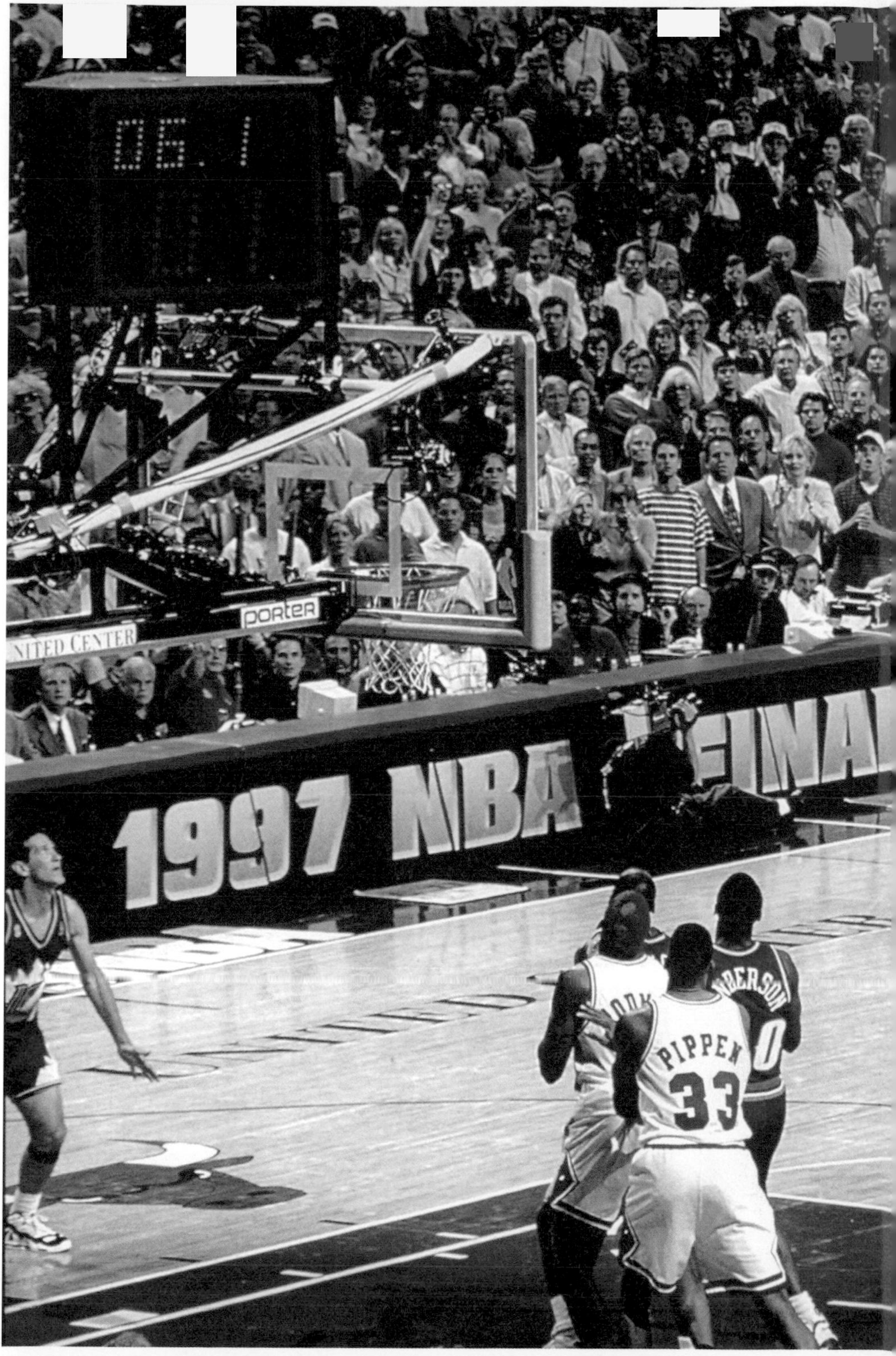
NITED CENTER
porter
1997 NBA
PIPPEN
33

亞利桑那大學四年級的史提夫，和哥哥約翰以及姊姊蘇珊，一同享受悠閒的時光。

左：柯爾在亞利桑那州大學籃球隊的照片，手握籃球；
右：亞利桑那大學傳奇教練奧森，決定招募柯爾並給予機會。

一九九七年，公牛拿下NBA總冠軍，柯爾和傑克森擁抱彼此慶祝，芝加哥師徒之間興奮鼓舞的時刻，昇華成一段長久堅定的友誼。傑克森一開始就堅信，柯爾可以通過所有考驗、扛起重責大任，數年後，柯爾用一記助隊封王的跳投回報總教練。

柯爾職業球員生涯效力的最後一任傳奇教練，馬刺隊的格雷格．波波維奇，在場邊指導陣中的老鳥後衛。

上：柯爾執教勇士的第一個賽季。有別於傳統先從助理教練做起的方式，柯爾仰賴著過去為兩位傳奇總教練（傑克森和波波維奇）打球的智慧與經驗，直接擔任總教練；

下：二〇一七年勇士封王，被香檳淋濕全身的柯爾和德雷蒙．格林一起拿著總冠軍金盃拍照。這兩位總教練和明星大前鋒曾經激烈爭吵，但也培養出互相的尊重與深厚的感情。

二〇一六年拿下總冠軍之後，勇士團隊造訪白宮，當時的總統巴拉克·歐巴馬在柯爾和球員們面前展示跳投動作。